ENCUENTROS 1

Nueva Edición
AUSGABE B

ENCUENTROS 1 · Nueva Edición
Ausgabe B

Lehrwerk für den Spanischunterricht

im Auftrag des Verlages erarbeitet von
Sara Marín Barrera, Klaus Amann, Jochen Schleyer
sowie Dr. Christine Wlasak-Feik

und der Redaktion Moderne Fremdsprachen
Heike Malinowski (Redaktion),
Alexander Bolaños, Nuria Dierssen (Assistenz) und
Dr. Yvonne Petter (Projektleitung)

Redaktionelle Mitarbeit: Araceli Vicente Álvarez

Beratende Mitwirkung: Dr. Werner Arnold, Rudolf Boos,
Bernhard Preker, Kathrin Sommerfeldt, Matthias Walther

Illustration: Odile Herrenschmidt
Umschlaggestaltung: Klein & Halm Grafikdesign, Berlin
Lay-out-Konzept und technische Umsetzung:
werkstatt für gebrauchsgrafik, Berlin
Karten: Dr. Volkhard Binder, Berlin

www.cornelsen.de

1. Auflage, 2. Druck 2007

Alle Drucke dieser Auflage sind inhaltlich unverändert und können im Unterricht nebeneinander verwendet werden.

Druck: CS-Druck CornelsenStürtz, Berlin

ISBN 978-3-464-20516-7

 Inhalt gedruckt auf säurefreiem Papier aus nachhaltiger Forstwirtschaft.

Unidad | Lernziele | Grammatische Inhalte

BUENOS DÍAS 8
Einstieg in den Spanischunterricht

1 AMIGOS EN MADRID 10

A LOS CHICOS Y LAS CHICAS 10

sich begrüßen und sich verabschieden, nach dem Namen fragen, sich vorstellen

- Singular und Plural des Substantivs
- Aussprache (I)
- regelmäßige Verben auf *-ar*
- der bestimmte und der unbestimmte Artikel
- Fragewort *¿quién?*

B ¿QUÉ TAL? 13

fragen und sagen, wie es jemandem geht
fragen, wie jemand etwas findet
APRENDER MEJOR:
Sprachen international

- regelmäßige Verben auf *-er*
- *¿qué tal?* + Substantiv

C NO SÓLO EN ESPAÑA 16

fragen und angeben, woher man kommt, wo man lebt

- regelmäßige Verben auf *-ir*
- das Verb *ser*
- die Subjektpronomen
- die Verneinung mit *no*
- Fragewörter *dónde*, *de dónde*, *quiénes*, *cómo*

2 DE CHILE A ESPAÑA 22

seine Familie vorstellen

- *éste / ésta es …*
- die Possessivbegleiter *mi / mis*

A DE LA SERENA A MADRID 24

fragen, wie es jemandem geht
fragen, wie etwas / jemand ist (*¿Cómo es?*)
das Alter erfragen und angeben

- die Possessivbegleiter
- Verben mit Stammwechsel e → ie (*querer*)
- das Verb *tener*
- Adjektive (Formen und Gebrauch)
- das Fragewort *cuánto/-a*
- die Verben *hacer* und *saber*
- die Zahlen bis 20

B ¡ESTOY EN MADRID! 27

jemanden durch die Wohnung führen
sich bedanken
jemanden auffordern
Eigenschaften angeben
APRENDER MEJOR:
Vokabeln entschlüsseln

- das Verb *estar*
- der Gebrauch von *ser / estar* (I)
- der bejahte Imperativ (*mira / mirad*)
- unregelmäßige Imperativformen
- *al* und *del*

C ARGÜELLES 30

die Lage von Dingen erfragen und angeben
APRENDER MEJOR:
Wortfelder

- Präpositionen des Ortes
- das Verb *salir*

Unidad		Lernziele	Grammatische Inhalte	
Opción 1	AMÉRICA LATINA			36
3	UN CURSO EN GRANADA	seine Adresse und Telefonnummer angeben	die Zahlen ab 21	38
A	¿SUSANNE QUÉ?	buchstabieren Wochentage und Tageszeiten Uhrzeit (Zeitraum angeben)	Verben mit Stammwechsel o → ue (*poder*) Betonung Aussprache (II)	40
B	¡QUÉ ROLLO!	die Uhrzeit erfragen und angeben einen Zeitpunkt erfragen und angeben die Zeitdauer angeben einen Tagesablauf schildern	die reflexiven Verben die Verben *ir*, *ir* / *irse*, *poner* die Modalverben (*poder*, *querer*, *tener que*)	43
C	¿ADÓNDE VAIS?	telefonieren einen Grund erfragen und angeben einen Vorschlag machen sich verabreden (Freizeitaktivitäten) APRENDER MEJOR: Hörverstehen (I)	*saber* / *poder* die unbestimmten Begleiter *mucho*, *poco*, *otro* das direkte Objekt bei Personen mit *a* *por qué* / *porque*	46
4	MÚSICA, MODA, MARCHA	Hobbys und Vorlieben	*me gusta/n ...*	52
A	A TOPE	jemanden nach seiner Meinung fragen sagen, was einem gefällt und wofür man sich interessiert jemanden kritisieren	das *gerundio* *gustar*, *encantar*, *parecer* das indirekte Objektpronomen	54
B	MODA Y MARCAS	die Farben seine Meinung äußern über Kleidung und Mode diskutieren	verkürzte Adjektivformen (*grande*, *bueno*, *malo*)	57
C	FIESTA DE FIN DE CURSO	Lebensmittel einkaufen nach dem Preis fragen eine Einkaufsliste zusammenstellen APRENDER MEJOR: Hörverstehen (II)	Demonstrativbegleiter und -pronomen der Relativsatz mit *que* das Fragepronomen *cuál* Mengenangaben *estar* + Adjektiv Verben mit Stammwechsel c → zc (*ofrecer*)	60

Unidad		Lernziele	Grammatische Inhalte	
Opción 2	MÚSICA DE ESPAÑA Y AMÉRICA LATINA			68
5	MADRID ME MATA	Sehenswürdigkeiten in Madrid	der Superlativ	70
A	UN DÍA CON DIEZ EUROS	etwas zu trinken und zu essen bestellen die Rechnung erbitten etwas vergleichen sagen, was man lieber / weniger mag APRENDER MEJOR: Wortbildung	Komparativ und Superlativ *muy* / *mucho* Verben mit Stammwechsel e → i (*pedir*)	72
B	COGES LA LÍNEA ROJA HASTA ...	einen Weg beschreiben (Straße, U-Bahn) jemandem den Weg erklären (U-Bahn) Dinge bewerten (positiv / negativ)	das direkte Objektpronomen direktes und indirektes Objektpronomen (Unterscheidung) das Verb *decir*	76
C	DICHO Y HECHO	über Vergangenes berichten Erlebnisse schildern	das *pretérito perfecto* regelmäßige und unregelmäßige Partizipien (*decir*, *escribir*, *hacer*, *poner*, *ver*, *volver*) der Gebrauch von *ser* / *estar* (II)	79
6	LA VIDA – ¿UN SUEÑO?	Schule in Spanien		85
A	LA VIDA ES SUEÑO	Berufswünsche und Träume Stundenplan Schulfächer APRENDER MEJOR: Hörverstehen (III)	*por* / *para* *hay que* die unmittelbare Zukunft (*ir a* + Infinitiv) das Verb *dormir* der Begleiter *todo*	86
B	ANÍMATE	Zustimmung, Ablehnung äußern Gefühle äußern (Angst, Sorge, Unlust ...) jemandem widersprechen sagen, was man (nicht) gerne tut Lieblingsfächer, Schulnoten	*por qué* / *para qué* die Verneinung (*nadie*, *nada*, *nunca*) die Stellung der Pronomen die Verben *venir*, *dar* der Gebrauch von *ir* / *venir*, *llevar* / *traer* Personalpronomen mit Präposition *conmigo* / *contigo*	90
C	ASIGNATURA SOLIDARIDAD	über Projekte berichten	indefinite Begleiter und Pronomen (*alguno*, *ninguno*) die Ordnungszahlen	93

Unidad | Lernziele | Grammatische Inhalte

Opción 3 EL CARIBE Y LA REGIÓN ANDINA 98

7 CHILE – UN PAÍS EN LAS AMÉRICAS 100

Jahreszahlen
Geschichte Lateinamerikas

- das *pretérito indefinido* der Verben auf *-ar* (3. Pers. Sg. und Pl.)
- die Präpositionen *desde*, *desde hace* und *hace*

A ¿CACHAI? 102

Erlebnisse erzählen / berichten
sagen, wie man sich fühlt
Aufzählungen
jemandem Glück wünschen

- das *pretérito indefinido* der regelmäßigen Verben
- das *pretérito indefinido* von *ser* und *ir*

B EL DIARIO DE ANTONIO: NORTE CHICO – MOCHILA GRANDE 105

das Datum angeben
das Wetter, die Jahreszeiten
Monate und Feiertage
jemandem gratulieren (Geburtstag)
ein Tagebuch schreiben

- das *pretérito indefinido* häufiger unregelmäßiger Verben (*decir*, *estar*, *dar*, *saber*, *tener*, *poder*, *poner*, *hacer*)

C CHATEAR EN QUECHUA 108

einen Zeitungstext lesen (Reportage)
APRENDER MEJOR:
einen Text entschlüsseln

- das *pretérito indefinido* im Text
- das *pretérito indefinido* von *dormir*, *pedir*, *venir*

Opción 4 ANTONIO SKÁRMETA, LA COMPOSICIÓN 114

8 ANDALUCÍA 116

die spanischen Regionen

A SEVILLA 118

Langeweile / Anstrengung / Begeisterung ausdrücken
Gründe angeben

- *pretérito perfecto* / *pretérito indefinido* (Gegenüberstellung)
- der Begleiter *tanto*
- das *pretérito indefinido* von *querer*

B SOLO EN MOTRIL 121

ein formeller Brief
persönliche Briefe (E-Mail)
seine Meinung äußern

- der absolute Superlativ (*-ísimo*)
- der einfache dass-Satz

C AL-ANDALUS – TIERRA DE ENCUENTROS 124

historische Ereignisse schildern
Geschichte Spaniens
Aspekte eines Sachverhalts aufzeigen
argumentieren
APRENDER MEJOR:
Verbformen besser lernen

- Nebensätze im Indikativ (*mientras*, *sin embargo*, *aunque*, *como*, *cuando*, *donde*)

Unidad		Lernziele	Grammatische Inhalte	
Opción 5	POEMAS			130
9	EN TODO EL MUNDO			132
A	**SUEÑOS AMERICANOS**			134
		Besitzverhältnisse ausdrücken Stellung nehmen gegenüber anderen sagen, was man gerade getan hat	Possessivpronomen die Adverbien auf *-mente* der Relativsatz mit *lo que* *acabar de* + Infinitiv	
B	**QUIERO SER**			136
		jemanden beruhigen ein Verbot aussprechen jemanden um etwas bitten	der Imperativ (Höflichkeitsform: *usted/es*) der verneinte Imperativ (2. Pers. Sg., *usted/es*)	
C	**AHORITA VUELVO ... A BERLÍN**			138
		Äußerungen von Dritten wiedergeben Überraschung / Ungewissheit / Angst ausdrücken	die indirekte Rede und Frage (Präsens)	
	PARA CHARLAR			142
	MEDIACIÓN			145

SYMBOLE UND VERWEISE

Hörtext auf CD

schriftliche Übung

Partnerarbeit

Kleingruppe

Kettenübung

Diskussion

Spiel

RESUMEN
Verweis auf das Resumen der Lektion

! Hinweis auf Besonderheit oder Unregelmäßigkeit

ANEXO 149

El alfabeto	149
Los signos de puntuación	149
La pronunciación	149
Los números en español	150
Indicaciones para los ejercicios	151
El español en la clase	152
Los verbos	153
Pequeño Diccionario de Cultura y Civilización	157
Vocabulario: Lista cronológica	166
Vocabulario: Lista alfabética	199
Deutsch-Spanisches Wörterbuch	211
Plano del Metro de Madrid	219
Plano de Madrid	220

México
Puerta del Sol (Madrid)
Buenos Aires (Argentina)

Hola, yo soy Roberto y soy de España, de Madrid. Y tú, ¿cómo te llamas?

Yo me llamo Susanne.

¡OJO!

Wenn ihr nicht alles beantworten könnt, nehmt die Landkarten zu Hilfe oder das landeskundliche Wörterbuch.

Plaza Mayor (Madrid)

¡Hasta mañana!

¡Hasta luego!

1 Das kommt uns spanisch vor

a *Welche Buchstaben und Satzzeichen gibt es nicht im Deutschen? Sucht Beispiele.*

b *Macht eine Liste mit allen spanischen Wörtern, die euch einfallen:*

c *Was wisst ihr über die Länder, in denen Spanisch gesprochen wird? Nennt …*

1. … die Hauptstadt Spaniens.
2. … die Nachbarländer Spaniens.
3. … eine Stadt, einen Fluss oder eine Küste in Spanien.
4. … eine bekannte Persönlichkeit aus Spanien oder Lateinamerika.
5. … einen spanischen Vornamen.
6. … ein spanisches Lied.
7. … eine spanische Spezialität oder ein Getränk.
8. … fünf weitere Länder, in denen Spanisch gesprochen wird.

2 ¡Hola!

a *Hör zu: Aus welchen Ländern kommen Pedro, Graciela und Manuel?*

b *Und jetzt bist du dran: Begrüße deine/n Nachbarn/Nachbarin, sage deinen Namen, woher du bist und/oder verabschiede dich bis zum nächsten Mal.*

¡Hasta mañana!

Yo soy …

¡Adiós!

Hola, soy … Y tú, ¿cómo te llamas?

¡Hasta luego!

¡Hola!

Buenos días.

Yo soy de …

¿Qué tal?

Yo me llamo …

AMIGOS EN MADRID

LOS CHICOS Y LAS CHICAS

Dos amigas, Sonia y Susanne, charlan en una plaza de Madrid.

COMPRENDER

1 **¿En la plaza?**

Corrige las frases. · Korrigiere die folgenden Sätze:

1. Mañana hay una fiesta en la plaza.
2. Sonia y Susanne charlan en el instituto.
3. Sonia es la hermana de Kathrin.
4. La profesora de alemán trabaja en «Rocas».
5. Susanne es profesora de alemán.
6. Susanne y Roberto llegan tarde.

DESCUBRIR

2 **Singular y plural** ▷ **RESUMEN 1**

a *Wie heißt jeweils die weibliche bzw. männliche Form? Woran kann man das Genus der Substantive erkennen?*

el profesor	[¿]
[¿]	la chica
[¿]	la amiga
el hermano	[¿]

b *Ergänze die Singularform. Wie wird der Plural der Substantive im Spanischen gebildet? Suche weitere Beispiele im Text.*

	Singular	Plural		Singular	Plural
♀	[¿]	las plazas	♀	[¿]	las actividades
♂	[¿]	los institutos	♂	[¿]	los profesores

3 **La pronunciación (I)**

a *Suche die Städte auf der Spanienkarte. Höre dann die Aufnahme und sprich nach: Was fällt dir auf?*

Yo soy de Barcelona y ella es de Valencia.
Llegamos tarde a Cádiz.
La hermana de Sonia es de Cartagena. Trabaja en Jaén.
Mañana hay una fiesta en Albacete.

b *Höre zu und sprich nach. Suche die Orte dann auf der Spanienkarte: Was fällt dir auf?*

b / v	g / j	c / z
[¿]urgos	[¿]erona	Cá[¿]eres
[¿]alencia	[¿]aén	Lan[¿]arote

PRACTICAR

4 Trabajamos ▷ RESUMEN 2

Escribe frases. · Schreibe Sätze. Verwende jede Personalform und jedes Verb mindestens einmal.

Sonia y Juan [Yo] [Vosotros] Roberto [Tú] [Nosotras]	habl tom charl trabaj lleg	an amos as a áis o	en Madrid. en la plaza. aquí. alemán. en el instituto. un poco. español. tarde. algo.

5 ¿Quién es?

Preguntar y contestar. · Zeige auf jemanden im Raum und frage, wie er/sie heißt.

Oye, ¿quién es él/ella?
¿cómo se llama él/ella?

Se llama … Es el amigo de … .
la amiga de … .
el profesor.
la profesora.
Habla español.
…

alemán
inglés
francés
portugués
ruso
polaco
italiano
turco
…

Es gibt im Spanischen einige Signalwörter, um Aufmerksamkeit bei demjenigen zu erregen, den ihr ansprechen wollt. Eines kennt ihr schon aus dem Text:
¡Oye! ¡Mira!

6 Diálogos

Hacer un diálogo. · Erstellt einen Dialog mit den folgenden Elementen:

¡Hola!
¿Qué tal?
¿Cómo te llamas?
¿Quién es?
¿Hablas …?

¡Hola!
Soy/Me llamo …
Bien/…
Y tú, ¿cómo te llamas?
Se llama …

ESCUCHAR

7 En España

Escucha y busca las ciudades en el mapa de España. · Höre den Text und suche die Städte auf der Spanienkarte.

¿QUÉ TAL?

Roberto: Hola chicos, ¿qué hay?

Sara: ¡Hola, Roberto! ¿Qué tal?

Roberto: Bah, regular, como siempre.

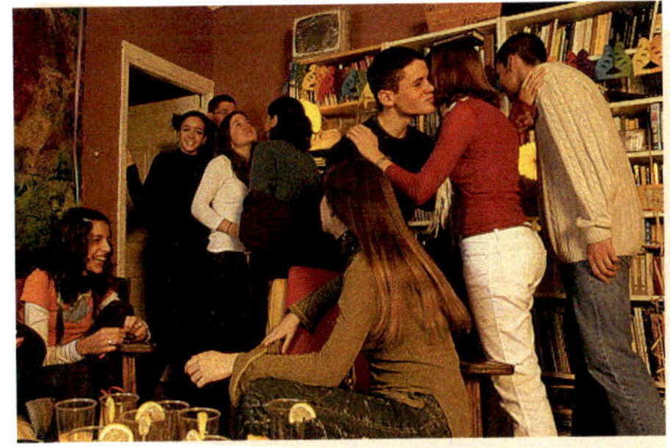

Hallo Juan, kommst du auch heute ins Rocas?

Juan: Maite, ¿qué tal?

Maite: ¿Yo? Muy bien. Oye, mañana hay un concierto de «Manu Chao» y …

«Rin-rin» … Juan toma el móvil y ve un mensaje.

Juan: Oye, Maite, tú hablas alemán, ¿no?

Maite: Pues … sólo un poco.

Juan: Mira … ¿Comprendes esto?

Maite: A ver … No … Es un mensaje en alemán. Pues, no sé …

Sonia: Veo, veo.

Susanne: ¿Qué ves?

Sonia: Un móvil … Mira, un chico y una chica miran el móvil y hablan. Leen algo …

Susanne: Entonces son Juan y Maite: leen un mensaje en alemán y sólo comprenden palabras.

Un rato después, Juan y Susanne bailan y charlan.

Juan: ¿Qué tal en Madrid, Susanne?

Susanne: ¡Fenomenal! Ya comprendo bastante, leo cómics, veo la tele y hablo con todo el mundo.

COMPRENDER

1 Los amigos en la fiesta

Cuenta tú: ¿qué hace/n? · Erzähle: was tun sie?

1. Juan y Maite
2. Juan
3. Susanne y Juan
4. Susanne
5. Sonia
6. Maite

ve la tele. / habla con todo el mundo. / leen algo. / lee cómics. / habla con Susanne. / charla con Juan. / habla alemán. / lee un mensaje. / bailan y charlan. / sólo comprenden palabras.

PRACTICAR

2 Leen algo ▷ RESUMEN 2

Haz frases. · Bilde Sätze.

1. Roberto 2. Sonia 3. Pedro y Merce 4. Yo 5. Nosotros 6. Ellas 7. Tú 8. Vosotras	ver comprender leer	un mensaje. palabras. la tele. cómics. algo. alemán. un móvil.

3 ¿Qué tal? – ¡Fenomenal!

Preguntar y contestar. · Fragt euch gegenseitig.

¿Qué tal
- en Valencia?
- en la fiesta?
- en el instituto?
- en las clases[1]?
- Maite?
- la hermana de Susanne?
- en el concierto?
- tú?

Fenomenal.
Estupendo.
Muy bien.
(Pues) bien.

(Bah,) regular.
Como siempre.
Ni fu ni fa.
Tirando …

(Muy) Mal.
Fatal.
Estoy hecho/-a polvo.

1 las clases: der Unterricht

4 Los chicos hablan

Hacer los diálogos. · Bildet Minidialoge.

5 **¿Qué es? ¿Quién es?** ▷ RESUMEN 4

Preguntar y contestar como en el ejemplo. · Fragt und antwortet wie im Beispiel.

Ejemplo: Es la amiga de Susanne. ¿Quién es? – Es Sonia.

	la amiga de Susanne.			
	el móvil.			
	en la fiesta.			
Baila	el mensaje.			el mensaje de Susanne.
Comprende	en «Rocas».			Susanne.
Habla	sólo un poco.			Sonia.
Lee	mañana.	¿Quién es?	Es	la fiesta.
Es	con todo el mundo.	¿Qué es?		el concierto.
Toma	algo en la plaza.			Juan.
Ve	la tele.			Maite.
	cómics.			
	bastante.			
	alemán.			

APRENDER MEJOR

6 **Sprachen international**

a *Auf Deutsch / Englisch / Französisch / In meiner Sprache heißt es: …*

LERNTIPP

In vielen Sprachen gibt es solche „internationalen" Wörter, häufig gehen sie auf das Lateinische oder auch das Griechische zurück. Auch wenn man sich nicht immer darauf verlassen kann, dass sie dieselbe oder eine ähnliche Bedeutung haben, können sie beim Sprachenlernen eine große Hilfe sein.

el teléfono

la realidad

la música

alemán

la fiesta

la información

LA UNIVERSIDAD

b *Sucht im Text 1C auf Seite 16 fünf Wörter, die euch „bekannt" vorkommen und überlegt, was sie heißen können. Sucht diese Wörter dann im Vocabulario (S. 164/165): War eure Vermutung richtig?*

NO SÓLO EN ESPAÑA

Y vosotros, ¿escribís todavía cartas?
Hoy, los chicos y chicas de todo el mundo charlan, escriben y leen mensajes en la red. ¿Quiénes son? A ver:

TERRA CHAT

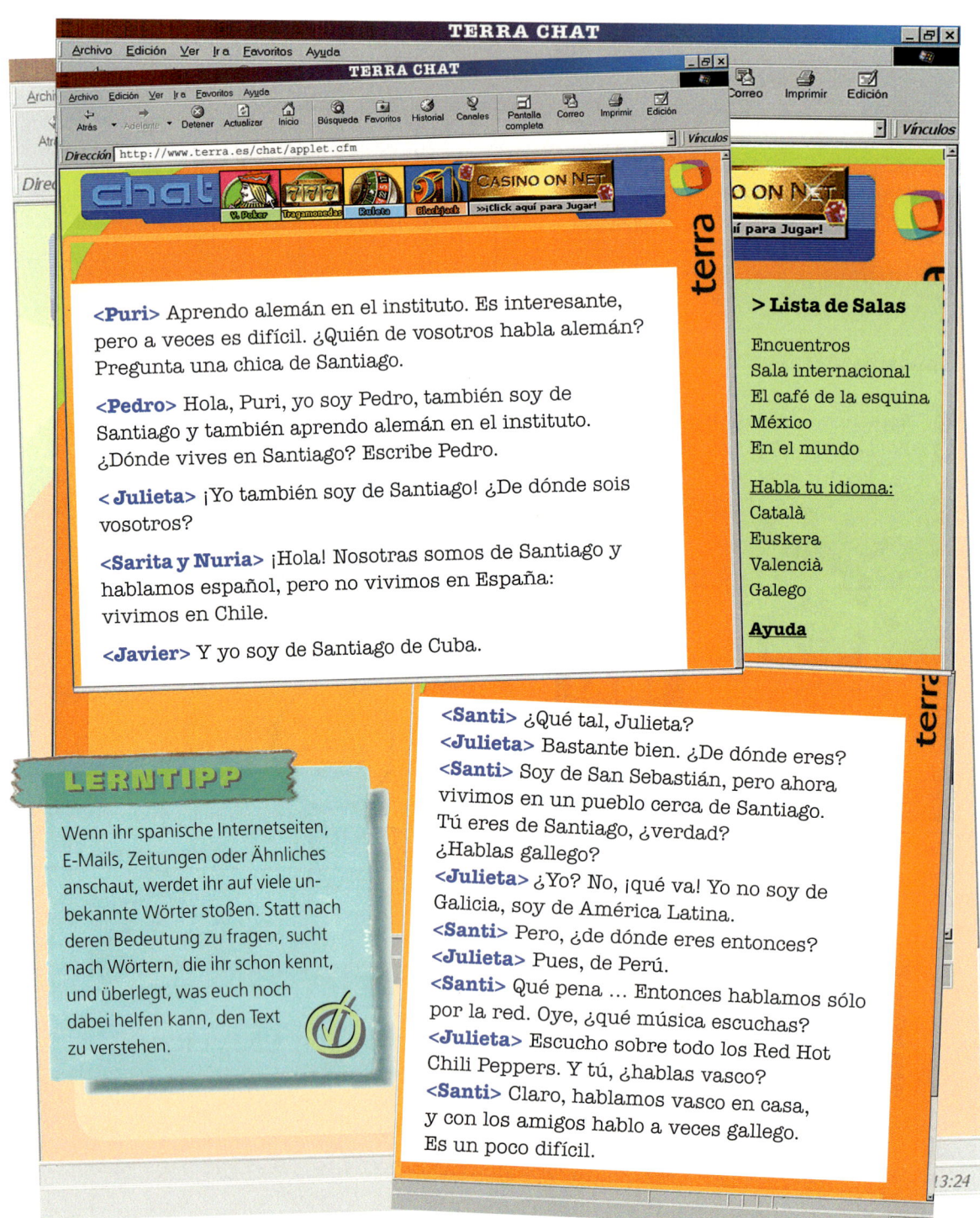

Dirección http://www.terra.es/chat/applet.cfm

<Puri> Aprendo alemán en el instituto. Es interesante, pero a veces es difícil. ¿Quién de vosotros habla alemán? Pregunta una chica de Santiago.

<Pedro> Hola, Puri, yo soy Pedro, también soy de Santiago y también aprendo alemán en el instituto. ¿Dónde vives en Santiago? Escribe Pedro.

<Julieta> ¡Yo también soy de Santiago! ¿De dónde sois vosotros?

<Sarita y Nuria> ¡Hola! Nosotras somos de Santiago y hablamos español, pero no vivimos en España: vivimos en Chile.

<Javier> Y yo soy de Santiago de Cuba.

> Lista de Salas

Encuentros
Sala internacional
El café de la esquina
México
En el mundo

Habla tu idioma:
Català
Euskera
Valencià
Galego

Ayuda

<Santi> ¿Qué tal, Julieta?
<Julieta> Bastante bien. ¿De dónde eres?
<Santi> Soy de San Sebastián, pero ahora vivimos en un pueblo cerca de Santiago. Tú eres de Santiago, ¿verdad? ¿Hablas gallego?
<Julieta> ¿Yo? No, ¡qué va! Yo no soy de Galicia, soy de América Latina.
<Santi> Pero, ¿de dónde eres entonces?
<Julieta> Pues, de Perú.
<Santi> Qué pena ... Entonces hablamos sólo por la red. Oye, ¿qué música escuchas?
<Julieta> Escucho sobre todo los Red Hot Chili Peppers. Y tú, ¿hablas vasco?
<Santi> Claro, hablamos vasco en casa, y con los amigos hablo a veces gallego. Es un poco difícil.

LERNTIPP

Wenn ihr spanische Internetseiten, E-Mails, Zeitungen oder Ähnliches anschaut, werdet ihr auf viele unbekannte Wörter stoßen. Statt nach deren Bedeutung zu fragen, sucht nach Wörtern, die ihr schon kennt, und überlegt, was euch noch dabei helfen kann, den Text zu verstehen.

COMPRENDER

1 Mensajes en la red

Was weißt du über sie?

1. Puri 2. Pedro 3. Julieta 4. Sarita y Nuria 5. Javier 6. Santi

DESCUBRIR

2 Escribir etc. ▷ RESUMEN 2

Vergleiche die Verbformen auf -er und -ir auf S. 21: Was stellst du fest?

3 Yo y tú ▷ RESUMEN 3

1 Nosotros somos de Santiago. Y vosotras, ¿de dónde sois?

2 ¿Quién es Pedro?
¡Soy yo!

3 Ella es de Santiago, y él de Madrid.

Warum wird hier das Subjektpronomen verwendet?

PRACTICAR

4 ¿Quién habla alemán?

Escribe un mensaje en la red.

Schreibe:
- wie du heißt
- woher du bist
- wo du wohnst
- wo du Spanisch lernst
- welche Sprachen du sprichst
- welche Musik du vor allem hörst

Verwende auch:
Escucho sobre todo …
… es interesante, pero difícil.
Aprendo … en el instituto.
Leo …

5 ¿Dónde? ▷ RESUMEN 4

a *Haz las preguntas para las frases. · Formuliere zu den Sätzen die passenden Fragen.*

Ejemplo: – Escriben cartas. – ¿Qué escriben?

1. Me llamo Manolo.
2. Aprendemos alemán en el instituto.
3. Sólo comprenden alemán.
4. Vivimos en Sevilla.
5. Paco y Manolo son dos amigos de Puri.
6. Escucha sobre todo Manu Chao.

¿de dónde?
¿dónde?
¿qué?
¿cómo?
¿quién?
¿quiénes?
¿qué tal?

7. Paco es el amigo de Manolo.
8. Julieta y Santi escriben mensajes.
9. Roberto lee el mensaje de Susanne.
10. Soy de Santiago de Chile.
11. Regular, ¿y tú?

b *Jede/r formuliert eine Frage und schreibt sie auf ein Blatt Papier. Alle Fragen kommen in einen Topf. Eine/r zieht eine Frage, beantwortet sie und gibt den Topf weiter.*

6 Son amigos ▷ RESUMEN 2

Completa las frases.

somos | eres | sois | son | soy | es

1. Yo [¿] Maite.

2. Nosotras [¿] amigas.

3. Tú [¿] de Alemania, ¿verdad?

4. Y vosotros, ¿[¿] de Valencia?

5. Kathrin y Susanne [¿] hermanas.

6. Kathrin [¿] profesora de alemán.

7 ¿No? ▷ RESUMEN 5

Corrige las frases. · Korrigiere die Sätze.

Ejemplo:
– Puri aprende español en el instituto. – Puri no aprende español, aprende alemán.

1. Julieta charla con Puri.
2. Sonia es de Leipzig.
3. Juan baila con Maite.
4. Hoy hay un concierto de Manu Chao.
5. El móvil es de Roberto.
6. Julieta es de Galicia.
7. Las amigas llegan tarde.
8. Es un mensaje en español.
9. Javier vive en Galicia.
10. Kathrin es la hermana de Juan.

ACTIVIDADES

8 ¿Dónde hablan español?

Schlagt die Karte von Lateinamerika auf und spielt in zwei Gruppen: Die eine formuliert einen Satz wie im Beispiel angegeben, die andere Gruppe muss das dazugehörige Land sagen. Für jeden Fehler gibt es einen Strafpunkt!

Soy de Bogotá.

¡Eres de Colombia!

Trabajo en Lima.

Vives en Perú.

Lima en Perú

REPASO

1 Pablo

Escucha y contesta. · Höre zu und beantworte die Fragen.

1. ¿De dónde es Pablo?
2. ¿Dónde vive ahora?
3. ¿Qué estudia[1]?
4. ¿Cómo se llama el amigo de Pablo?

1 estudia: er/sie studiert

Bogotá

Valencia

2 Verbos, verbos ... ▷ RESUMEN 2

a *Busca los verbos y haz una lista. · Lege eine Tabelle an, in die du alle Verben der Unidad 1 einträgst.*

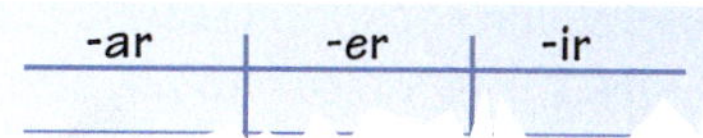

b *Escribe 10 frases con los verbos de la lista.*

3 En una fiesta en España

Preparar el diálogo.

Du grüßt, sagst deinen Namen und fragst, wie dein/e Gesprächspartner/in heißt. →

Er/Sie antwortet und fragt, woher du bist: aus Deutschland?

← Du bejahst und sagst, dass du aus ... bist, aber in ... wohnst. →

Er/Sie fragt, wie es dir in Spanien gefällt.

← Du antwortest und fügst hinzu, dass es hier in Madrid einfach toll ist und fragst, ob er/sie aus Valencia ist. →

Er/Sie antwortet, dass er/sie hier in Madrid wohnt, aber aus Barcelona kommt.

↓

Er/Sie fragt dich, ob du etwas trinken möchtest.

← Du antwortest und fragst, ob er/sie tanzen möchte. →

Er/Sie reagiert entsprechend.

RESUMEN

PARA COMUNICARSE

jemanden begrüßen und fragen, wie es ihm geht	Hola, ¿qué tal?
darauf antworten	(Muy) bien, ¿y tú?
jemanden auf etwas aufmerksam machen	Oye.
den Namen erfragen …	¿Cómo te llamas?
… und darauf antworten	(Yo) soy / Me llamo … .
sich verabschieden	Hasta mañana / Hasta luego.
sagen, dass man etwas nicht weiß	No sé.
fragen, wie jemand etwas findet	¿Qué tal (la música)?
fragen, wo jemand wohnt …	¿Dónde vives?
… und darauf antworten	Vivo en … .
fragen, woher jemand kommt …	¿De dónde eres?
… und darauf antworten	Soy de … .
fragen, ob jemand versteht	¿Comprendes (esto)?

GRAMÁTICA

1 El artículo y el sustantivo · Der Artikel und das Substantiv

1.1 El artículo determinado e indeterminado · Der bestimmte und der unbestimmte Artikel

	♂	♀
Sing.	**el** amigo	**la** plaza
Plural	**los** amigos	**las** plazas

Der Artikel hat im Spanischen nur zwei Formen: Maskulinum und Femininum. Diese haben eigene Pluralformen.

	♂	♀
Sing.	**un** amigo	**una** plaza
Plural	**(unos)** amigos	**(unas)** plazas

Die Pluralform des unbestimmten Artikels wird nur in der Bedeutung von „ein paar/ einige" verwendet.

1.2 El sustantivo · Das Substantiv

	♂	♀
Sing.	**el** amig**o** **el** profeso**r** **el** móvi**l**	**la** amig**a** **la** profesor**a** **la** activida**d**
Plural	**los** amig**os** **los** profesor**es** **los** móvil**es**	**las** amig**as** **las** profesor**as** **las** activida**des**

Substantive, die auf Vokal enden, bilden den Plural mit **-s**.
Die anderen bilden den Plural mit **-es**.

2 El presente de indicativo · Der Indikativ Präsens

	llegar		comprender		escribir	
[yo]	lleg-	o	comprend-	o	escrib-	o
[tú]		as		es		es
[él, ella, usted]		a		e		e
[nosotros, -as]		amos		emos		imos
[vosotros, -as]		áis		éis		ís
[ellos, -as, ustedes]		an		en		en

	ser
[yo]	**soy**
[tú]	**eres**
[él, ella, usted]	**es**
[nosotros, -as]	**somos**
[vosotros, -as]	**sois**
[ellos, -as, ustedes]	**son**

3 El pronombre sujeto · Das Subjektpronomen

Yo soy de Madrid.
Tú eres de Alemania, ¿verdad?
Él/Ella es de Burgos.
Nosotros/Nosotras vivimos en Madrid.
Vosotros/Vosotras sois de Bilbao.
Ellos son amigos./**Ellas** son amigas.
! **Ellos** (= Juan y Sonia) son amigos.

Im Spanischen werden Subjektpronomen nur verwendet, um Missverständnisse auszuschließen oder das Subjekt zu betonen.

In „gemischten Gruppen" wird immer die maskuline Form verwendet.

Y **usted**, ¿de dónde es?
Y **ustedes**, ¿dónde viven?

Die höfliche Anrede mit „Sie" entspricht der 3. Person Singular bzw. Plural.

4 La interrogación · Der Fragesatz

¿Eres de Alemania?	Sí. / No, soy de Austria[1].
¿**Cómo** te llamas?	Me llamo Pedro.
¿**Qué** tal la fiesta?	Muy bien.
¿**Qué** tomas?	Un café[2].
¿**Dónde** vives?	En Madrid.
¿**De dónde** eres?	De Santiago.
¿**Quién** es?	Es la hermana de Silvia.
¿**Quiénes** son?	Son Manuel y Pedro.

Alle Fragewörter haben einen Akzent.

Das Fragewort **quién** hat eine Pluralform.

1 Austria: Österreich 2 el café: Kaffee

5 La negación · Die Negation

¿Eres de Sevilla? — No, **no** soy de Sevilla, soy de Madrid.

Das Verneinungswort **no** (= nicht) steht vor dem konjugierten Verb.

1.

Mira, éstos son mis abuelos, los padres de mi padre. Son de Segovia. La familia de mi madre es de Ávila.

2.

Mis padres: mi padre trabaja en el aeropuerto y mi madre en una empresa.

3.

Mi tía Beatriz y mi tío Pepe. Viven en Toledo.

4.

Éstas son mis primas Ana y Charo. Son las hijas de mis tíos Beatriz y Pepe. Las dos estudian en Salamanca.

5.

Ésta es mi hermana Nuria. Y éste es Ramón, mi hermano.

6.

Ah, claro, y éste soy yo.

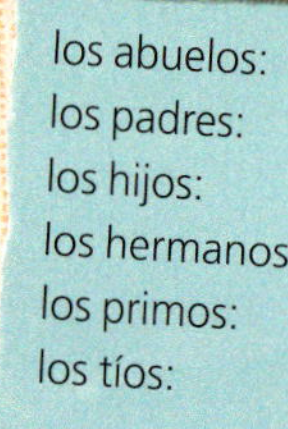

¡OJO!

los abuelos:	el abuelo	la abuela
los padres:	el padre	la madre
los hijos:	el hijo	la hija
los hermanos:	el hermano	la hermana
los primos:	el primo	la prima
los tíos:	el tío	la tía

COMPRENDER

1 ¿Quién es quién?

a *Completa las frases. · Schau dir den Stammbaum an und ergänze die Sätze.*

1. La [¿] de Roberto se llama María. Es la [¿] de su padre.
2. Carlos Solana es el [¿] de Roberto.
3. Beatriz y Pepe son los [¿] de Charo.
4. Ana y Charo son [¿]. Son las [¿] de Roberto.
5. Nuria es la [¿] de Carlos Solana.
6. Carmen Pérez es la [¿] de Ana.

In Spanien und in den spanischsprachigen Ländern hat jede Person zwei Familiennamen. Der erste ist der erste Name des Vaters, der zweite ist der erste Name der Mutter.

b *Wie heißen Ana und Charo mit Nachnamen?*

PRACTICAR

2 Roberto y su familia

a *Roberto presenta a su familia. · Roberto stellt seine Familie vor.*

Ejemplo: Ésta es mi tía. Se llama Beatriz.

Éste Ésta	es mi	padre. abuelo. tía. madre.	Se llama	Carlos. Carmen. Beatriz. Juan.
Éstos Éstas	son mis	abuelos. hermanos. tíos. primas.	Se llaman	Ana y Charo. Pepe y Beatriz. Ramón y Nuria. Juan y María.

b *Such dir jemanden von Robertos Familie aus und beschreibe deine „Verwandten". Die anderen müssen raten, wie du heißt.*

Mi madre se llama Beatriz y vivimos en Toledo.
Carmen es mi tía y Charo es mi hermana.

¡Entonces, tú eres Ana!

DE LA SERENA A MADRID

La Serena es una ciudad muy bonita de Chile. Allí, en un barrio moderno, vive Rándal con su familia. Son seis: sus padres, tres hermanos y él. Es una familia bastante grande. Rándal es un chico tranquilo y simpático. Tiene 17 años.

Quiero pasar un año en Europa.
Mis amigos ya saben algo …
pero mis papás* no.
¿Qué hago? ¿Hablo con ellos?
¿O hablo primero con mis hermanos?
No sé …

Rándal escucha música y siempre lee o escribe cartas, e-mails … . Sus hermanos mayores ya estudian y trabajan. Tienen 18 y 20 años. Su hermana pequeña se llama Pati y tiene once años.

ESPAÑA
Tienes un mensaje de tus amigos de Madrid. ¿Qué quieren? No entiendo …
Mi hermana es una chica súper* linda* y es mi hermana favorita. Es muy simpática, pero a veces es muy curiosa …

Los padres de Rándal ya entienden: su hijo quiere pasar un año en Europa. ¿Pero dónde quiere vivir?

Rándal: ¡En España, papá! Allí hablan español, ¿entiendes?

La madre: Sí, sí, hijo, nosotros entendemos muy bien. Pero no tenemos familia allí.

Rándal: Yo tengo un amigo en Madrid, se llama Roberto … A veces charlamos en la red, ¿sabes?

El padre: ¿Y cuántos años tiene tu amigo? Mira, Rándal, sólo tienes 17 años. Un año en España es caro … no sé. Ah … y queremos tener tiempo para todo …

Rándal: … y también para preparar una fiesta para mis amigos, papá, una fiesta para todo el mundo en nuestra casa. Todavía tenemos bastante tiempo.

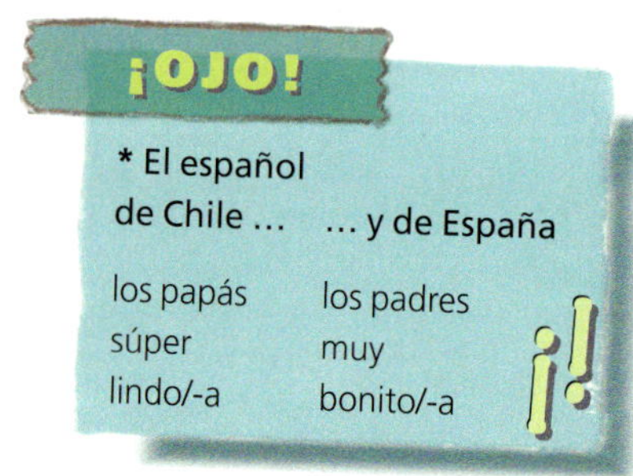

¡OJO!
* El español de Chile …
… y de España
los papás
los padres
súper
muy
lindo/-a
bonito/-a

COMPRENDER

1 El chico de Chile

a *Trabajar en dos grupos A y B: leer otra vez el texto y completar las frases.*

Grupo A:

Rándal | vive / escribe / quiere / tiene

Grupo B:

Rándal | es / charla / escucha / habla

b *Gruppe A stellt der Gruppe B Fragen zum Text. Gruppe B macht es ebenso.*

¿Con quién ...? ¿Cómo ...? ¿Cuántos ...? ¿Dónde ...? ¿Qué ...?

DESCUBRIR

2 Verbos ▷ RESUMEN 3

a *Schreibe aus dem Text alle Formen des Verbs* querer *heraus. Ergänze die fehlenden Formen mit Hilfe des Resumen. Was fällt dir auf?*

b *Welche anderen zwei Verben im Text werden genauso bzw. fast genauso konjugiert?*

3 Adjetivos ▷ RESUMEN 2

una ciudad moderna – un barrio moderno

a *Vergleiche die beiden Beispiele: was fällt dir auf? Welche Adjektive im Text lassen sich ebenso angleichen?*

b *Was passt zusammen? Suche für jedes Substantiv ein passendes Adjektiv und gleiche es an.*

un barrio, mi hermana, chicas, un amigo, chicos, una fiesta, ciudades, una familia, un instituto

favorito, bonito, pequeño, moderno, simpático, curioso, tranquilo

PRACTICAR

4 Para Rándal y sus amigos ▷ RESUMEN 1

Completa con mi, tu, su, sus, nuestro, nuestra, vuestro, vuestra.

Roberto prepara fotos[1] para Rándal y [¿] amigos de Chile:

Ésta es Nuria, [¿] hermana pequeña y [¿] amiga Cristina.

Vivimos en Madrid. Éste es [¿] barrio, Argüelles.

Y ésta es una fiesta en [¿] casa.

¿Y cómo es [¿] familia, Rándal? Vosotros vivís en La Serena, ¿verdad? ¿Cómo es [¿] barrio? ¿Y [¿] casa?

1 la foto: das Foto

5 Quiero hacer una fiesta

Preguntar y contestar como en el ejemplo.

Anja, ¿qué quieres hacer ahora?

Ahora quiero charlar un poco con Verena.

Y vosotros, ¿qué queréis hacer mañana?

Mañana queremos preparar una fiesta en el barrio.

Ahora / Hoy / Mañana — quiero / queremos —
hacer una fiesta, escuchar música y bailar
escribir / leer — un mensaje / una carta — para … / de …
escuchar mi música favorita: …
charlar un rato con …
tomar algo con … en …
leer o ver algo en la tele
trabajar un rato con …
hablar con — mis padres / el/la profesor/a
estudiar un poco en casa / en casa de …
preparar una fiesta en el instituto/barrio/pueblo/en casa de …,

ESCUCHAR

6 ¿Cuántos años tienen?

a *Apunta en tu cuaderno: ¿cuántos años tienen?*

b *Después pregúntale a tu compañero/-a:*
¿Cuántos años tiene Manuel/Vero …?

Manuel
Vero Jordi Carmen y Ana
Toño Enrique y Jorge
Araceli

7 Números

Escucha y apunta el número que falta. · Welche Zahl fehlt in der Liste?

8 – 10 – 12 – 14   15 – 18 – 20 – 11   10 – 12 – 14 – 16   18 – 16 – 14 – 10

ACTIVIDADES

8 Pilar y sus amigos

a *Imagina y apunta:*
¿Cómo se llaman los chicos y las chicas?
¿Cuántos años tienen?
¿Son compañeros de clase[1], hermanos …?
¿Cuántos hermanos tienen?
¿Dónde viven?
¿Cómo son?

b *Presenta en clase a un chico o a una chica:*

Ejemplo: Pilar tiene 13 años.
Su hermana pequeña se llama María
y tiene 8 años. Vive en …

1 compañeros de clase: Klassenkameraden

¡ESTOY EN MADRID!

Hoy, Rándal llega al aeropuerto de Madrid, Barajas. Su «familia» también está allí. Ellos saben dónde está en el aeropuerto, pero no saben cómo es: no tienen foto de su invitado.

Roberto: Aquí estamos, éste es nuestro piso: un salón, una cocina, un baño y cinco habitaciones pequeñas. Mira, Rándal, aquí estoy yo. Ésta es mi habitación. ¡Nuria! ¿Qué haces tú aquí?

Nuria: ¿No ves? Hago los deberes …

Roberto: Pues, haz el favor, toma tus libros y … ¡Ten cuidado con la silla … y con la lámpara! Uf … las hermanas pequeñas son un rollo. Pasan de todo y son muy aburridas.

Rándal: Pero Roberto, tranquilo … tu hermana es una chica súper simpática.

Nuria: ¡Ves … tío!

Roberto: Bueno, ya está bien. Mira Rándal: ésta es tu habitación. Es el rincón favorito de mi padre, aquí en la estantería tiene sus libros y debajo están sus cds … pero ahora … ¡estás tú aquí! Al lado del armario está el escritorio con el ordenador.

Rándal: ¿Y encima de la cama?

Roberto: Ah, es un regalo para ti.

Rándal: ¿Para mí? ¡Gracias! ¿Qué es?

Nuria: Un chándal para Rándal … un chándal para Rándal …

COMPRENDER

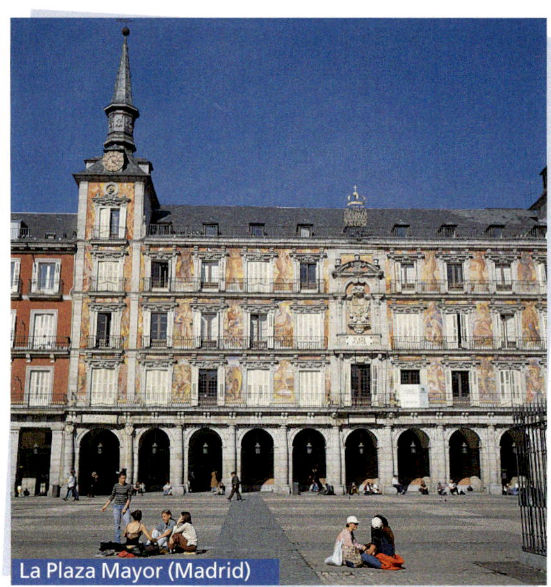
La Plaza Mayor (Madrid)

1 Rándal en Madrid

Ordena las frases. · Wie heißt das Lösungswort?

[o] Es un regalo para Rándal.
[n] La familia de Roberto también está en el aeropuerto.
[d] Encima de la cama hay un chándal.
[a] Allí hay una estantería, un armario, un escritorio y un ordenador.
[i] Rándal llega hoy al aeropuerto de Madrid.
[v] Después, Roberto está con Rándal en su habitación.
[t] La habitación de Rándal es el rincón favorito del padre de Roberto.
[i] Nuria hace los deberes en la habitación de Roberto.

2 ¿Dónde están?

Preguntar y contestar.

¿Qué hay en …?
¿Dónde está/n …?

el chándal
la habitación de Roberto
Rándal
la estantería
Nuria
los padres de Roberto
Barajas
el piso
la habitación de Rándal

¿Qué hay en el escritorio?
¿Dónde está Roberto?

PRACTICAR

3 ¿Dónde estás? ▷ RESUMEN 3

Escribe frases con el verbo estar. · Schreibe Sätze mit estar.

1. Y tú, ¿cómo
2. Rándal y yo
3. Los padres de Roberto
4. Nuria
5. (Yo)
6. La Serena
7. Pero, ¿dónde
8. El hermano de Rándal
9. El escritorio
10. Rándal

estar

(vosotras)?
al lado del armario.
en Madrid.
en el aeropuerto.
? en la habitación de su hermano.
en Chile.
en la universidad.
en el rincón favorito de mi padre.
en el instituto.

4 **Ser o estar** ▷ RESUMEN 3

Completa con una forma de ser o estar.

Kathrin y Sonia [¿] en el aeropuerto de Madrid.
Llega Susanne. Kathrin y Susanne [¿] hermanas.
Kathrin [¿] profesora de alemán.

Las chicas [¿] en «Rocas» con Juan y Roberto. [¿] unos amigos de Sonia.
Roberto: Susanne, ¿de dónde [¿]?
Susanne: [¿] de Alemania, de Leipzig.
Juan (a Sonia): Susanne [¿] una chica muy simpática.

Kathrin: Pero, … , ¿dónde [¿] (vosotras)?
Sonia: (Nosotras) [¿] en «Rocas». También [¿] Juan y Roberto. Y tú, ¿dónde [¿]?
Kathrin: [¿] en casa.

5 **¡Nuria!** ▷ RESUMEN 4

a *La madre habla con Nuria. · Completa con los imperativos de charlar, escuchar, escribir, hablar, hacer, leer, preparar, tener, ver.*

1. ¿No entiendes los deberes? Pues, [¿] con tu profesor.
2. Y mañana [¿] un mensaje para tu abuelo.
3. Nuria, [¿] la música, ¡es muy bonita!
4. [¿] un rato la tele o [¿] un libro.
5. Y después [¿] los deberes.
6. [¿] tu chándal y tus libros para mañana.
7. [¿] un poco con tu amiga Cristina.
8. ¡[¿] cuidado con el móvil!

b *Escucha. · Zeige mit der Hand auf, wenn du einen Imperativ Plural hörst.*

APRENDER MEJOR

6 **Vokabeln entschlüsseln**

Lies die Sätze und schau dir die Skizze an:
Was bedeuten die unterstrichenen Wörter?
La casa de Sonia está entre el hotel y la cafetería.
El hotel está al lado de la casa de Sonia,
a la izquierda. La cafetería está a la derecha.
Enfrente de la casa hay un instituto.
Detrás de la casa hay un parque.

LERNTIPP

Ihr könnt Wörter entschlüsseln, wenn ihr auch auf Zeichnungen und Bilder achtet. Probiert es aus!

ARGÜELLES

El chico de Chile y sus «hermanos» nuevos hacen fotos de su barrio. Quieren mandar un «emilio» a la familia y a los amigos de Rándal. Para él, el español de España a veces es muy divertido:

1. Empiezo por la casa: es un «piso»* bastante grande. Tiene cinco habitaciones y un «salón»* con terraza. Está enfrente de un hotel, al lado del metro y detrás de un parque. Mi habitación está entre la cocina y el salón.

2. Aquí salgo del «instituto»* con Roberto. Está por aquí cerca, se llama Liceo Rosales y es bastante tradicional. Para Nuria es muy «guay»* pero Roberto pasa del instituto.

3. La vida en la calle es impresionante; sobre todo después del trabajo y de las clases. No es como en Chile – todos a casa y tranquilos. Aquí siempre hay gente, salen a la calle, a la plaza, hacen la compra, o toman algo con los amigos ... ¡es muy importante!

4. Argüelles es también un barrio internacional. La universidad está muy cerca y hay estudiantes de todo el mundo. Aquí delante hay uno (a la izquierda) con Ramón, el hermano de Roberto (a la derecha).

5. El estadio del Real Madrid, el Bernabeu, también está por aquí. Madrid tiene de todo, pero no hay mar. ¡Qué pena!

¡OJO!

* El español de España ...	... y de Chile:
el piso	el departamento
el salón	el living
el instituto	el colegio
guay	bacán

COMPRENDER

1 Aquí vive Rándal

Completa las frases.

1. La casa de Roberto
2. El piso
3. En la calle siempre
4. Argüelles
5. El instituto
6. El barrio
7. La habitación de Rándal

está
hay
tiene
se llama
es

PRACTICAR

2 ¿Dónde está Nuria?

Utiliza las preposiciones correctas:

1.

2.

3.

4.

5.

6.

3 En la clase

a *¿Dónde están tus compañeros/-as?*
Utiliza las preposiciones como en el ejemplo.

Está entre Jens y Nadine. ¿Quién es?

Es Claudia …

entre
delante de
detrás de
enfrente de
al lado de
a la derecha de
a la izquierda de

b *Stellt euch in drei oder vier Gruppen auf. Eine/r in jeder Gruppe gibt den anderen jeweils Anweisungen, wo sie sich hinstellen sollen.*

Ejemplo: Sabine está al lado de Michael … Tina, tú estás …

ACTIVIDADES

4 Mi piso

Jede/r sucht sich eine Wohnung aus und stellt sie vor:

Mi piso tiene … habitaciones.
El salón está … .
También hay un/a …, está … .
Mi piso (no) tiene … .
En … hay un armario.
La cama está … .
No tengo …, pero … .
Mi habitación favorita es … .

Ejemplo:
Mi piso tiene tres habitaciones. –
Mi piso tiene cuatro.

5 Una calle, un barrio

a *¿Qué hay en vuestro pueblo/barrio, vuestra calle? Hacer una lista:*

plaza
hotel
…

b *¿Cómo es tu barrio, tu calle? Utiliza las palabras de a y escribe un texto.*

aburrido
bonito
favorito
grande
importante
impresionante
interesante
moderno
nuevo
pequeño
simpático
tradicional
tranquilo

En … (no) hay gente
En … siempre hay gente.
Es una calle …
Es un barrio …
Tiene …
La vida en la calle es …
Cerca de … hay un/a …
Él/Ella … está …

APRENDER MEJOR

6 Wortfelder

a *Legt ein Wörternetz an und ergänzt alle Wörter, die ihr bisher gelernt habt:*

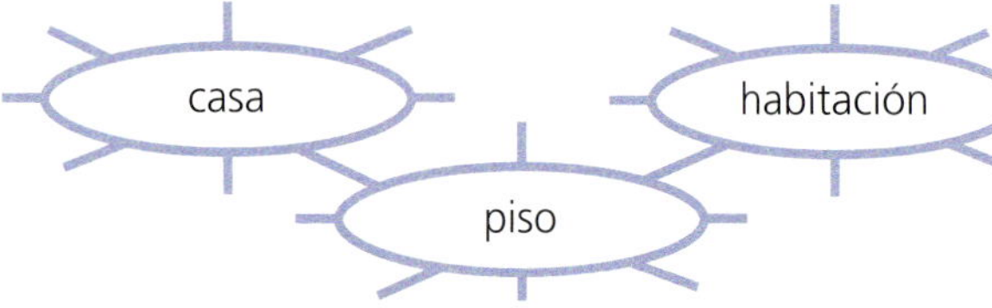

b *Legt ein ähnliches Wörternetz an für euren Klassenraum. Erfragt die unbekannten Wörter bei eurer Lehrerin/ eurem Lehrer.*

nuestra clase[1]

1 la clase: der Klassenraum

LERNTIPP

Wörter, die in thematischen Gruppen zusammengefasst sind, behält man leichter. In der Klasse könnt ihr zum Beispiel Wörternetze anlegen, die immer wieder ergänzt werden können.

REPASO

1 Salir con sus amigos ▷ RESUMEN 1 + 3

Completa con la forma correcta de los verbos y de los posesivos:

1. Yo (salir) [¿] … con [¿] amigos.
2. Pati no (entender) [¿] el mensaje para Rándal. Es de [¿] amigos españoles.
3. ¿Y vosotras, qué (querer) [¿] hacer? ¿Una fiesta en [¿] casa (= de vosotras)?
4. Nuria habla con Roberto: «Ya (saber/yo) [¿] … Es [¿] habitación, pero es [¿] casa (= de nosotros).»
5. ¿Qué (querer/tú) [¿] …? ¡[¿] hermana es muy curiosa!

2 Aquí estamos ▷ RESUMEN 3

Completa con una forma de ser *o* estar.

1. ¿Roberto? ¿Quién [¿]?
2. Él [¿] un amigo de Sonia.
3. Kathrin [¿] profesora de alemán.
4. La Serena [¿] una ciudad de Chile.
5. Barajas [¿] en Madrid.
6. Tú [¿] Rándal, ¿verdad?
7. No, yo [¿] Ramón.
8. ¿Y de dónde [¿] (vosotros)?
9. Nosotros [¿] de Madrid.
10. Carlos no [¿] en casa.
11. ¿Dónde [¿] Nuria y Cristina?
12. Y Rándal, ¿cómo [¿]? ¿Simpático?
13. Hola, Rándal, ¿cómo [¿]? ¿Bien?
14. Mira, ésta [¿] mi habitación.
15. Argüelles [¿] un barrio muy tranquilo.
16. Pati [¿] bastante curiosa.

3 Una habitación

Escucha: ¿Hablan de la habitación de Roberto o de Nuria?

La habitación de Roberto

La habitación de Nuria

RESUMEN

PARA COMUNICARSE

etwas zeigen, jemanden vorstellen	Éste / Ésta es … .
fragen, wie es jemandem geht	¿Cómo estás?
fragen, wie jemand / etwas ist	¿Cómo es?
das Alter erfragen und angeben	¿Cuántos años tienes? – Tengo (18) años.
Eigenschaften angeben	Es una chica (muy) curiosa / simpática / … .
fragen, ob etwas vorhanden ist	¿Hay (un hotel) por aquí cerca?
… und darauf antworten	Sí, hay (uno) en la plaza.
jemanden auffordern	Haz el favor y toma tus libros.
die Lage von Dingen erfragen …	¿Dónde está/n (el libro / los libros)?
… und angeben	Está/n debajo / encima (del armario / de la cama).
jemanden beruhigen	¡Tranquilo/-a!
Bedauern ausdrücken	¡Qué pena!
jemanden warnen	¡Ten cuidado!

GRAMÁTICA

1 El determinante posesivo · Der Possessivbegleiter

Singular		Plural	
mi **tu** **su**	hermano / hermana	**mis** **tus** **sus**	hermanos / hermanas
nuestro	herman**o**	**nuestros**	herman**os**
nuestra	herman**a**	**nuestras**	herman**as**
vuestro	herman**o**	**vuestros**	herman**os**
vuestra	herman**a**	**vuestras**	herman**as**
su	hermano / hermana	**sus**	hermanos / hermanas

Nuestro *und* ***vuestro*** *haben auch eine weibliche Form.*

2 El adjetivo · Das Adjektiv

	♂
Sing.	**El piso** es pequeñ**o.** Es mi **hermano mayor.**
Plural	**Los pisos** son pequeñ**os.** Son **libros** difícil**es.** ! Roberto y Nuria son simpátic**os.**

	♀
Sing.	**La habitación** es pequeñ**a.** Es mi **hermana mayor.**
Plural	**Las habitaciones** son pequeñ**as.** Son **ciudades** grand**es.**

Die meisten Adjektive mit **-o** haben auch eine Form mit **-a.**
Der Plural wird, wie beim Substantiv, mit **-s** oder **-es** gebildet.
In der Regel steht das Adjektiv hinter dem Substantiv.

3 Verbos · Verben

3.1 El presente de indicativo · Der Indikativ Präsens

estar	querer (e → ie)
estoy	qu**ie**ro
estás	qu**ie**res
está	qu**ie**re
estamos	queremos
estáis	queréis
están	qu**ie**ren

Bei vielen Verben auf **-ar, -er** und **-ir** wird der Stammvokal im Singular und in der 3. Person Plural in einen Diphthong umgewandelt: **e → ie**

hacer	saber	salir	tener
hago	**sé**	**salgo**	**tengo**
haces	sabes	sales	t**ie**nes
hace	sabe	sale	t**ie**ne
hacemos	sabemos	salimos	tenemos
hacéis	sabéis	salís	tenéis
hacen	saben	salen	t**ie**nen

Bei einer Reihe von Verben ist im Präsens die erste Person Singular unregelmäßig.

3.2 El uso der *ser* y *estar* · Die Verwendung von *ser* und *estar*

¿De dónde **eres?**
¿Cómo **es?**
Soy Roberto.
El salón **es** pequeño.
Ésta **es** mi habitación.
Nuria **es** muy curiosa.
Kathrin **es** profesora.

¿Dónde **está** Nuria?
¿Cómo **estás?**
Ya **está** bien.
Está enfrente de la cocina.
La universidad **está** muy cerca.

Mit **ser** werden charakteristische Eigenschaften angegeben: Identität, Beruf, Herkunft, Temperament: ¿Cómo es?
Estar wird verwendet für Ortsangaben und Fragen nach dem Befinden: ¿Cómo está/s?

4 El imperativo · Der Imperativ

[tú] Mir**a,** Nuria, éste es Rándal.
! **Haz** los deberes.
! **Sal** de aquí.
! ¡**Ten** cuidado!

[vosotros, -as] ¡Tom**ad** los libros!
¡Tom**ar** los libros!

Es gibt nur wenige unregelmäßige Imperative.

Der Imperativ in der 2. Person Plural wird häufig durch den Infinitiv ersetzt.

5 La contracción del artículo · Die Verschmelzung des Artikels

Rándal llega tarde **a la** clase de alemán.
al aeropuerto de Madrid.

Roberto y Rámon salen **de la** casa.
del instituto.

Der bestimmte Artikel **el** verschmilzt mit den Präpositionen **a** und **de** zu **al** und **del**.

6 Die Zahlen (I)

▷ Anexo, p. 146

AMÉRICA LATINA

El español es la lengua oficial para 400 millones de habitantes en 19 países de América Latina.

América del Norte

La capital de México es, con 20 millones de habitantes (un 20 % de la población), una de las ciudades más grandes del mundo. Es la región de los aztecas y de los mayas. Palabras como tomate, chocolate, tabaco y aguacate son del náhuatl, una de las 80 lenguas indígenas de México.

América Central

Es la región de los países pequeños. Muchos habitantes son de origen maya, sobre todo en Guatemala. Desde la época colonial exportan banano, café, azúcar y tabaco.

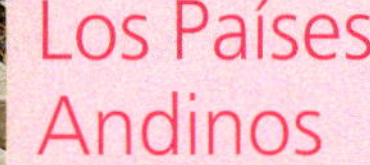

Los Países Andinos

Muchos pueblos y ciudades en estos países están a 3000 y hasta a 4000 metros de altura. En la región de los incas (Perú, Ecuador, Chile y Bolivia) hablan lenguas como el quechua o el aimara. En Paraguay hablan guaraní.
La música andina es famosa en todo el mundo y su instrumento más curioso es el charango.

El Caribe

Es la región de las islas donde hablan español, pero también francés e inglés. La primera palabra indígena que llega a Europa en 1492 es de ahí: canoa. Los habitantes son de origen africano y europeo. Productos: azúcar, tabaco, café y, también, música. El turismo es muy importante para la región. La costa de Venezuela y Colombia también tiene muchas tradiciones caribeñas.

El Cono Sur

Uruguay, Argentina y Chile. Es la región más europea de América del Sur.
En Uruguay y en Argentina vive casi la mitad de sus habitantes en la capital.
En América del Sur la primavera empieza en octubre.

1 *Busca las capitales de los 19 países donde hablan español.*

2 *Escucha: ¿Cómo se llaman las ciudades? ¿Dónde están?*

UN CURSO EN GRANADA

Susanne quiere aprender español en Granada. Ahora está en la estación de Atocha con su amiga Sonia.

La estación de Atocha (Madrid)

MINERALES
Susanne Rösner
c/o Charo Torres
C/Buenaventura, 45
E-18120 Granada
Tel.: (958) 677125

Granada

Sonia: Tu tren ya está aquí. ... Pero, ¿qué buscas?

Susanne: Ah, aquí está mi dirección en Granada. Apunta: es la calle Buenaventura, número 45. Ah, y mi teléfono es el 677100 ... no, 125.

Sonia: Vale, gracias. Tienes el número de mi móvil, ¿verdad?

Susanne: Sí, sí ... ah, no ... ¿Cómo es?

Sonia: Es el 699 – 487590

Susanne: Bueno, ya está ... ¡Hasta pronto!

Sonia: ¡Adiós ... y escribe!

La Alhambra y Sierra Nevada (Granada)

DESCUBRIR

1 Los números ▷ Anexo, p. 146

a *Ratet mal: Welche Angabe ist wohl richtig? Ein Tipp: Die Buchstaben bei den richtigen Zahlen ergeben das Lösungswort.*

En Granada hay …

	?	?
1. habitantes[1]	[t] 20.000 veinte mil	[d] 250.000 doscientos cincuenta mil
2. habitantes entre 15 y 19 años	[i] 22.000 veintidós mil	[j] 2.200 dos mil doscientos
3. personas[2] con trabajo	[q] 900 novecientas	[r] 95.500 noventa y cinco mil quinientas
4. personas sin[3] trabajo	[e] 23.200 veintitrés mil doscientas	[u] 2.500 dos mil quinientas
5. teléfonos	[f] 10.000 diez mil	[c] 106.500 ciento seis mil quinientos
6. pensiones[4]	[c] 112 ciento doce	[y] 100 cien
7. hoteles	[h] 5.000 cinco mil	[i] 55 cincuenta y cinco
8. taxis	[k] 59 cincuenta y nueve	[ó] 593 quinientos noventa y tres
9. restaurantes[5]	[w] 3.000 tres mil	[n] 300 trescientos

1 el habitante: Einwohner
2 la persona: Person
3 sin: ohne
4 la pensión: Pension
5 el restaurante: Restaurant

b *Worauf musst du bei den Zahlen über 100 achten?*

ACTIVIDADES

2 ¡Apunta!

a *Pregunta los números de teléfono del texto y apunta.*

¿Cómo es el número de teléfono de …? / del móvil de …?

b *Apunta tu número de teléfono, el de tu móvil y el número de un/a amigo/-a. Después pregunta y contesta como en el ejemplo.*

Ejemplo: ¿Cómo es el número de tu móvil? – Es el …

3 A jugar

Eine/r sagt eine Zahl. Der/die Nächste bildet mit der letzten Ziffer eine neue Zahl.

…

¿SUSANNE QUÉ?

Susanne llega a Granada el viernes por la mañana. Por la tarde pasa por la escuela de idiomas.

Susanne: Hola, ¿puedo pasar?

Mónica: Hola, sí claro, pasa, pasa …

Susanne: Eh … Estoy en un curso de español. Empieza el lunes …

Mónica: Muy bien. Entonces … ¿cómo te llamas?

Susanne: Susanne Rösner.

Mónica: A ver … Aquí tengo dos «Susanne». ¿Susanne qué? ¿Cómo es tu apellido? ¿Cómo se escribe?

Susanne: R – o con puntitos – s – n – e – r.

Mónica: Ah sí … aquí estás. Eres de Alemania, ¿no?

Susanne: Sí, de Leipzig.

Mónica: Muy bien, Susanne. Mira, tu curso es el 513 y tienes clase dos semanas, de lunes a viernes desde las diez de la mañana hasta la una. El martes por la tarde hay una excursión de cuatro y media a seis y cuarto. El miércoles tienes libre por la tarde. El jueves por la noche hay cine. Ah, y el sábado tenemos una fiesta para los estudiantes nuevos. Los domingos podéis salir … Bueno, mira, aquí puedes leer todo en el programa.

Susanne: Más despacio, por favor … Usted habla muy rápido.

Mónica: Tú hablas muy rápido, tú, no usted, ¿vale? Me llamo Mónica. Entonces, otra vez: tus clases son de lunes a viernes …

In Spanien wird das «Du» auch unter Erwachsenen, die sich nicht so gut kennen, viel häufiger verwendet als in Deutschland.

Escuela TRINIDAD

C/de la Duquesa, 15 ■ E-18010 Granada
Tel: +34-958-22 2143 ■ Fax: +43-958-22 5276

Cursos	Semanas	Precios	Niveles	Horas por semana	Horas total
Intensivos	2	€ 270	1+2	15	30
	3	€ 360	1+2	15	45
	4	€ 450	1+2+3	15	60
	5	€ 540	1+2+3+4+5	15	75
Preparación DELE[1]	5	€ 770	4+5	20	100
Español Comercial	5	€ 950	4+5	20	100
Historia y Arte	2	€ 50	3+4+5	7,5	15
Literatura	2	€ 50	3+4+5	7,5	15
Flamenco baile	2	€ 75	1	5	10
Flamenco guitarra	2	€ 162	1	10	20

1 DELE (Diploma de Español como Lengua Extranjera): staatliche Sprachprüfung

COMPRENDER

1 Susanne en Granada
Mira el texto y cuenta:

Ejemplo: Susanne llega a Granada el viernes por la mañana.

el jueves por la noche · el sábado · el miércoles por la tarde · el viernes por la mañana · el lunes · el martes por la tarde · de lunes a viernes desde las diez hasta la una

2 El programa

a *Welche Wörter in dem Prospekt könnt ihr verstehen? Welche Wörter kennt ihr aus anderen Sprachen?*

b *Schaut euch den Prospekt der Sprachenschule etwas genauer an:*

1. Was kostet ein dreiwöchiger Intensivkurs für Anfänger?
2. Wie viele Stunden insgesamt hat der Flamencokurs?
3. Wie viele Stunden in der Woche hat der Kurs für Flamenco-Gitarre?

DESCUBRIR

3 ¿Entiendes? ▷ RESUMEN 1
Finde die drei Formen des Verbs poder *im Text: Welche Konjugation mit ähnlichen Veränderungen kennst du schon? Ergänze entsprechend die restlichen Präsensformen.*

4 La acentuación

a *Sucht aus dem Text A Zeile 18–25 alle Wörter mit zwei oder mehr Silben und tragt sie in eine Liste ein:*

b *Lest die Wörter laut: Auf welcher Silbe werden die Wörter der ersten Spalte betont?*

Wörter, die auf Vokal, -n oder -s enden	Wörter, die auf andere Konsonanten enden	Wörter mit Akzent

Und die anderen? Sucht danach aus dem alphabetischen Wörterverzeichnis 20 unbekannte Wörter und ordnet sie nach ihrer Aussprache.

PRACTICAR

5 Un e-mail de Susanne ▷ RESUMEN 1

Completa con los verbos.

Hola, Sonia, ¿qué tal?

Hoy [¿] con mi curso de español …
El miércoles [¿] libre por la tarde y el jueves
[¿] preparar nuestra excursión a Málaga.
Hoy por la noche hay cine, [¿] a las diez y
no [¿] llegar tarde. Y después
ya no [¿] salir, pero tú
[¿] mi teléfono aquí en Granada, ¿verdad?
Así [¿] hablar el sábado.
[¿] llamar por la tarde, a las dos siempre estoy en casa.
¡Qué pena! Ya no [¿] escribir más.

Hasta el sábado

Susanne

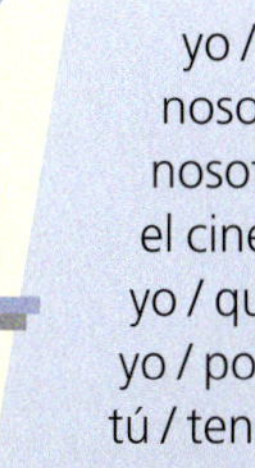

yo / empezar
nosotros / tener
nosotros / querer
el cine / empezar
yo / querer
yo / poder
tú / tener
nosotras / poder
tú / poder
yo / poder

6 El lunes no puedo ▷ RESUMEN 1

Hacer diálogos y utilizar una forma del verbo poder.

¿Podemos hacer la compra el lunes?

No puedo, el lunes por la tarde tengo clase, de 2 a 5.

1. hacer la compra
2. pasar por casa de Juan
3. buscar el libro para Maite
4. escribir la carta para los abuelos
5. leer el texto para la clase de alemán
6. salir a tomar algo en la plaza
7. ver la tele en tu casa

lunes
martes
miércoles
jueves
viernes
sábado
domingo
19
20

por la tarde tener clase, de … a …
hacer los deberes en casa de …
preparar la excursión en el instituto
tener libre por la tarde, pero no poder salir
no estar en casa
ser la fiesta del instituto
no tener tiempo

ESCUCHAR

7 La pronunciación (II)

¿Qué palabra en cada grupo es de América Latina? Después escucha y repite.

Sevi**ll**a	Ma**d**ri**d**
Casti**ll**a	Ciu**d**a**d** Real
Las Anti**ll**as	Ecua**d**or
Espa**ñ**a	**S**antiago
Catalu**ñ**a	Co**s**ta Rica
Vi**ñ**a del Mar	Hue**s**ca

Ecuador

ACTIVIDADES

8 Palabras nuevas

a *Pregunta y contesta.*

¿Cómo se escribe tu apellido?

Apunta: …

b *Eine/r sucht sich ein neues Wort aus dem Text 3A. Die anderen müssen das Wort erraten und buchstabieren.*

¿Se escribe con «b»?
---a-a
¿Hay una «m»?
semana

¡QUÉ ROLLO!

Roberto: Mis padres y yo nos levantamos muy temprano, a eso de las siete. Me ducho, desayuno y después ya empieza el rollo. Mi hermana es muy simpática, pero por la mañana … bueno, ya sabes: Nuria siempre, siempre se levanta tarde.

Madre: Carlos y yo tenemos que salir de casa a las ocho. Yo trabajo en una empresa bastante grande cerca de nuestra casa y Carlos en el aeropuerto. Empiezo a las ocho y media. Trabajo hasta la una y media. Después voy a casa a comer. Pero a veces llama el jefe y no puedo ir …

¿Qué hora es? Uy, ya son las 7 y media … Mamá, ¿dónde está mi cd de los Jarabe? Yo sin música no puedo desayunar …
Nuria, ¡ya es tarde!
Oye, Carmen, tenemos que hablar con un cliente importante.
¡Otra vez! Bueno, ¿vamos al «Toni Vicente»?
Sí. Y por la tarde te vas temprano.
Vale, vale …

Roberto: Por la tarde tenemos clase otra vez, a veces nos quedamos en la cafetería del instituto para comer. Después de las clases Rándal y yo pasamos por la plaza o por casa de un amigo. Mi hora favorita del día es por la tarde: mis padres todavía no están, Ramón tampoco, Nuria tiene que hacer los deberes y la casa está tranquila. Por fin tengo la casa para mí solo … por lo menos un rato.

Madre: Yo termino a las ocho. Vuelvo a casa, descanso un poco y charlo con Roberto y Nuria, pero hoy tengo que salir: una amiga tiene problemas en el trabajo. Carlos tampoco está hoy … bueno, entonces Roberto tiene que preparar algo para cenar.

Roberto, hoy vuelvo tarde … no puedo cenar con vosotros y tampoco podemos ir al cine … ¡qué pena!

¡Otra vez, mamá! ¿A qué hora vuelves? ¿Qué cenamos? ¿Y cuándo?

Tranquila, Nuria, yo pongo una pizza en el microondas, tú pones la mesa, y cenamos a las nueve y media, como siempre, ¿vale?

In Spanien richten sich die Essenszeiten nach wie vor nach der ausgedehnten Mittagspause (Siesta) zwischen 2 und 5 Uhr nachmittags, in der die meisten Geschäfte geschlossen bleiben: In der Regel wird nicht vor 14 Uhr zu Mittag gegessen, zu Abend nicht vor 21 Uhr. Der Tagesablauf in Lateinamerika ist dagegen ähnlich wie in Mitteleuropa.

COMPRENDER

1 Roberto y su familia

Hacer preguntas sobre el texto y contestar. Utilizar:

¿A qué hora?
¿Dónde?
¿Cómo?
¿Quién?
¿Qué?

PRACTICAR

2 Un día

Ordena los verbos y escribe las frases en el cuaderno:

1. Carmen	van a comer	muy temprano.
2. Roberto y Rándal	pone	en la cafetería del instituto.
3. Carmen y su jefe	se quedan	con un cliente importante.
4. Carlos	se va	cenar en casa.
5. Roberto	pone	una pizza en el microondas.
6. Nuria	se levanta	la mesa.
7. A las 8, Carmen	no puede	al trabajo.

3 Un día de Rándal en Chile ▷ RESUMEN 5

a *Escucha y ordena las horas: ¿Qué palabra es?*

[e] [p] [r] [a]

[t] [o] [m] [n]

La Serena

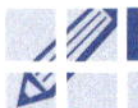

b *Apunta: ¿qué haces tú a estas horas?*

4 ¡Qué rollo! ▷ RESUMEN 1

a *Completa las frases.*

1. quedarse / vosotros, irse / nosotros
   – ¿No [¿] un rato? Podemos tomar algo …
   – No, gracias, [¿]. Ya es tarde … ¡Adiós!

2. ir / tú, ir / yo
   – ¿A qué hora [¿] al instituto mañana?
   – [¿] en el bus de las 7:20. Ir en bus es un rollo.

3. ir / vosotros, quedarse / ellos
   – ¿[¿] a la fiesta de Quique el sábado?
   – No, ¡qué pena! Llegan unos amigos de mis padres con su hijo y [¿] el fin de semana. ¡Qué rollo!

4. ducharse / él, quedarse / tú
   – ¿Y por qué es un rollo?
   – Mira: desayuna en la cocina con música, después [¿] media hora y habla mucho …
   – Bueno … [¿] en la cama y ya está.

b *¿Qué es un «rollo» para ti?*
Imagina dos situaciones más.

5 **Sábado y domingo** ▷ **RESUMEN 1**

¿Qué haces los sábados y domingos? Utiliza:

Los sábados Los domingos	(no) puedo … (no) tengo que … (no) quiero …

descansar · hacer los deberes · hacer la compra · desayunar · preparar todo para el lunes · levantarme tarde · estudiar · pasar por casa de un amigo · leer · escuchar música

ir al cine · ducharme · llamar por teléfono · escribir mensajes · poner la mesa · ir a un concierto · trabajar · quedarme en casa · comer con la familia · cenar temprano

Ejemplo: Los domingos no tengo que salir de casa temprano porque no tengo clase.

ACTIVIDADES

6 **Un día en Alemania**

Sonia está en casa de Susanne, en Alemania, y apunta todo para sus amigos en España. ¿Qué escribe?

¿ADÓNDE VAIS?

Susanne ya lleva tres semanas en Granada y vive en casa de Charo. Su curso de español es muy divertido. A veces queda con sus amigos en la Plaza Nueva para tomar algo con ellos. Susanne y Charo hablan y hablan ... ella estudia alemán y se interesa mucho por Alemania. Pero después de las clases se interesa también por Ángel, un compañero de la facultad.

Susanne: Sí, ¡diga!

Ángel: Hola, ¿está Charo, por favor?

Susanne: ¿De parte de quién?

Ángel: De Ángel ...

Susanne: Un momento ... ahora se pone.

Susanne: Oye, es Ángel ... ¿no es el guapo de tu clase? ... ¡Qué suerte!

Charo: ¿Sí?

Ángel: Hola, soy yo, Ángel.

Charo: ¡Hola, Ángel! ¿Qué tal?

Ángel: Bueno ... mira ... es que ... no sé. ¿Qué haces?

Charo: Pues ... escuchar un poco de música y descansar un rato ...

Ángel: Y ... ¿ya tienes planes para salir hoy?

Charo: No, nada especial. Bueno, después tengo que llamar a mis padres. Y Susanne quiere ir al cine pero yo no.

Ángel: ¿Por qué?

Charo: Porque hay pocas películas interesantes ... y además ... quiero charlar.

La Plaza Nueva (Granada)

Ángel: Entonces, ¿por qué no vamos al centro? Hay mucha marcha el fin de semana, muchos grupos de música o de teatro. Y después podemos quedar con Susanne para tomar algo.

Charo: Muy bien. ¿Y dónde quedamos?

Ángel: ¿A las nueve en la cafetería de la plaza Bib Rambla? Ah, no, espera, hay otra al lado que es nueva.

Charo: Vale, hasta las nueve, ¡chao!

Ángel: ¡Chao!

Susanne: ¿Y? ¿Adónde vais? ¿Cómo es? ¿Cómo habla? ¿Sabe bailar?

Charo: Bueno, bueno, espera ... ¡primero tengo que salir con él! Ah ... ¿quieres tomar algo con nosotros después del cine? Mira, en la plaza Bib Rambla hay una cafetería nueva ...

CINE ESTELAR
¿Ves a Susanne?
¿Buscas a alguien?
Sí, a mis amigos.

COMPRENDER

1 ¿Cómo es?
Lee otra vez el texto y escribe en tu cuaderno: ¿Qué sabes de Susanne, Ángel y Charo?

Ejemplo: Charo estudia alemán, …
Ángel es un amigo de Charo. …
…

DESCUBRIR

2 Saber y poder ▷ RESUMEN 1

a *Übersetze die folgenden Sätze: Wann wird saber, wann poder benutzt?*

Susanne sabe hablar español.

Podemos tomar algo con Ángel. ¿Mañana? No puedo. ¿Ángel sabe bailar?

b *Completa con una forma de saber o poder.*

1. Isabel y Celia
2. (Nosotras)
3. Jesús
4. (Yo)
5. Manuel y Antonio
6. (Vosotros)
7. Usted
8. (Tú)

(no) saber
(no) poder

ir al cine hoy por la tarde. leer en inglés. escribir en francés. hablar alemán. descansar porque tiene que salir otra vez. bailar tango[1]. llamar a casa. volver a casa a las dos.

1 el tango: Tango

PRACTICAR

3 ¿Por qué? ▷ RESUMEN 4

a *Busca las parejas y utiliza por qué / porque como en el ejemplo:*

Ejemplo: ¿Por qué está Susanne en Atocha? – Porque quiere ir a Granada.

1. Susanne / estar en Granada
2. Charo / estudiar alemán
3. Ángel / llamar
4. Charo / no querer ir al cine
5. Ángel / querer ir al centro
6. los dos / esperar a Susanne delante del cine

querer hacer un curso de español
haber mucha marcha
interesarse por Alemania
querer hablar con Charo
querer tomar algo con ella
haber pocas películas interesantes

b *Hacer diálogos como en el ejemplo.*

¿Por qué quieres ir al cine hoy?
Porque hay una película muy divertida.
STELAR

4 **¿Dónde quedamos?**

Hacer diálogos.

¿Qué haces | hoy / mañana | por la mañana? / por la tarde? → Bueno, primero … y después …

¿Por qué no pasamos un rato por casa de …? → ¿Cómo / ¿Dónde / ¿A qué hora/Cuándo | quedamos entonces?

…

5 **Muchas palabras** ▷ RESUMEN 2

Completa con muchos, mucha/s

Granada – una ciudad con [¿] teatros, [¿] cines y [¿] marcha

Hoy por la noche [¿] grupos de música en el centro, [¿] conciertos y [¿] películas.

[¿] familias en España ya sólo tienen un hijo o dos.

Los chicos y chicas de hoy tienen todo pero también [¿] problemas.

APRENDER MEJOR

6 **Hörverstehen (I)**

Um Gespräche auf Spanisch zu verstehen, musst du nicht jedes Wort kennen. Tonfall oder Nebengeräusche können dir dabei helfen, die Situation zu identifizieren. Wo wurden die folgenden Aufnahmen gemacht? Worum geht es in den Gesprächen?

REPASO

1 Verbos, muchos verbos ▷ RESUMEN 1

Completa las frases con la forma correcta del verbo correspondiente.
Después pregunta y contesta.

Texto A:
1. [¿] aprender español en Granada. ¿Quién es?
2. [¿] muy rápido. ¿Quién es?
3. [¿] el lunes. ¿Qué es?
4. Se [¿] con puntitos. ¿Qué es?
5. [¿] de Leipzig, de Alemania. ¿Quién es?
6. Susanne [¿] libre por la tarde. ¿Cuándo?

querer tener ser escribir empezar hablar

Texto B:
1. [¿] temprano. ¿Quién es?
2. Sin música no [¿] desayunar. ¿Quién es?
3. A las ocho y media [¿] con el trabajo. ¿Quién es?
4. [¿] comer con un cliente importante. ¿Quiénes son?
5. [¿] a veces en la cafetería del instituto. ¿Quiénes son?
6. [¿] la mesa para cenar. ¿Quién es?

quedarse poder empezar levantarse tener que poner

Texto C:
1. Ya [¿] tres semanas en Granada. ¿Quién es?
2. [¿] mucho por Alemania … y por Ángel. ¿Quién es?
3. [¿] al teléfono. ¿Quién es?
4. [¿] ir al cine. ¿Quién es?
5. [¿] a Susanne enfrente del cine. ¿Quiénes son?
6. [¿] a las nueve en la plaza «Bib Rambla». ¿Quiénes son?

quedar llevar esperar interesarse querer ponerse

2 ¿Tienes el teléfono de Juan?

Escucha y apunta el número de teléfono de: Felipe, Juan, Berta y del restaurante.

3 Aprender español en España

Erfindet einen Dialog, schreibt ihn auf, lernt ihn auswendig und … spielt ihn vor. Die Themen: eintreten, sich vorstellen bzw. begrüßen, seinen Namen buchstabieren, Informationen zu den Kursen und zum kulturellen Programm (Uhrzeit, Dauer, Preis) erfragen und geben, Rückfragen zu einzelnen Informationen (Grund erfragen, Bitten, langsamer zu sprechen …). Schaut auch im Resumen nach!

A: un/a estudiante quiere hacer un curso de español
B: la/el secretaria/-o de una escuela de idiomas

LERNTIPP

Einen Dialog auswendig lernen: Schneidet die einzelnen Elemente auseinander und legt sie zuerst komplett in die richtige Reihenfolge. Lest den Dialog zwei bis drei Mal. Dann nehmt ihr jeweils einen (Teil-)Satz von A und B weg. Lest den Lückendialog wieder zwei bis drei Mal. Entfernt jetzt die nächsten beiden Elemente, und so weiter, bis kein Schnipsel mehr auf dem Tisch liegt.

Costa Rica México Guatemala

RESUMEN

PARA COMUNICARSE

die Adresse angeben	Calle (Buenaventura), número (45)
die Telefonnummer angeben	Mi teléfono / El número de mi móvil es el (48 50 87).
den Nachnamen erfragen	¿Cómo es tu / su apellido?
fragen, wie etwas geschrieben wird	¿Cómo se escribe?
darum bitten, dass jemand langsam spricht	Por favor … más despacio.
zustimmen	Vale, vale.
die Uhrzeit erfragen …	¿Qué hora es?
… und angeben	Es la una. / Son las (dos) y (diez) / y cuarto / y media / menos cinco.
einen Zeitpunkt erfragen …	¿Cuándo / A qué hora (vuelves)?
… und angeben	Hoy / A las siete y media de la mañana / tarde.
die Zeitdauer angeben	Tienes clase de (lunes) a (viernes), desde (las diez) hasta (la una).
einen Vorschlag machen	¿Por qué no (vamos al centro)?
sich verabreden	¿Cuándo / Dónde / Cómo quedamos?
einen Grund erfragen …	¿Por qué (no quieres ir al cine)?
… und angeben	Porque (no hay películas interesantes). / Es que (quiero charlar).
sich am Telefon melden	¡Diga!
fragen, wer anruft (Telefon)	¿De parte de quién?
mit jemandem verbinden (Telefon)	Ahora se pone.

GRAMÁTICA

1 Los verbos · Die Verben

1.1 Los verbos reflexivos · Die reflexiven Verben

Me	ducho	a las siete.
Te	levantas	temprano.
Se	llama	Carlos.
Nos	quedamos	a veces en la cafetería.
¿Os	vais	a casa?
Se	quedan	hasta mañana.

1.2 El presente del indicativo · Der Indikativ Präsens

poder (o → ue)	**ir**	**poner**
p**ue**do	**voy**	**pongo**
p**ue**des	**vas**	pones
p**ue**de	**va**	pone
podemos	**vamos**	ponemos
podéis	**vais**	ponéis
p**ue**den	**van**	ponen
ebenso: volver	ebenso: irse	

1.3 Los verbos modales · Die Modalverben

Pueden **Quieren** **Tienen que**	hablar con el profesor.

¿**Sabe** bailar?

saber drückt eine erlernte Fähigkeit aus.

2 Los determinantes indefinidos · Die unbestimmten Begleiter

	♂		♀	
Sing.	otr**o** poc**o** much**o**	trabajo	otr**a** poc**a** much**a**	gente
Plural	otr**os** poc**os** much**os**	amigos	otr**as** poc**as** much**as**	amigas

3 El complemento directo · Das direkte Objekt

¿Qué buscas? — Mi libro de español.
¿**A** quién buscas? — **A** mis amigos.
¿Ves **a** Susanne? — No, sólo veo **a** su amiga Charo.

Ist das direkte Objekt eine bestimmte Person, wird es mit der Präposition **a** gekennzeichnet. Die Präposition **a** lässt keine Rückschlüsse darauf zu, ob es sich um ein direktes oder ein indirektes Objekt handelt!

4 La interrogación · Der Fragesatz

¿**Adónde** vas? — Al cine.
¿**Por qué** no vamos a la plaza? — **Porque** hay mucha gente.

5 Die Uhrzeit

Es la una.

Son las dos menos cinco.

Son las dos y cuarto.

Son las dos y media.

Son las cinco menos cuarto.

6 Die Zahlen (II)

▷ Anexo, p. 146

MÚSICA, MODA, MARCHA

Me gusta ...

Me gustan los aviones,
me gustas tú.
Me gusta viajar
me gustas tú.
Me gusta la mañana
me gustas tú.
Me gusta el viento
me gustas tú.
Me gusta soñar,
me gustas tú.
Me gusta la mar,
me gustas tú.

Virginia: El rock, el flamenco, la música de Jarabe de Palo – todo me gusta. Pues sí ¡y también me gusta la música clásica!

Toña: Me gusta ir al cine, ver sobre todo las películas de amor con Salma Hayek o Antonio Banderas. Bueno, también me gustan las películas de horror. Las comedias no me gustan.

Salma Hayek en la película ›Frida‹

Antonio Banderas en ‹La máscara del Zorro›

Javi: Pues, a mí me gusta ser activo: bueno, eso para mí no es ver la tele, leer cómics o navegar en Internet. Ser activo es hacer cosas, solo o con los amigos: ir a tomar algo o salir al campo los domingos, hacer música o practicar deporte, por ejemplo fútbol.

COMPRENDER

1 Me gusta ▷ RESUMEN 1

a *Busca ejemplos en el texto: ¿Qué dicen?*

b *¿Y a ti? ¿Qué te gusta?*

Me gusta salir con amigos, pero no me gusta hacer deporte. ¿Y a ti?

Pues, a mí me gusta …

ACTIVIDADES

2 Me gustas tú ▷ RESUMEN 1

Continuar el texto de Manu Chao.
Buscar también palabras en la lista alfabética.

Me gusta …, me gustas tú
Me gustan …

deporte | familia | amigos | mensajes | descansar | trabajar

Achtet beim ersten Hören besonders auf die Stimmen (Lautstärke, Tonfall, …): Wie ist die Stimmung der Beteiligten? Worum geht es?

A TOPE

Hoy es un domingo muy tranquilo. Toda la familia está en casa. Ramón está leyendo un libro para un examen sobre Federico García Lorca. Nuria está navegando en Internet, escribiendo mensajes y buscando fotos de un concierto de Manu Chao. Los padres están viendo la tele y Roberto y Rándal están en la habitación de Roberto, escuchando música. A los dos les gusta mucho escuchar la música a tope …

Roberto: Escucha, la música de Jarabe me gusta mucho, es muy marchosa y tiene mucho ritmo. … ¿Qué? ¿Te gusta?

Rándal: Sí, me parece divertida y la letra no está mal. Me encantan las canciones con ritmo. El rock duro, por ejemplo, no me gusta nada … En Chile hay un grupo bastante parecido a Jarabe que se llama «Pánico». Escucha …

Padre: Roberto … bajar un poco la música, por favor. Está **d-e-m-a-s-i-a-d-o a-l-t-a** …

Roberto: Vale, papá, vale … Sí, es verdad, son muy buenos. Oye, aquí tengo otra canción de los Jarabe que habla de Barcelona, de los jóvenes y sus rollos … escucha … ¿Qué te parece? El tema es muy fuerte, ¿no? Espera, …

Ramón: Oye, ¡baja la música de una vez!, estoy estudiando y así no puedo. ¡Tienes la música a tope! … Realmente te estás pasando, ¿eh?

Roberto: Bueno, bueno, no es para tanto … Es que estamos escuchando nuestra música favorita y nos gusta así …

Ramón: Ya, pero los demás también estamos haciendo cosas. ¡Y a ti no te importa nada! Piensa un poco en los otros, ¿no?

Rándal: Perdona, Ramón … ahora bajamos la música …

Nuria: ¡Yo también quiero escuchar el cd de Rándal!

Madre: Sí, sí, mañana, ahora te vas a la cama, ya son las once.

Ramón: Esto es demasiado … ¡estoy harto! Me voy …

COMPRENDER

1 Un rollo

a *En el texto hay conflictos[1] entre los padres, los hijos y los hermanos. Busca la información.*

b *Ramón está harto. Busca las palabras y las frases en el texto.*

1 el conflicto: Streit, Konflikt

DESCUBRIR

2 El gerundio ▷ RESUMEN 2

a *Ramón está estudiando … Wie viele Verben mit gerundio findest du im Text? Welche Endung haben die Verben auf -ar, welche die auf -er/-ir?*

b *Wann wird das gerundio verwendet? In welcher Sprache kennt ihr eine ähnliche Verbform?*

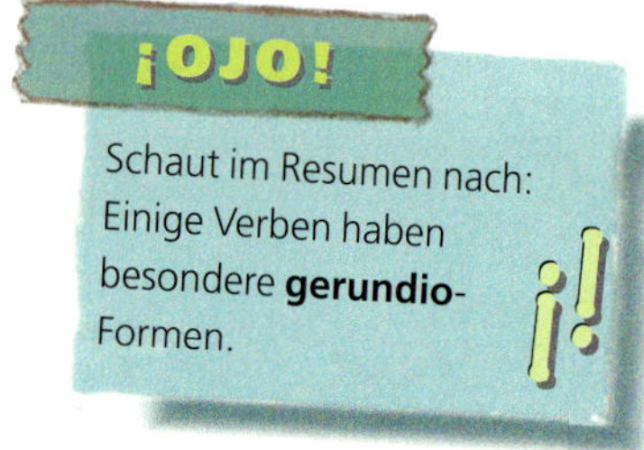

¡OJO!
Schaut im Resumen nach: Einige Verben haben besondere **gerundio**-Formen.
¡!

PRACTICAR

3 En casa de Roberto ▷ RESUMEN 2

a *Utiliza el gerundio:*

Nuria, Ramón, [yo], Roberto, Rándal, [tú], Los padres	estar	hacer los deberes, poner la mesa para la cena, comer una pizza, escuchar música, ver una película de amor en la tele, leer un libro, hacer deporte, buscar la dirección de una amiga, ver fútbol en la tele, salir de casa, escribir una carta, pensar en sus amigos

b *¿Qué están haciendo?*

4 ¿Qué haces en tu tiempo libre? ▷ RESUMEN 1

a *Utilizar las actividades de la estadística[1]. Preguntar a los compañeros de clase y tomar apuntes:*

¿Te gusta …?

Sí, (a mí) me gusta | bastante. / mucho.

(A mí) me encanta.
No, no me gusta.
No, (a mí) no me gusta | mucho. / nada.

A mí también | tampoco.
A mí no | sí.

¿Qué hacen los jóvenes en su tiempo libre?

> Salir con amigos	53.9%
> Escuchar música o bailar	47.9%
> Estar con la familia	44.5%
> Ver la tele	37.5%
> Practicar deporte	22.3%
> Salir al campo	18.5%
> Trabajar	17.5%
> Estudiar	10.6%
> Participar en actividades políticas[2]	9.8%

www.andaluciajunta.es

1 la estadística: Statistik
2 participar en actividades políticas: sich politisch betätigen

b *Presentar los apuntes.*

A Beate le gusta …, pero no le gusta. … A Markus …
A los dos les gusta …, pero no les gusta …

5 **¿Qué te parece?** ▷ RESUMEN 1

Hacer diálogos.

¿Qué te parece ...?
Hm, me parece ...
¿Y a ti?
También me parece .... /
A mí (no) me parece ...

estudiar el fin de semana
quedarse en casa los sábados por la tarde
salir el viernes por la noche con los amigos
tener clase los sábados
ir al cine a ver una película con Antonio Banderas
...

muy
bastante
un poco
demasiado

difícil, divertido, tradicional, aburrido, interesante, moderno, bonito, marchoso

ACTIVIDADES

6 **¡Piensa en los demás!**

Laura es una chica tranquila y simpática. A veces tiene problemas con sus padres y hermanos. Elegir un ejemplo y preparar un diálogo.

¡Y a ti no te importa nada!
¡Piensa un poco en los demás!
¡Tranquilo/-a!
Laura
¡Esto es demasiado!
¡Estoy harto/-a!
Realmente te estás pasando, ¿eh?

MODA Y MARCAS

Arrob@ es una revista para jóvenes. Tiene también una página en la red. El número actual es sobre los jóvenes y la moda en España. Hay pocos jóvenes que se compran la ropa con su dinero, pero en general se pueden poner la ropa que les gusta.
¿Qué hacen los jóvenes que no quieren o no pueden comprar las marcas de moda?
¿Tú qué piensas? ¿A ti te importa la moda?

A los jóvenes les interesa mucho el tema ... y el buen gusto.

Éstas son sus opiniones:

Teresa, 15: Claro que me importa. ¿A quién no? Para nosotras, las chicas, la moda es divertida. Yo siempre llevo vaqueros, son cómodos y van bien con todo: con una camiseta sencilla y zapatillas de deporte o con una chaqueta elegante y zapatos .... No me pongo faldas, me parecen muy cursis.

Miguel, 17: Hay chicos en mi instituto que tienen mal gusto, siempre llevan lo mismo – y profes también. Y todo negro. ¡Qué horror! Yo tengo mi estilo y me encantan las marcas ... el problema es el dinero ... son bastante caras.

Laura, 16: Yo paso de las marcas y de la moda. Compro las cosas que me gustan a mí ... pantalones, sudaderas, zapatos y ya está. Combinar colores me parece una gran idea: un pantalón azul con un jersey naranja, por ejemplo. O zapatos rojos con una falda verde ... ¡divertido!

José, 15: ¿La moda? A mí no me interesa mucho. Yo me pongo de todo. En mi clase tampoco hablamos mucho de ropa, tenemos gustos muy diferentes. Y yo no necesito logos para ser yo.

¡Combina y gana! ¡Con tu combinación favorita puedes ganar un fin de semana en Madrid!

Los **colores** de la moda actual

zapatillas en blanco

una camisa amarilla

zapatos color marrón

un vestido rosa

pantalones violeta

COMPRENDER

1 Preguntas

a *Preguntar y contestar.*

Ejemplo: Es para jóvenes. ¿Qué es? – La revista Arrob@.

¿Qué es?
¿Quién es?
¿Quiénes son?
¿Qué son?

1. Son cómodos.
2. Siempre lleva vaqueros.
3. Tienen mal gusto.
4. Tiene una página en la red.
5. Le gusta combinar colores.
6. También lleva camisetas sencillas o elegantes.
7. A ellos les interesa mucho el tema.
8. A él la moda le importa.
9. La moda no le interesa mucho.
10. Siempre llevan ropa negra.
11. Son bastante caras.
12. No necesita logos.

b *Vosotros, ¿qué pensáis? ¿Os importa la moda? Discutir en clase.*

me importa/n poco
no me interesa/n mucho

me importa/n (mucho)

Las marcas

La moda actual

Hablar de ropa

no me interesa/n

Los logos

DESCUBRIR

2 En blanco y negro

a *Suche im Text auf der Seite 57 alle Farben und schreibe sie in dein Heft. Ordne sie wie die Adjektive im Resumen der Unidad 2 – welche Farben passen nicht ins Schema?*

b *Completa.*

1. A Teresa le gustan las camisetas verd[¿].
2. A Miguel le gusta el pantalón naranj[¿].
3. A José le gustan las zapatillas negr[¿].
4. A Laura le gustan los vaqueros azul[¿].
5. A mí me gusta la falda roj[¿].
6. ¿A ti te gusta la sudadera negr[¿]?
7. A Laura le gustan los zapatos roj[¿].
8. A Teresa le gustan las camisetas ros[¿].

PRACTICAR

3 ¿Qué llevan?

a *Describe a uno de estos cuatro chicos. Tus compañeros tienen que adivinar quién es.*

Miguel Ángel

José

Paco

Pepe

b *Describe la ropa de un/a compañero/-a de tu curso y pregunta: ¿Quién es?*
Ejemplo: Lleva una camiseta roja, vaqueros azules y zapatillas blancas. ¿Quién es? – Es Anne.

4 Bueno y malo ▷ RESUMEN 3

Completa los adjetivos.

Vero: ¿Por qué llevas siempre ropa con logo de las gran[¿] marcas?
Maite: Porque me encanta llevar ropa de buen[¿] gusto. La ropa barata[1] me parece de muy mal[¿] gusto.

Roberto: ¿Te gusta «Jarabe de Palo»?
Ramón: Sí, hacen buen[¿] canciones con buen[¿] letra.
Roberto: ¿Entonces es un gran[¿] grupo?
Ramón: Es un grupo bastante buen[¿], ¿pero un gran[¿] grupo? … No sé.
Roberto: ¿Y «Pánico»?
Ramón: También hacen buen[¿] música, sí, es un grupo muy buen[¿].

1 barato/-a: billig

Sara: Oye, ¿cómo es tu profe de inglés?
Sonia: Es un profesor muy buen[¿], pero tiene muy mal[¿] gusto para la ropa.
Sara: ¿Y tu profe de español?
Sonia: Ella es una profe muy buen[¿], y siempre lleva ropa de buen[¿] marca.

ACTIVIDADES

5 Yo tengo mi estilo

Presentar en grupos vuestra combinación favorita. Discutir y después elegir la combinación favorita de la clase. Utilizar los elementos siguientes:

bonito
caro
cursi
elegante
sencillo
cómodo
…

Ésta es nuestra combinación favorita: …
Lleva …
Nos gusta porque …
Va/n bien con …
Nos parece(n) …

6 Colores

Busca en la lista alfabética dos o tres palabras para cada color. Después presenta tus «parejas» en clase.

una casa blanca,
un martes negro …

FIESTA DE FIN DE CURSO

A veces son casas pequeñas, a veces casas grandes. Están en el campo, en la montaña o al lado del mar. Se llaman casas rurales. Muchas de ellas ofrecen actividades o cursos y son ideales para fiestas con amigos. Cada vez hay más jóvenes y familias españolas que se interesan por este tipo de turismo.

Cerca de Granada hay una casa rural que se llama «La Caleta». Allí, la clase de Susanne celebra su gran fiesta de fin de curso. Susanne y Charo hacen la lista de la compra y van con Ángel al pueblo a comprar las cosas.

Casa - Rural
Casa -Rural
La Caleta
Entorno
Casa-Rural
Ctra/A-348 Lanjarón ■ Almería Km. 17,9
18400 Cortijo El Caño • ORGIVA •
GRANADA
Tlf: 958 697532 • Fax: 958 697533
e-mail: lacaleta@terra.es
Actividades
Reservas

A ver … tres botellas de zumo … toma este zumo de aquí, ése es muy caro.

Tres cuartos de jamón … y medio kilo de queso, ¿algo más?
No, gracias, es todo … ¿Cuánto es?
Son 25 euros 85.

Los tres van en moto, pero la de Ángel tiene problemas. Casi no llegan a tiempo para preparar los bocadillos de queso y jamón … ¿el jamón? ¿Dónde está? ¡En la tienda del pueblo! … Bueno, en esta fiesta todo el mundo tiene que comer bocadillos de queso.

Susanne está contenta: está con sus amigos, está en España, le gusta el buen tiempo y el ambiente de la fiesta también. Mañana tiene que volver a Alemania … Esta noche está apuntando muchas direcciones y muchos números de teléfono.

¿Véis aquel pueblo allí en la montaña? Es uno de los pueblos blancos …

¿Sí? Gracias, es un regalo de mi «familia» en Granada.

Oye, ¿quién es ese chico que está bailando con Silvie?

Esa camiseta que llevas es preciosa.

¿Ése que lleva vaqueros y camiseta azul? Es un amigo de Tom.

Aquí están los bocadillos … ¿Cuál quieres? ¿Éste de queso o éste también de queso?

¿Dónde está tu amiga Ángeles?

¡Éste!

Mira, allí está, es aquella chica con falda negra … Está hablando con Pablo.

COMPRENDER

1 Hablar del texto

a *Contesta las preguntas.*

1. ¿Qué es una casa rural?
2. ¿Dónde está «La Caleta»?
3. ¿Quiénes están en la casa rural?
4. ¿Por qué hacen una fiesta?
5. ¿Quién tiene moto?
6. ¿Adónde van Ángel y las chicas?
7. ¿Por qué van allí?
8. ¿Por qué llegan tarde?
9. ¿Por qué está contenta Susanne?
10. ¿Qué ven en la montaña?

b *Busca tres o cuatro títulos para cada parte del texto.*

PRACTICAR

2 Hacer la compra ▷ RESUMEN 8

a *Estáis en Granada y queréis comprar algo para una tarde en el campo. Hacer la lista de la compra.*

Medio kilo de [¿]
Un/tres cuarto/s de [¿]
[¿] kilo/s de [¿]
[¿] botella/s de [¿]
[¿] litro/s de [¿]

b *Hacer el diálogo en la tienda. ¿Qué palabras y frases del texto podéis utilizar? ¿Qué más podéis comprar?*

Tenemos sólo [¿] euros y [¿] céntimos[2].
Mira, [¿] (no) es muy caro/-a.
¿Por qué no compramos también [¿]?
A [¿] no le gusta [¿], y a mí tampoco.
Sí, medio kilo de [¿] y un poco de [¿].

1 ¿Qué querías?: Was möchtest du?
2 el céntimo: der Cent

3 ¿Éste o ésta? ▷ RESUMEN 6

Completa con la forma correcta del demostrativo y busca dos ejemplos más para cada grupo.
Ejemplo: esta chica …

este/…	ese/…	aquel/…
chica	bocadillos	pisos
profesores	queso	calle
compañeras de curso	tienda	ciudades
amigo	botellas	pueblo

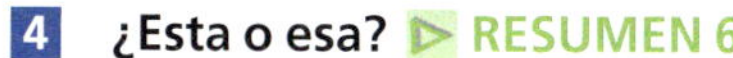

4 **¿Esta o esa?** ▷ RESUMEN 6

a *Mira las frases: ¿cuáles son con este? ¿Cuáles con ése o ese? Después completa las frases con el demostrativo correspondiente.*

1. ¿Cómo es el libro que tienes ahí? … Sí, [¿].
2. Maite, ¿quién es [¿] chica al lado de la puerta?
3. [¿] bocadillo, ¿es de queso o de jamón?
4. [¿] fotos, ¿son de tu familia?
5. [¿] zapatillas que llevas, ¿son nuevas?
6. Mira, [¿] móvil me parece muy caro.
7. ¿Por qué no quieres leer [¿] libro? ¡Es muy divertido!
8. ¿[¿] camisa? … no sé … a mí no me gusta, es muy cursi.
9. [¿] regalo es para ti, ¡toma!
10. Oye, ¿de quién es [¿] número de teléfono?

b *Hacer diálogos en la clase como en el ejemplo.*

Ejemplo: ¿De quién es este libro? – ¿Cuál? ¿Éste o ése?

APRENDER MEJOR

5 **Hörverstehen (II)**

Um etwas von einem auf Spanisch geführten Gespräch zu verstehen, musst du längst nicht alle Wörter kennen. Du kannst zum Beispiel versuchen nur bestimmte Informationen herauszuhören. Höre das Telefonat und beantworte die folgenden Fragen:

1. ¿Cómo se llama la casa rural?
2. ¿Quién se interesa por la casa?
3. ¿Cuánto tiempo quieren quedarse?
4. ¿Cuántos son en el grupo?
5. Apunta la dirección de e-mail.

LERNTIPP

Achte genau darauf, wonach gefragt wird. Konzentriere dich beim Zuhören nur auf die für die Antwort notwendigen Informationen.

REPASO

1 Tus compañeros ▷ RESUMEN 2

Un amigo te llama por teléfono. Quiere ir al cine pero tú ya no quieres salir. Busca excusas[1] y utiliza el gerundio.

1 la excusa: Entschuldigung

¿Y por qué no?
¿Qué estás haciendo?
Estoy estudiando ... y estoy esperando a mis padres.

2 ¿Qué te gusta? ▷ RESUMEN 1

Escribes un mensaje en la red porque buscas amigos. ¿Cómo eres? ¿Qué te gusta hacer? ¿Qué te importa? ¿Qué te interesa?

me encanta/n
no me importa/n
(no) me interesa/n
me gusta/n
me parece/n + *adjetivo*
no me gusta/n mucho
mi actividad favorita
mi grupo favorito
yo paso de ...
en mi clase hablamos mucho de ...
...

tú y tus amigos
marcha
música
el domingo
moda
actividades
los temas que te interesan
tu familia

3 Mi grupo favorito

a *Imaginar cinco eslóganes[2] para vuestro grupo favorito.*
Ejemplo: «Canciones divertidas para días negros.»

b *Imaginar cinco títulos de sus canciones nuevas.*

Aquí una canción en español: «¿A ti te importa?»

El grupo ‹La Oreja de Van Gogh›

2 el eslogan: Slogan

4 Está contento

Preguntar y contestar como en el ejemplo.

¿Qué tal?	estar	bien contento/-a harto/-a mal	porque … .

Ejemplo: ¿Qué tal? – Hoy estoy harto, porque esta tarde tengo un examen y mañana otro.

5 Problemas

Completa el diálogo con: a, al, con, de, desde, en, hasta, por.

Son las dos [¿] la tarde. Después [¿] las clases, Javi pasa [¿] la plaza.

Javi: Hola, Virginia, ¿adónde vas? ¿[¿] casa?

Virginia: No, voy [¿] compras, y después [¿] cine.

Javi: ¿No vas [¿] la fiesta [¿] Toña esta tarde?

Virginia: ¿Toña? ¿Quién es?

Javi: Es la amiga [¿] Sonia y Susanne.

Virginia: Ah, claro, ya sé … No, no puedo ir, tengo que hacer los deberes [¿] mi hermana, tiene problemas [¿] el instituto, [¿] su profesora de alemán. Se interesa [¿] el alemán, pero …

Javi: Mira, Virginia, la fiesta empieza [¿] las ocho de la tarde …

Virginia: No sé, … [¿] las tres me quedo [¿] el instituto, después tengo que pasar [¿] casa de mi hermano y [¿] las seis tengo que estar [¿] casa.

6 Nicolás e Isabel

a *Dos jóvenes hablan de sus actividades del sábado. Completa con los verbos.*

Nicolás: Los sábados por la tarde (quedarse/yo) en casa, no (salir/yo). Mis padres no (ser/estar), mis hermanos tampoco, y (poder/yo) hacer las cosas que (querer/yo): (poner/yo) la música que me gusta, (leer/yo) un libro, (pensar/yo) en algo bonito o (ver/yo) la tele. (Tener/yo) muchos amigos, pero me encanta pasar una tarde solo. Y siempre, siempre (irse/yo) tarde a la cama.

Isabel: Los sábados, yo (llamar) por teléfono a mis amigas para quedar. Nuestro piso no (ser) muy grande y, claro, la familia (estar) en casa. Y, además, a mí no me gusta estar sola, (ponerse/yo) ropa cómoda y (salir/yo) para hacer algo con los amigos. Por la mañana no (tener/yo) clase, (hacer/yo) un poco de todo, pero por la tarde (salir/yo). (ponerse/yo) la chaqueta y (irse/yo) a la plaza. Siempre (haber) una fiesta en casa de un amigo.

b *¿Y a ti? ¿Te gusta pasar a veces una tarde en casa solo/-a? Escribe un texto en tu cuaderno.*

7 Madrid

¿Dónde podéis encontrar información sobre Madrid? Buscar por ejemplo en la red o escribir a la Oficina de Turismo:

O.T. Madrid
Plaza Mayor, nº 3
28012 Madrid
Tel.: 003491 - 5881636
Fax.: 003491 - 3665477
www.munimadrid.es

¡OJO!
¡Con esta información podéis preparar la unidad 5 que habla mucho de Madrid!

RESUMEN

PARA COMUNICARSE

jemanden fragen, was er mag …	¿Qué te gusta? / ¿Te gusta (la música)? ¿Te gustan (las películas)?
… und darauf antworten	Sí, me gusta(n) mucho / bastante. / No, no me gusta(n) (nada). Me encanta(n). / Me parece(n) muy divertida(s).
sagen, wofür man sich interessiert	Me intereso por (la música).
jemanden nach seiner Meinung fragen	¿Qué te parece? / ¿Qué piensas (de este problema)?
zu weit gehen (idiom.)	¡Te estás pasando!
etwas satthaben (idiom.)	Estoy harto/-a de (tu música).
sagen, dass einem etwas nicht wichtig ist	A mí no me importa (la moda).
sagen, welche Kleidung man trägt	Llevo (un pantalón negro).
sagen, dass ein Kleidungsstück zu einem anderen passt	Va bien con (la camiseta).
jemandem sagen, dass er / sie einen guten / schlechten Geschmack hat	Tienes buen / mal gusto.
sagen, dass jemand rechtzeitig kommt	Llega a tiempo.
nach dem Preis fragen	¿Cuánto es?

GRAMÁTICA

1 Los verbos · Die Verben

1.1 *gustar*, *encantar* und *parecer*

[A mí] me gust**an los cds de Jarabe**.
[A Ramón] le encant**a la música**.
[A Nuria y a Ramón] les gust**a** bailar.

Subjekt des Satzes ist **los cds** bzw. **la música**.

¿Qué te parec**en las canciones** de Jarabe?
¿Qué os parec**e este libro**?

Me parecen **buenas**. ! Me parece **bien/mal**.
Nos parece **divertido**.

! Me gustan **estas canciones**. (Substantiv)

Me gustan **mucho**. (Adverb)
Me parecen **divertidas**. (Adjektiv)

1.2 El presente de indicativo · Der Indikativ Präsens

ofrecer (c → zc)

ofre**zc**o
ofreces
ofrece
ofrecemos
ofrecéis
ofrecen

ebenso: parecer

2 El gerundio · Das *gerundio*

Estoy | trabaj**ando**.
Estás | v**iendo** la tele.
Está | escrib**iendo** cartas.
Estamos
Estáis | ! ley**endo** (leer)
Están | ! y**endo** (ir)

Mit dem **gerundio** gibt man an, was jemand gerade tut.

3 Adjetivos apocopados · Verkürzte Adjektivformen

un gran problema — una gran idea

el buen gusto — una buen**a** película
el mal gusto — una mal**a** película

Ein vorangestelltes **grande** wird im Singular immer zu **gran** verkürzt.
Stehen **bueno** und **malo** vor einem männlichen Substantiv im Singular, werden sie zu **buen** und **mal** verkürzt.

4 El pronombre de complemento indirecto · Das indirekte Objektpronomen

[A mí]	**me**	gustan los aviones.
[A ti]	**te**	importa la moda.
[A él, ella, usted]	**le**	interesa también el tema.
[A nosotros, -as]	**nos**	encanta esta película.
[A vosotros, -as]	**os**	parece interesante este libro.
[A ellos, ellas, ustedes]	**les**	encanta viajar.

5 El pronombre interrogativo *cuál* · Das Fragepronomen *cuál*

¿Te gusta esa camiseta? – ¿Cuál? ¿La camiseta negra o la roja?
¿Te gustan esa**s** camiseta**s**? – ¿Cuál**es**? ¿Las negras o las rojas?

6 El determinante y el pronombre demostrativo · Der Demonstrativbegleiter und das Demonstrativpronomen

♂			
Sing.	**este** hotel	**ese** hotel	**aquel** hotel
Plural	**estos** hoteles	**esos** hoteles	**aquellos** hoteles

♀			
Sing.	**esta** casa	**esa** casa	**aquella** casa
Plural	**estas** casas	**esas** casas	**aquellas** casas

Quiero **este** libro. ¿**Ése**? – No, **éste/aquél**. *Nur als Pronomen tragen die Demonstrativa einen Akzent.*

7 El pronombre relativo *que* · Das Relativpronomen *que*

Aquí tengo una canción de los Jarabe. Habla de Barcelona.
Aquí tengo una canción de los Jarabe **que** habla de Barcelona.

8 Cantidades · Mengenangaben

una botella **de** zumo
un kilo **de** queso

! medio kilo **de** jamón — *Vor medio steht kein Artikel.*

El flamenco

El flamenco como lo conocemos hoy nace en el siglo XVIII. Es la música de Andalucía con orígenes sobre todo gitanos pero también árabes y judíos. Es una música bastante seria y triste con tres elementos importantes: el cante, la guitarra y el baile. Muy de moda entre los jóvenes está el flamenco pop que combina los ritmos andaluces con letras populares como lo hacen los grupos **Ketama** y **Pata Negra**.

Mecano

Música pop española

La música pop española empieza en los años ochenta del siglo XX con el grupo **Mecano**. Tiene mucho éxito en España y también en América Latina. Una de sus canciones más populares describe el lunes después del fin de semana:

Hoy no me puedo levantar
Nada me puede hacer andar
No sé qué es lo que voy a hacer
Me duelen las piernas
Me duelen los brazos
Me duelen los ojos
Me duelen las manos ...

Los nombres de los grupos que vienen después son muy divertidos: **Jarabe de Palo** o **La Oreja de Van Gogh**.
Manu Chao combina ritmos españoles con ritmos de todo el mundo. Canta en español, francés y otros idiomas.

El tango de Argentina

El tango nace en Argentina a finales del siglo XIX en los barrios pobres de Buenos Aires. Al principio es la música de los inmigrantes europeos y tiene elementos muy diversos: los ritmos son de origen español, pero tiene también elementos africanos y el bandoneón (el instrumento típico) viene de Alemania. Hoy es un baile muy elegante y bastante difícil.

Yo soy María
de Buenos Aires
de Buenos Aires, María ¿no ven quién soy yo?
María Tango, María del arrabal,
María noche, María pasión fatal,
María del amor
de Buenos Aires ¡soy yo!

Salsa y merengue del Caribe

La salsa es la música más popular de América Latina y hay grupos de Colombia, Venezuela, Puerto Rico y otros países que tienen mucho éxito; sobre todo entre los hispanohablantes en los Estados Unidos. Su origen está en el son cubano, la música que **Buena Vista Social Club** ha hecho muy famosa en Europa. El merengue de la República Dominicana es mucho más rápido.

Celia Cruz, Ricky Martin y Gloria Estefan

Pop y rock latino

Hoy, todos los estilos populares entre los jóvenes tienen su variante latina. Muchos grupos de rap y de hiphop son de México y se llaman **Molotov** (rap metal), **Maná** o **Chancho en piedra** de Chile (rock). Con los emigrantes latinos a los Estados Unidos la música pop latina tiene fama en todo el mundo: **Gloria Estefan**, **Ricky Martin**, **Enrique Iglesias** y **Shakira** son algunos nombres de artistas que empiezan sus carreras en los Estados Unidos y que cantan en español y en inglés.

¿Qué te gusta de tu grupo / cantante favorito/-a?

la música / las canciones marchosas / el espectáculo / la letra / el ritmo / las canciones bonitas pero tristes

¡MADRID ME MATA!

¿Qué sabéis ya de Madrid? Buscar ejemplos en las unidades 1–4 y en el pequeño diccionario, p. 153.

Justo en el centro de España está la capital: Madrid. Con casi 4 millones de habitantes es la ciudad más grande del país.

1.

El libro más famoso de la literatura española es de Miguel de Cervantes. ¿Cómo se llama? ¿Y cómo se llaman estos dos señores?

2.

La calle de Alcalá es, con diez kilómetros, la calle más larga. Entre los que pasan día y noche por las calles hay muchos que se buscan la vida como pueden. Pensar en esa realidad de la capital es el peor momento del día.

3.

El barrio más moderno: AZCA y el edificio más alto: La Torre Picasso con 154 metros.

4.

El museo más grande de España es el Prado y para muchos también el mejor, con más de 3000 obras.

La ciudad más marchosa, y también la más popular: miles de bares, cafeterías y discotecas. Y para empezar la noche: las mejores tapas de España.

El mayor problema en verano es el calor: ¡te mata!

PRACTICAR

1 De mi país …

Cuenta tú:

1. La ciudad más grande de mi país es [¿].
2. La calle más larga de mi pueblo / ciudad se llama [¿].
3. El barrio o el edificio más moderno: [¿].
4. La ciudad más marchosa de mi región: [¿].
5. El libro más famoso de nuestra literatura es [¿].
6. El mayor problema de mi barrio / pueblo / ciudad es [¿].

2 Las cosas más interesantes ▷ RESUMEN 1

Utiliza el superlativo.

Ejemplo: Para mí, el grupo de música más marchoso es «Pánico».
Mi mejor amigo es …

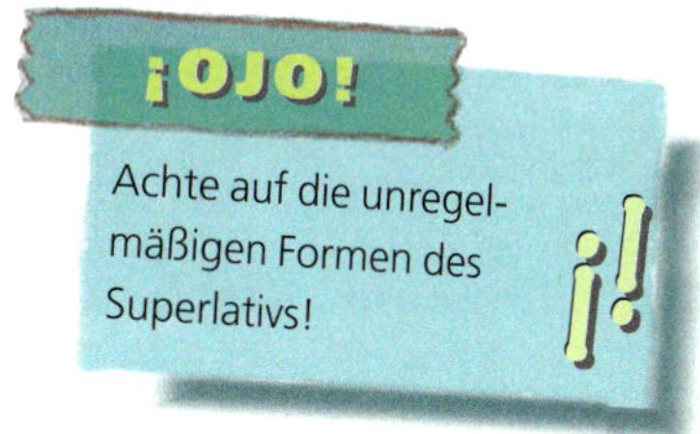

idioma, comedia, película, cómic, revista, cd, grupo de música, película de amor, libro, canción

difícil, bonito, aburrido, impresionante, interesante, moderno, malo, bueno, importante, marchoso, divertido

ACTIVIDADES

3 En Madrid

Wählt einen Ort (Straße, Platz, Gebäude …) in Madrid aus und sucht weitere Informationen, die ihr der Klasse präsentieren könnt. Als Quellen eignen sich das Internet, Kataloge, Reiseführer …

www.tourspain.es

UN DÍA CON DIEZ EUROS

¿Cómo pasar un día en una de las capitales más caras de Europa? Madrid no es tan caro como Nueva York, pero hay un montón de sitios que son demasiado caros para jóvenes y estudiantes. ¿Sólo tienes diez euros para todo el día? Para ti, hay otro Madrid. Pide un plano y … mira:

La Plaza Mayor

Por sólo dos euros desayunas chocolate con churros, por ejemplo en San Ginés. Después puedes visitar la ciudad: el barrio más bonito está en el centro, con calles pequeñas y la Plaza Mayor. Durante el verano el ayuntamiento organiza visitas por Madrid: ¡a pie y gratis!

El Parque del Retiro

¿Te gustan más los parques? Para descansar, es mejor pasar una tarde tranquila en la Casa de Campo. Es menos céntrica que el Retiro pero es más grande y tiene un teleférico.

¿Ahora un poco de cultura? Los miércoles las entradas de cine son más baratas que el resto de la semana. En los cines al aire libre puedes ver películas por un euro veinticinco. El Teatro Español en la plaza de Santa Ana tiene la entrada más barata por poco más de un euro. Y los domingos, la visita al Centro de Arte Reina Sofía es gratis.

¿Quieres comer algo? En los bares como «La Pequeñuca» en la Plaza Mayor puedes comer un bocadillo de calamares por dos euros. Allí tienen las tapas más variadas. ¿Por qué no pides una de tortilla? ¿O de chorizo? Son muy ricas y no muy caras.

Chica: ¿Qué pedimos?
Chico: Yo, una botella de agua y una tapa de calamares.

Camarero: ¿Qué vais a tomar?
Chica: Dos tapas de calamares, una botella de agua y un zumo de naranja.
Camarero: Dos de calamares, una de agua y un zumo … y un poco de pan.

Chico: ¿Me cobra, por favor?
Camarero: Son 4 euros cuarenta.

Y después buscas una fiesta de barrio. Casi siempre hay una. Allí puedes escuchar música en vivo y bailar. Muchas veces hay comida y bebida por muy poco dinero.

Meist zahlt in einer **bar** oder **cafetería** eine/r für alle. Häufig gibt es vorher nicht ganz ernst gemeinte Wortgefechte darum, wer zahlen „darf" … doch da man in Spanien oft etwas trinken geht, ergibt sich bald die Gelegenheit, sich zu revanchieren.

COMPRENDER

1 A veces Madrid no es tan caro

Busca los ejemplos en el texto y apunta en tu cuaderno.

gratis	menos de 2 euros	2 euros	entre 2 y 3 euros
		chocolate con churros	

DESCUBRIR

2 Más o menos ▷ RESUMEN 2

Welche Komparativformen findest du im Text Un día con diez euros? Welche sind unregelmäßig?

PRACTICAR

3 Son menos caros ▷ RESUMEN 2

Compara y utiliza más [+] / menos [–] … (que) o tan [=] … como …

Ejemplo: Este libro es tan interesante como el otro pero es menos actual.

1. Toma el cómic de «Leo Verdura».
   Ser / divertido [=] / el otro /
   pero ser / caro [–].

2. Voy a tomar un agua.
   Ser / bueno [=] / un zumo /
   y / ser / barato [+].

3. Compra las naranjas de Valencia.
   Ser / pequeño [+] / éstas /
   pero / ser / bueno [+].

4. ¿Por qué no practicas tenis?
   Ser / divertido [+] / el fútbol /
   y / ser / difícil [–].

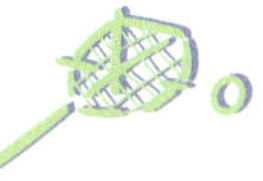

5. No, a mí no me gusta esa revista.
   Ser / actual [+] / «Arrob@» /
   pero / ser / interesante [–].

6. Escucha las canciones de «Pánico».
   (Ellas) ser / bueno [+] / las
   canciones de «Jarabe»
   / pero /no / ser / famoso [=].

4 No es muy caro ▷ RESUMEN 8

Completa con mucho/s, mucha/s, mucho o muy.

En Madrid hay [¿] sitios que son demasiado caros para jóvenes. Pero hay otro Madrid que no es tan caro. Cerca de la Plaza Mayor hay [¿] bares que ofrecen [¿] tapas no [¿] caras.
En los barrios de Madrid, así como en [¿] pueblos españoles, siempre hay fiestas con música en vivo, comida y bebida. En la Gran Vía hay [¿] cines. Las entradas allí son [¿] caras.
En la calle de Serrano hay [¿] tiendas [¿] elegantes. Pero hay [¿] otros barrios, como Lavapiés, con tiendas más baratas.
Y a [¿] madrileños[1] les gusta [¿] pasar una tarde libre en la Casa del Campo.
Los domingos por la mañana hay [¿] grupos de teatro y de música en el Parque del Retiro.
Es un ambiente [¿] divertido que también a los turistas[2] les gusta [¿].

1 el/la madrileño/-a: Einwohner/in von Madrid
2 el/la turista: Tourist/in

5 a **En un bar**

Roberto, Juan y Sonia quieren tomar algo en un bar … pero entre los tres sólo tienen siete euros. ¿Qué pueden pedir? Comparar y utilizar más/menos … que o tan … como.

Ejemplo: Yo tomo un café solo, es más barato que un café con leche. …

Bebidas

	€
Café solo	0,75
Café con leche	1,00
Café cortado	0,90
Chocolate caliente o frío	1,05
Té / con limón	0,90 / 1,-
Agua mineral	0,90
Kas naranja / limón	1,05
Tónica	1,05
Coca Cola	1,05
Zumo de naranja natural	1,80

Sandwiches y Bocadillos

Jamón serrano	2,40
Chorizo	2,10
Queso y jamón	2,10
Atún y mayonesa	1,80
Jamón York	1,80
Tortilla	2,10

Servicio de mesas 0,25 €
IVA incluido en todos los precios

Nuestras tapas

Boquerones en vinagre	Sardellen, in Essig eingelegt
Calamares	Tintenfisch(ringe)
Tortilla española	Kartoffelomelett
Mejillones	Miesmuscheln
Croquetas de pollo	Geflügelkroketten
Croquetas de jamón	Schinkenkroketten
Ensaladilla rusa	Salat, vergleichbar mit Kartoffelsalat
Champiñones	Champignons
Chorizo	Paprikawurst, pikant
Queso viejo	Käse, gereift

Tapas gibt es in unzähligen, vor allem auch regionalen Varianten. Meist werden sie an der Theke hinter Glas angeboten und stehen selten auf der Standardkarte. Da hilft nur eins: nachfragen oder gleich probieren.

b *Ahora los tres quieren pedir y hablan con el camarero. Utilizar la lista de a y hacer el diálogo.*

Camarero:

¿Qué vais a tomar?
¿Y para beber / comer?
¿Algo más?
Son … euros con … céntimos.

Los amigos:

Y tú, ¿qué tomas?
Y vosotros, ¿qué tomáis?
Pues, para mí …
Pues, no sé. ¿Qué tomas tú?
Yo tomo …
¿Qué es eso?
Es / Son muy rico/s, -a/s.
Sí, una (tapa) de …
No, gracias, nada más / es todo.
¿Me cobra, por favor? / ¿Cuánto es?

APRENDER MEJOR

6 Wortbildung

Ejemplo: Los domingos, la **visita** es gratis. – ¿Por qué no **visitas** a tus primos en Madrid?

LERNTIPP

Es gibt viele verwandte Wörter, die manchmal ganze „Wortfamilien" bilden. Wenn du einem neuen Wort begegnest, überlege, ob du ein ähnliches Wort schon kennst.

a *Wie lauten die zu den folgenden Substantiven passenden Verben? Du kennst sie alle schon!*

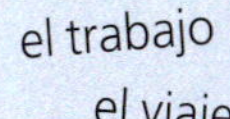

el trabajo — el viaje — el / la estudiante — la pregunta — la comida

b *Probiere es nun mit Substantiven, die du noch nicht kennst. Du kannst sie alle verstehen, denn du kennst die entsprechenden Verben. Wie heißen sie? Übersetze dann die Substantive ins Deutsche.*

1. El **desayuno** es de 7 a 10 de la mañana.
2. Toma mis **apuntes** de alemán para preparar el examen.
3. ¡Esa **llamada** es para mí! ¿Dónde está el teléfono?
4. ¿Dónde está la **salida**?
5. Tengo que ir a Granada en tren y necesito un billete[1] de **ida** y **vuelta**.

1 el billete: Fahrkarte

c *Umgekehrt geht's auch. Du kennst die Substantive, aber nicht die Verben. Wie heißen die Substantive auf Spanisch? Übersetze dann die Verben ins Deutsche.*

1. ¿Qué quieres **beber**, agua o zumo?
2. ¿**Entramos** al museo o no?
3. Le quiero **regalar** un libro, pero ¿cuál?
4. ¿Por qué no le **compras** un cd? No le gusta leer.
5. ¡No **encuentro** mi móvil! Y ahora, ¿qué hago?

COGES LA LÍNEA ROJA HASTA …

Rándal es un chico activo, inteligente y quizás un poco serio que se interesa por muchas cosas. Quiere conocer más de Madrid y le hace muchas preguntas a Roberto cuando los dos van por la calle. «Demasiado», dice a veces Roberto porque él muchas veces no sabe la respuesta y le gusta más pensar en otras cosas. Por suerte Roberto tiene dos amigas que se interesan también un poco por la historia. Un día Roberto las ve en la calle cuando llega a casa.

Roberto: Hola, Vero, hola, Maite, ¿qué tal? ¿Adónde vais? ¿Queréis subir un rato?
Vero: Hola Roberto, bien. Oye … es que … Maite y yo queremos hablar con Rándal.
Roberto: ¿Con Rándal? Ah, bueno, … Pues, Rándal no está. ¿Le digo algo? Bueno, también lo podéis llamar esta tarde, a eso de las ocho.
Vero: Mira, lo queremos invitar para este sábado, porque vamos a hacer una excursión a Alcalá con unos amigos de Sevilla en el Tren de Cervantes. ¿Lo conoces, verdad? Puede ser bastante divertido para él.
Roberto: Sí, sí, … claro … la historia le interesa mucho. Bueno y a mí también …
Vero: Estupendo. ¿Entonces nos llamáis? ¿Vale? …
Roberto: Vale. … Hasta luego.

Maite y Vero … ¿Y Rándal? … ¿De qué lo conocen?

Unos días después, Maite le explica a Rándal cómo llegar a la estación de Atocha en metro.

Maite: Mira, tú vives cerca de la estación «Quevedo». Primero coges la línea roja en dirección a «Ventas» y vas hasta «Sol». Allí cambias de línea, subes a la uno, en dirección a «Congosto». Después bajas en «Atocha Renfe», quedamos allí. Vero te espera sobre las 10 y media.
Rándal: ¿Vero? … No sé, no la conozco … ah, sí, tu amiga, claro. Muy bien, ¡hasta el sábado entonces! Y gracias …

El tren de Cervantes es un tren para turistas que sale los fines de semana de Madrid Atocha a Alcalá de Henares. Llegas en sólo 25 minutos y allí puedes visitar la ciudad, solo o con un guía que te explica todo.

La Plaza Mayor de Alcalá

«Y ahora vamos por la calle Mayor, todo recto. El Instituto Cervantes está en la segunda calle a la izquierda. Después tomamos la primera a la derecha: es la calle Escritorios …»

COMPRENDER

1 Hablar del texto

Lee el texto otra vez y contesta:

1. Le interesan muchas cosas: ¿A quién?
2. Le hace muchas preguntas cuando van por la calle: ¿A quién?
3. A él le gusta más pensar en otras cosas: ¿A quién?
4. Les interesa la historia: ¿A quiénes?
5. Le explica cómo llegar a Atocha en metro: ¿A quién?
6. Les gusta hacer excursiones: ¿A quiénes?

DESCUBRIR

2 El complemento directo ▷ RESUMEN 6

a *Was ersetzen die Pronomen?*

los churros — el metro — la respuesta — las visitas

1. Lo coges en Quevedo.
2. Muchas veces Roberto no la sabe.
3. Los desayunas con chocolate.
4. El ayuntamiento las organiza en verano: ¡a pie y gratis!

b *Schlage im Resumen die fehlenden Formen nach. Was stellst du fest?*

c *Welches Objekt wird durch das Pronomen jeweils ersetzt? Welches ist das direkte, welches das indirekte Objekt?*

a Pati — el libro — la carta — a Roberto y a Juan

1a. ¿Por qué no la escribes ahora?
2a. ¿Por qué no lo compras hoy?
1b. ¿Por qué no le escribes ahora?
2b. ¿Por qué no les compras algo para comer?

ESCUCHAR

3 La primera calle a la izquierda

a *Escucha y mira el plano: ¿qué buscan?*

b *A jugar … en clase:*

Voy por la calle de Carretas, todo recto, hasta la Plaza Jacinto Benavente. Después tomo la primera a la derecha … ¿Dónde estoy ahora?

PRACTICAR

4 No los conoce ▷ RESUMEN 6

Preparáis la excursión a Alcalá con unos amigos de España. Contesta y utiliza un pronombre de complemento directo.

Ejemplo: Rándal conoce a los amigos de Sevilla, ¿verdad? – No / no conocer: No, no los conoce.

1. ¿Quién ve a Maite y a Vero esta tarde?	Carlos / ver / en el instituto
2. ¿Cuándo quieren hacer la excursión a Alcalá?	querer hacer / este sábado
3. ¿Quién compra los billetes para el tren de Cervantes?	yo / comprar
4. ¿Y por qué no invitamos también a Sonia y a Susanne?	Muy bien / yo / llamar esta noche
5. Susanne no conoce a Maite, ¿verdad?	Sí / conocer
6. Tenemos que organizar la visita a Alcalá.	Juan / organizar
7. ¿De verdad necesitamos una guía?	No / no necesitar
8. Entonces, ¿por qué no compramos un plano y ya está?	Bueno, yo / comprar mañana

5 Le preguntamos mañana ▷ RESUMEN 7

Utiliza el pronombre de complemento indirecto.

Ejemplo: ¿Y para qué / Maite / explicar todo / Rándal? – ¿Y para qué Maite le explica todo a Rándal?

1. Vero: ¿Y / la historia / interesar / Rándal? — Sí, sí, claro que le interesa.
2. Roberto: Muy bien, y / qué / decir (nosotros) / Rándal entonces? — Le decimos: «Organizamos todo.»
3. Vero: ¿escribir (yo) / Rándal / o / mejor llamar por teléfono? — ¿Por qué no le escribes un e-mail?
4. Roberto: ¿Por qué / no preguntar (tú) / Toña? — Pues, no sé …
5. Maite: ¿explicar (tú) / Rándal / cómo llegar a Atocha? — ¿Para qué? ¡Conoce Madrid muy bien!
6. Roberto: ¿Qué / decir (tú) / tus amigos de Sevilla? — Pues, les digo: «Vamos todos juntos a Alcalá.»

ACTIVIDADES

6 Perdidos en Madrid

Zwei Gruppen spielen gegeneinander: Gruppe A gibt Ausgangspunkt und Ziel einer Fahrt mit der Madrider U-Bahn an (Plan S. 215). Gruppe B muss den Weg beschreiben. Danach wird gewechselt. Die Gruppe gewinnt, die für die Wegbeschreibung die wenigste Zeit benötigt.

Utiliza: Subimos en … | cogemos … | cambiamos en … a | bajamos en …

Ejemplo: Bilbao – Sevilla
Coges la línea uno en dirección a «Congosto» y cambias a la línea roja en «Sol».
Allí coges la roja en dirección a «Ventas» y bajas en la primera estación, en «Sevilla».

7 Jugar otra vez

Preparar frases con pronombres de complemento directo o indirecto sobre las personas de «Encuentros». El otro grupo tiene que adivinar de quién/es hablan.
Ejemplo: Su hermana pequeña le hace muchas preguntas. – Su amigo español lo espera en el aeropuerto.

DICHO Y HECHO

La Puerta del Sol

Chus y su amiga Laura están en Madrid – sin sus padres y hermanos mayores. Es el primer viaje que han organizado solas. Llegan por la mañana … y ya empieza el rollo … Por la noche, Laura escribe en su cuaderno:

sábado, 29

¡Qué día, qué día, qué día! Hemos llegado hoy por la mañana y aquí estamos, en la capital. En el hostal la primera sorpresa. Hemos reservado una habitación doble para dos noches. Y la recepcionista nos ha dicho: «Lo siento, pero no tengo reservas para hoy. Además, estamos completos. Lo siento mucho.» Así que hemos buscado durante horas un sitio para pasar la noche. Los hoteles son muy caros y, además, están llenos. Por suerte hemos encontrado un albergue juvenil.

Bueno, sigo: esta tarde no hemos hecho mucho porque nos hemos levantado tarde. Hemos ido en metro a la Puerta del Sol y a pie a la Plaza Mayor. En la oficina de turismo he pedido un plano – ¡sin plano me pierdo! –, hemos tomado algo y Chus ha escrito dos postales. ¡Y aún no hemos visto mucho! ¿Por qué? Porque a Chus le gusta el fútbol. A mí no. Toda la tarde no ha hablado de otra cosa. «Ya sabes: estoy aquí porque quiero ver al Real Madrid.» Yo la conozco: dicho y hecho … y nos hemos pasado la tarde en el Santiago Bernabeu. Todavía no hemos visto mucho de Madrid, la capital de España, la capital europea de la noche, y ¡Chus quiere ver un partido de fútbol!

Ahora estoy esperando a Chus, la he perdido en el estadio. La he llamado al móvil, para eso está, ¿no? ¿Entonces, por qué no contesta? ¿Ha perdido su móvil? Yo he perdido el plano del metro pero el mayor problema es que el Real Madrid ha perdido el partido. Después he vuelto en el último bus, estoy cansada y aún no he cenado. Ha sido un día fatal. Pero mañana quiero ver algo de Madrid … ¿Y Chus? Seguro que se ha ligado a un madridista y los dos lo están pasando fenomenal.

¿Dónde te has metido?
Me ha pasado algo fatal, ¡imagínate!

COMPRENDER

1 ¿Qué han hecho?

Resume el texto «Dicho y hecho» en la p. 79.
Utiliza las palabras siguientes:

llegar / mañana / Madrid / ir / hotel / estar completo / buscar otro sitio / encontrar / albergue juvenil / tarde / Puerta del Sol / Plaza Mayor / tomar algo / Chus / escribir / hablar de fútbol / estadio Santiago Bernabeu / ver / partido de fútbol / perder en el estadio / llamar / contestar / volver / último bus / estar cansada

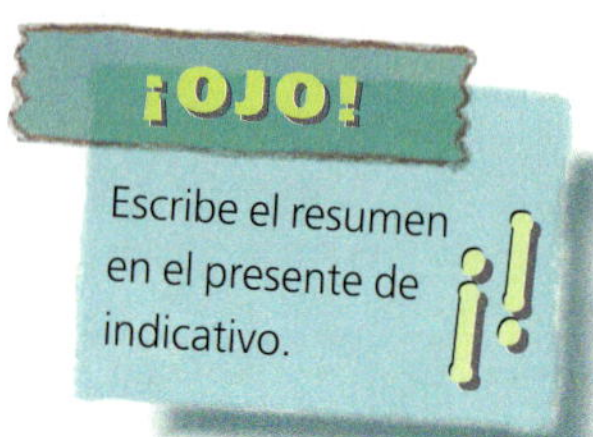

¡OJO!
Escribe el resumen en el presente de indicativo.
¿!

DESCUBRIR

2 ¡Perfecto! ▶ RESUMEN 5

a *Busca en el texto los verbos en el pretérito perfecto y apunta:*

verbos en -ar	verbos en -er	verbos en -ir	verbos irregulares

b *Wie wird das Partizip der drei regelmäßigen Verbgruppen gebildet?*

c *Welche Formen des Hilfsverbs* haber *findest du im Text?*
Schlage im Resumen die restlichen Formen nach.

PRACTICAR

3 Esta mañana ▶ RESUMEN 5

Completa con los verbos en el pretérito perfecto.

1. Esta mañana [¿] temprano.
2. [¿] al centro para ver a Susanne y Sonia.
3. Sonia, Susanne y yo [¿].
4. Sonia [¿] sólo un agua.
5. [¿] su móvil.
6. Yo: ¿Ya [¿] en la habitación?
7. Sonia: Sí, y todavía no lo [¿].
8. Susanne: ¿Y lo [¿] hoy?
9. Sonia: No sé … Chicas, ¿[¿] ya en vuestras mochilas[1]?
10. Susanne y yo: Pero ya lo [¿] … y no lo [¿].
11. Yo: ¿[¿] ya a tu hermano?
12. Sonia: Sí, pero no [¿]. Ah … entiendo, seguro que él lo tiene.

levantarse / yo
ir / yo
desayunar
tomar
perder / ella
buscar / tú
encontrar
perder / tú
mirar / vosotros/-as
buscar / encontrar / nosotras
preguntar / tú
contestar / él

1 la mochila: Rucksack

4 **En perfecto** ▷ RESUMEN 5

Utiliza el pretérito perfecto.

1. (Yo)	decir	una pizza en el microondas?
2. Y tú, ¿	escribir	tarde a casa?
3. Mariana	hacer	a sus padres: Roberto está en casa.
4. (Nosotros/-as)	poner	el partido del Real Madrid contra el Barça.
5. Y vosotros/-as, ¿	ver	la mesa.
6. Manolo y Pablo	volver	una carta a su abuela.
		muchas cosas esta mañana.
		un e-mail a sus amigos alemanes.
		mi móvil?
		hoy por la tarde.
		los deberes de español.

5 **Y vosotros, ¿qué habéis hecho hoy?**

a *Habla con tu compañero/-a y apunta: ¿Qué te dice él/ella?*

¿Qué has hecho hoy?	Hoy Esta mañana Esta tarde Aún no	desayunar …

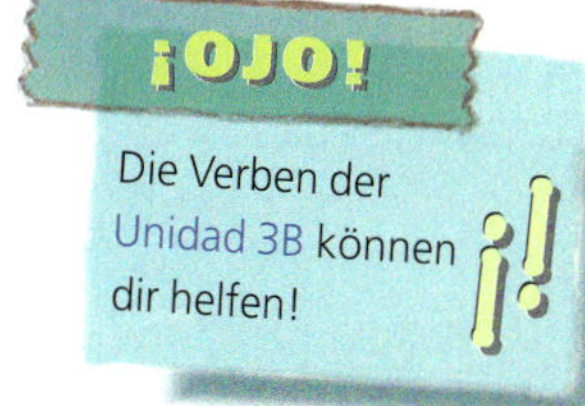

Die Verben der Unidad 3B können dir helfen!

b *Cuenta a otro/-a compañero/-a: ¿qué ha hecho hoy tu compañero/-a?*

6 **Está muy cansada** ▷ RESUMEN 3

Completa con ser o estar.

1. El estadio Santiago Bernabeu [¿] impresionante. Y el Real Madrid [¿] muy bueno.
2. Los hoteles [¿] caros. Muchas veces [¿] completos.
3. Por la noche, las calles [¿] llenas de gente.
4. La Torre de Picasso [¿] muy alta.
5. Mari [¿] muy activa, pero ahora [¿] cansada.
6. El Museo del Prado [¿] muy importante. Por eso casi siempre [¿] lleno de gente.
7. La música de «La Oreja de Van Gogh» [¿] muy divertida, el ritmo [¿] marchoso y la letra de sus canciones no [¿] mal.

La Puerta de Alcalá

ACTIVIDADES

7 **Un día en Madrid**

Estás en Madrid: estás muy cansado/-a, has ido a un parque para descansar un rato y le quieres escribir un mensaje a tu amigo/-a español/a. Escribe uno por la mañana, por la tarde o por la noche: ¿qué has hecho hoy?, ¿qué estás haciendo?

Madrid es fenomenal
estoy muy contenta
esta mañana hemos
ido al Retiro allí hay
muchos jóvenes de todo
el mundo
Menu
OK
1
2 ABC
3 DEF

Maximum: 160 Zeichen für eine SMS!

REPASO

FACULTATIVO ▪ FACULTATIVO ▪ FACULTATIVO ▪ FACULTATIVO ▪ FACULTATIVO

1 ¿Qué te gusta?

a *Imagina que pasas tres días en Madrid con dos o tres amigos / amigas. Utiliza la información que ya has buscado para los ejercicios de la página 65 y/o de la página 71. Apunta: ¿Qué quieres hacer? ¿Qué (no) te gusta? ¿Por qué (no)?*

b *Queréis hacer una excursión. Discutir en grupos de 3 o 4 y hacer propuestas para el programa. Como siempre cada uno/-a[1] tiene sus planes …*

Podemos …
Me parece muy bien / aburrido / …

1 cada uno/-a: jede/r

2 ¿Qué hacer?

a *Habéis invitado a Maite y a Vero a la ciudad / al pueblo donde vivís. Van a quedarse tres o cuatro días. ¿Qué podéis o queréis hacer? Hacer un plan para esos días.*

b *Discutir vuestros planes en clase.*

3 Adivinanzas ▷ RESUMEN 6

a *Busca el complemento para cada frase .*

a Charo y a Ángel
el metro
la música
a los profesores
a tu amigo
las tapas
los idiomas
a Rándal

1. Pati le hace muchas preguntas.
2. Mucha gente la escucha a tope.
3. Muchos habitantes de Madrid lo cogen durante la semana.
4. Los puedes aprender en el instituto.
5. En España, todo el mundo las conoce.
6. Susanne los busca delante del cine.
7. Les hablas en clase.
8. Le escribes mensajes.

¡OJO!

Bei Personen hilft die Präposition **a** nicht bei der Unterscheidung zwischen direktem und indirektem Objekt! ¡!

b *Continúa y haz dos ejemplos más para tus compañeros.*

4 ¿Cómo llegar?

a *Antonio está en Madrid, en Argüelles. Escucha y mira el plano del metro, p. 215 y el plano p. 216. ¿Qué busca?*

b *Un amigo español llega a la estación de tu ciudad o pueblo. Tú no lo puedes ir a buscar. ¿Cómo puede llegar a tu casa?*

en tren
en avión
en taxi
en moto
a pie
en metro
en autobús
en tranvía[1]

1 el tranvía: Straßenbahn

RESUMEN

PARA COMUNICARSE

sagen, was man lieber / weniger mag	Me gusta más / menos … que
etwas zu essen / zu trinken bestellen	Dos tapas de calamares, una botella de agua …
die Rechnung erbitten (in einer Bar / Cafetería)	¿Me cobra, por favor? / ¿Cuánto es?
sich über etwas / jemanden beklagen	¡(Es) demasiado!
etwas toll finden	¡Estupendo!
einen Weg beschreiben	(Vamos) por la calle (Mayor), todo recto. / La primera / segunda calle a la izquierda / derecha.
jemandem den Weg erklären (U-Bahn)	Coges la línea (roja) en dirección a … / Vas hasta … / Cambias de línea en (Atocha), subes a (la uno), bajas en (Cangosto).

GRAMÁTICA

1 El superlativo · Der Superlativ

La Torre Picasso es el edificio **más alto** de Madrid.
Para mí, los sitios **menos interesantes** son los parques.

Es **el mejor** bar del barrio.
Y **la peor** cafetería está allí.

Der Superlativ von **bueno** und **malo** ist unregelmäßig.

¿Cuál es la capital **más grande** del mundo?
¿Y la **más pequeña**?

¿El **mayor** problema de Madrid? No tengo la **menor** idea.

Grande und **pequeño** haben zwei Superlativformen.

Vor abstrakten Substantiven steht meist **mayor** bzw. **menor**.

2 El comparativo · Der Komparativ

Madrid es **más** grande **que** Granada.
Granada es **tan** interesante **como** la capital.
La vida es **menos** cara **que** en Madrid.

! Denke daran, das Adjektiv immer an das Bezugswort anzugleichen.

Granada no es **mejor/peor** que Madrid.
La vida allí es tan **buena/mala** como en Madrid.

Auch die Komparativformen von **bueno** und **malo** sind unregelmäßig.

Barcelona es **más grande que** Granada pero **más pequeña que** Madrid.
Rámon es **mayor que** Roberto. (= älter)
Nuria es **menor que** sus hermanos. (= jünger)

Grande und **pequeño** haben zwei Komparativformen mit unterschiedlicher Bedeutung.

3 El uso de *ser* y *estar* · Der Gebrauch von *ser* und *estar*

Este libro **es** muy interesante.
Este barrio **es** muy tranquilo.

Estoy cansada y **estoy** harta de estar en el museo.

In der Regel gilt: Eigenschaft = **ser**, momentaner Zustand = **estar.**

4 Los verbos · Die Verben

pedir (e → i)	seguir (e → i)	decir	coger
pido	**sigo**	**digo**	cojo
pides	sigues	dices	coges
pide	sigue	dice	coge
pedimos	seguimos	decimos	cogemos
pedís	seguís	decís	cogéis
piden	siguen	dicen	cogen

! pedir **pidiendo**
! seguir **siguiendo**
! decir **diciendo**

5 El pretérito perfecto · Das pretérito perfecto

Esta mañana	**he**	
Esta tarde	**has**	llegado a Madrid.
Todavía no	**ha**	cogido el metro.
Hoy	**hemos**	salido por la noche.
Aún no	**habéis**	
	han	

! leer – leído

decir	**dicho**
escribir	**escrito**
hacer	**hecho**
poner	**puesto**
ver	**visto**
volver	**vuelto**

Aún **no** he podido cenar.
¿Qué **te** ha pasado?
¿Por qué **no me** has llamado?

Die Verneinung und die Objektpronomen stehen vor dem Hilfsverb.

6 Los pronombres de complemento directo · Die direkten Objektpronomen

	Maite	**me**	busca.
	Maite	**te**	busca.
¿Busca el libro? ¿Busca a Rándal?	Sí,	**lo**	busca.
¿Busca su entrada? ¿Busca a Vero?	No, no	**la**	busca.
	Maite	**nos**	busca.
¿Dónde estáis?	Maite	**os**	busca.
¿Busca sus libros? ¿Y a los chicos?	Sí,	**los**	busca.
¿Busca sus zapatillas? ¿Y a las chicas?	Sí,	**las**	busca.

Nur die direkten Objektpronomen der 3. Person richten sich in Genus und Zahl nach dem Objekt, das sie ersetzen. Alle anderen haben die gleiche Form wie die indirekten Objektpronomen. (vgl. Unidad 4, S. 67)

7 La reduplicación del complemento indirecto · Die Verdoppelung des indirekten Objekts

A Rándal no **le** gusta quedarse en casa.
Maite **le** explica el camino **a Rándal.**

Das indirekte Personenobjekt wird selten allein verwendet. Steht es am Satzanfang, muss das Pronomen zusätzlich genannt werden.

8 *Muy* y *mucho*

Habla **muy** bien.
Es **muy** difícil.

Muy ist ein Adverb und steht vor anderen Adverbien oder vor Adjektiven.

Siempre trabaja **mucho.**
Hay **mucha** gente.

Als Adverb steht **mucho** nach Verben. Als Begleiter steht es vor einem Substantiv und wird in Genus und Zahl angeglichen.

LA VIDA – ¿UN SUEÑO?

1.

EL PRINCIPITO
Mañana empiezo en el cole. ¡Qué ilusión!

Anita y Juanito son amigos desde hace muchos años. Bueno, muchos no: ella tiene seis años y él cinco y medio. Han ido juntos a la guardería y ahora empiezan seis años de colegio.

2.

Ahora ya tienen 15 y 16 años y han terminado la ESO. Llevan ya cuatro años en el instituto. Como la mayoría de sus compañeros Ana sigue con dos años de bachillerato.

3.

¡Uf! ¡Y ahora la selectividad! ¡Qué palo!

Juan prefiere hacer dos años de FP. Sueña con trabajar de carpintero en un pueblo … ¿Por qué? ¡Porque tiene una novia allí! Además, con el título de «técnico superior» también puede entrar en la universidad. Ana tiene que preparar la selectividad …

18 17	**Bachillerato** (dos años)	**Formación profesional** (dos años)
16 15 14 13	**Educación Secundaria Obligatoria** (ESO) (cuatro años)	
12 11 10 9 8 7	**Educación Primaria** (seis años)	

Um sich an der Universität immatrikulieren zu können, müssen die spanischen Schüler/innen nach dem **bachillerato** eine Prüfung ablegen, die **selectividad**.

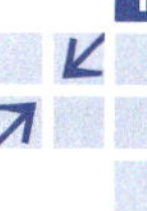

1 **¿Cómo es en tu país?**

Contesta a las preguntas de un amigo español:

1. ¿Qué necesitas para entrar en la universidad?
2. ¿Qué necesitas para trabajar de carpintero?
3. ¿Qué pueden hacer los alumnos que no quieren hacer el bachillerato?
4. ¿Cuántos años vais a la escuela? Y después, ¿qué hacéis?

LA VIDA ES SUEÑO

Horario de: Maite

	LUNES	MARTES	MIÉRCOLES	JUEVES	VIERNES
8:05	—	—	Música	Geografía e Historia	Biología-Geología
9:00	Matemáticas	Francés	Matemáticas	Matemáticas	Geografía e Historia
9:50	Lengua-Literatura	Lengua-Literatura	Inglés	Lengua-Literatura	Informática
RECREO	—	—	—	—	—
11:10	Inglés	Matemáticas	Física-Química	Tecnología	Religión
12:05	Plástica y Visual	Inglés	Lengua- Literatura	Plástica y Visual	Educación Física
13:05	—	—	Francés	Tutoría	Optativas*
	—	—	—	—	—
15:00	Optativas*	Geografía e Historia	—	—	—
15:55	Biología- Geología	Física-Química	—		
16:50	Educación Física	Música	—		

* Optativas:
Cultura Clásica, Taller de Matemáticas,
Planes para el futuro

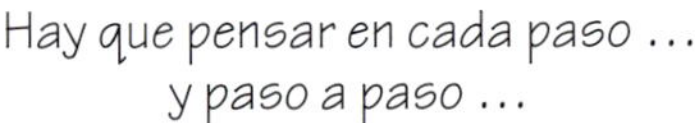

8:05 Biología-Geología:

La vida nace en el mar, el mar es la vida …

… el mar, la vida … ¡qué ilusión! … pero ¡cuidado! También puede ser peligroso … ah, sí, … voy a ser salvavidas. Todo el día en la playa, trabajar con gente joven y maja. No, mejor, bióloga marina … eso es … pero para eso hay que aprobar la selectividad y estudiar por lo menos cinco años.

12:05 Educación Física:

Hay que pensar en cada paso … y paso a paso …

… paso a paso … quiero viajar … a París, Londres, Nueva York … Voy a ser modelo y a ganar mucho dinero … No tengo ganas de quedarme toda la vida en una ciudad pequeña …

9:50 Informática:

Hoy vamos a ver como funciona el HTML.

… cool … el futuro está en la red y ya no hay que trabajar en una oficina. Diseñadora de páginas web, eso me gustaría ser. No hay que hacer oposiciones y puedo trabajar en casa cuando los niños duermen …

Mamá, mamá, tengo hambre, tengo sed …

13:05 Optativa:

¡Salvar el mar! ... ahora podéis hacer muchas cosas. Vosotros vais a ser biólogos, profesores, abogados, diseñadores, modelos ... ¿por qué no? A ver, Maite, tú por ejemplo, ... que te estás durmiendo, ¿eh? ¿Tú cómo te ves en diez años? ¿Con qué sueñas?

¿Eh? ¿Soñar, yo? Pues ... me veo en una playa, estoy haciendo un spot publicitario para la página web de una gran empresa.

DESCUBRIR

1 El horario de Maite

¿Qué asignaturas[1] conoces? ¿Cuáles tienes también?

1 la asignatura: Schulfach

COMPRENDER

2 Vuestro horario

Comparar vuestro horario con el de Maite:

Nosotros
- tenemos ... los lunes / los martes / ...
- tenemos más / menos clases de ...
- no tenemos clase de ..., pero sí de ...
- también tenemos ... .
- entramos a clase a las ... y salimos a las ...
- ...

PRACTICAR

3 ¡Qué ganas tengo!

a *¿De qué tienen ganas?*

Ejemplo: 1. (yo) / tener ganas de [¿] = Yo tengo ganas de comer una tapa de tortilla.

1. (yo) / tener ganas de [¿].

2. (nosotros) / tener ganas de [¿].

3. (yo) / tener / muchas ganas de [¿].

4. Oye, Juan, ¿no tener ganas de [¿]?

5. ¿Y vuestros hijos? – Bah, no / tener ganas de [¿]. Pasan de todo.
6. ¿Y tú?, ¿de qué / tener ganas? – Pues yo, yo / tener muchas ganas de [¿].

b *¿Y vosotros? ¿De qué tenéis ganas?*

4 Hay que estudiar mucho

Imagina y utiliza:

Para … (no) hay que …

Ejemplo: Para trabajar de recepcionista hay que llevar ropa elegante todos los días.

¡OJO!

¿Te interesa otra profesión? Pues, ¡pregúntale a tu profesor/a!

estudiar en la universidad	estudiar por lo menos cinco años
ser profesor/a	aprobar la selectividad
ser carpintero/-a	ser tranquilo/-a
ser médico/-a[1]	ser muy inteligente / elegante / cursi / …
trabajar en una oficina	saber mucho de historia
trabajar de recepcionista	hacer el bachillerato
ser biólogo/-a	conocer a mucha gente importante
ser diseñador/a	hacer FP
trabajar en el ayuntamiento	comprar una casa rural
ser modelo	viajar mucho
trabajar de guía en Sevilla	llevar ropa elegante todos los días
ser abogado/-a	pasar de todo
trabajar en una tienda	tener buen gusto
	tener dinero

1 el médico: Arzt

5 Dormir al sol ▷ RESUMEN 2

Completa con las formas correctas del verbo **dormir**:

La gente [¿] muchas horas de su vida. Cuando eres muy pequeño [¿] casi todo el día. Luego (nosotros) [¿] después de comer y toda la noche. Hay niños pequeños que también [¿] después del desayuno. Yo, durante la semana [¿] poco, pero el fin de semana me gusta [¿] hasta muy tarde. Y vosotros, ¿cuándo [¿]? ¿Y cuánto?

6 ¿Qué vas a hacer? ▷ RESUMEN 4

a *Preguntar y contestar:*

¿Qué planes tienes para este fin de semana? ¿Qué vas a hacer?

b *Y tú, ¿qué vas a hacer después del bachillerato? Escribe un texto en tu cuaderno.*

Voy a trabajar con mucha gente … a ganar dinero y a conocer a gente importante … voy a viajar …
¡Qué rollo! Otra vez voy a llegar tarde a clase.

7 **¿Qué pueden hacer?**
Haz propuestas.

¿Por qué no …?
Hay que …
Imperativo

Estoy harta. Tengo que hacer mis deberes … y mi hermana, ¿qué hace? Siempre pone la música a tope.

Mis amigos de Alemania me han invitado para este año, y yo tengo muchas ganas de ir. Pero, ¿qué les digo a mis padres?

No entiendo esta carta de mis amigos alemanes … Pues, sí, tengo ganas de aprender alemán, pero, ¿cómo y dónde?

Mis hermanos y yo queremos pasar dos semanas en una casa rural en Andalucía, pero mis padres no tienen ganas, prefieren ir a la playa.

Yo quiero ir al cine esta tarde, pero Nuria no tiene ganas y tampoco quiero ir sola.

8 **Aprender mejor: Hörverstehen (III)**

a *Schau dir die Aussagen von Mari Paz an: Worum geht es in dem Telefonat? Was sagt wohl jeweils ihr Gesprächspartner? Notiert zu jedem Redebeitrag von Quique ein oder zwei Stichwörter.*

b *Hört das ganze Telefonat und notiert mit Hilfe eurer Stichwörter so viel wie möglich von dem, was Quique sagt.*

Quique	Mari Paz
→	
←	Pues bien, ¿y tú?
→	
←	Ganas sí, pero hoy por la noche no puedo. Tengo que ayudar[1] a mi hermana con sus deberes, tiene problemas en inglés.
→	
←	Sí, mañana tengo tiempo. ¿Por qué no vamos al cine? ¿Qué te parece?
→	
←	Todavía no la he visto. ¿Es divertida? ¿De quién es?
→	
←	¡Ah, sí, ya sé cuál es! ¿Vas tú a comprar las entradas? Es que yo no puedo, tengo que hacer la compra para el fin de semana.
→	
	No, mejor en el bar de enfrente y un poco más tarde: a eso de las nueve y cuarto o así …

LERNTIPP

Wenn man sich vorher überlegt, was jemand in einer bestimmten Situation sagen könnte, kann man vieles verstehen.

c *Formuliert mit Hilfe eurer Notizen die Redebeiträge von Quique und spielt das Telefonat vor.*

1 ayudar: helfen

ANÍMATE

¡Qué hambre tengo! Voy a buscar algo para comer.
Bueno, tráeme un vaso de agua …
Voy contigo. … ¿Os traigo algo?
¿Por qué no llevas tú todo mientras yo pago?
Bueno, luego te doy el dinero.

Julio: Con el hambre que tengo … otra vez hamburguesas con patatas fritas, ¿te das cuenta?

Quique: Oye Vero, Jota me ha preguntado por ti. Parece que viene ahora …

Vero: ¡Mentiroso! Por aquí no veo a nadie con ese nombre y nadie te ha preguntado por mí. Ese tío a mí no me mira … todas las chicas están detrás de él. Esta mañana, en clase de matemáticas …

Quique: ¡Anda! ¡Los deberes de mates! ¡No los he hecho! Y tengo que hacerlos esta tarde … Es que no entiendo nada … Me siento como una croqueta sorda en clase.

Vero: Pues a mí me da pánico pensar en el próximo examen: otro suspenso y no apruebo este trimestre. Casi siempre llevo buenas notas a casa, menos en mates. Ya me imagino la bronca que me espera … ¿Pero para qué necesitamos las mates? En casa tenemos un ordenador … ¿Y después de la ESO qué? ¿El bachillerato? Estoy hasta las narices de estudiar cosas que no tienen nada que ver conmigo, pero nada de nada …

Maite: Vero, ¡por favor! Yo te doy un sobresaliente en la asignatura «pesimismo». Además, con el notable que te van a poner en inglés seguro que te animas … Bueno, chicos, basta de chorradas. ¿Qué hacéis este fin de semana?

Vero: Nosotros vamos a preparar algo para el «Día de la no-violencia». ¿Te interesa, Maite? Tú siempre tienes unas ideas tan buenas …

Maite: Sí, podemos llevar todos unas tarjetas rojas y cada vez que hay bronca entre los chicos en el recreo o en la calle, enseñamos la tarjeta. …

¡NO a la violencia!

Vero: Por cierto, necesitamos más gente … ¿no te animas, Quique?

Quique: Bueno, no sé, … es que nunca he pensado en eso … bueno … mira … le puedo preguntar a Jota, sí, eso. Seguro que él tiene ganas … ¿qué le digo? ¿Le doy tu número de teléfono?

COMPRENDER

1 ¿Es correcto?

Compara con el texto y corrige las frases que no son correctas.

1. Julio no tiene hambre.
2. En la cafetería hay hamburguesas.
3. Jota ha preguntado por Quique.
4. En mates, Vero tiene bastante malas notas.
5. Los padres de Vero tienen problemas en mates.
6. A Vero no le gustan las mates.
7. Vero dice: «En el instituto puedo estudiar cosas que tienen mucho que ver con mi vida.»
8. El fin de semana las chicas van a preparar algo para el «Día de la no-violencia».
9. Cada vez que hay bronca entre los chicos, las chicas van a enseñarles una tarjeta amarilla.
10. Quique se interesa mucho por el «Día de la no-violencia».

DESCUBRIR

2 **La negación** ▷ RESUMEN 7

Übersetze und vergleiche mit dem Deutschen:

1. No veo a nadie.
2. No voy nunca al teatro.
3. No entiendo nada.

PRACTICAR

3 **¿Te llevo algo?**

Completa con una forma de llevar o traer.

1. ▷ Oye, ¿me [¿] un poco de agua, por favor? Ah, [¿te] el vaso …

2. ▷ Oye, mamá, ¿me puedes [¿] al centro? Voy a llegar tarde …

3. ▷ Oye, mañana voy a la biblioteca. ¿Te [¿] el libro que necesitas para la clase de inglés?
▷ No gracias. Es que yo voy a ir esta tarde porque tengo que [¿] los libros de la semana pasada.

4. ▷ Oye, ¿me puedes [¿] esto al ayuntamiento? Y después pasa por la tienda y [¿me] el pan, por favor.

5. ▷ Oye, la semana que viene voy a París. ¿Te [¿] algo?
▷ Sí, [¿me] una foto de la Torre Eiffel.

4 **Anímate** ▷ RESUMEN 6

Invita a tu compañero/-a a hacer algo. Utiliza el imperativo y un pronombre personal. ¡Cuidado con los acentos!

dar un libro / … (a mí / él …)
levantarse
decir (a alguien) una palabra en inglés
hablar en español (a mí / él …)
ponerse al teléfono
irse a casa
quedarse un rato al lado de la ventana
escuchar (a alguien)
escribir un mensaje (a mí / él …)
preguntar algo (al profesor / a la profesora)
animarse

¡OJO!

Los imperativos de **ir**, **ponerse** y **decir** son irregulares.

5 Unos van, otros vienen ▷ RESUMEN 2

Completa con *ir* y *venir*.

1. **Quique:** Oye, mañana [¿] al cine, ¿[¿] con nosotros?
2. **Vero:** No, mañana no puedo, [¿] mis primos.
3. **Quique:** ¿Y el domingo? [¿] todos al partido del Madrid.
4. **Vero:** El domingo tampoco puedo. Por la tarde [¿] a la fiesta que organizan para el «Día de la no-violencia».
5. **Quique:** ¿Y quién [¿] contigo?
6. **Vero:** Pues, [¿] Sonia y Maite.

El domingo, en el estadio ...

7. **Julio:** ¿Sabes tú por qué Vero no ha [¿] con nosotros?
8. **Quique:** Sí, es que ha [¿] esta tarde a la fiesta del día de ... no sé qué ...
9. **Julio:** Ah, de la no-violencia. ¿Y con quién ha [¿]? Seguro que también han [¿] Sonia y Maite, ¿no?

6 Nada, nunca o nadie ▷ RESUMEN 7

a *Imagina frases con nada, nunca o nadie. A veces más de una solución es posible.*

1. En mi familia
2. Yo no veo casi
3. No ha estado
4. En mi clase
5. No he traído
6. A Paco
7. No hay
8. No entiendo
9. Esta tarde no hago
10. No conozco a
11. Juan
12. No tengo

nada
nunca
nadie

para preparar en el microondas.
la tele, es que no me gusta.
ha pensado en estudiar como Anita.
quiere ir a museos.
le interesa. Sólo quiere ver televisión.
porque estoy muy cansada.
en Chile.
aquí.
¿Puedes repetir?
sabe hablar italiano.
en España.
para la fiesta. Lo siento.

b *Cuenta tú: ¿Qué no has hecho nunca?*

Yo nunca he viajado sola.

ACTIVIDADES

7 Mi asignatura favorita

Cuenta tú.

Mi asignatura favorita es ... porque ...

La asignatura que más / menos me gusta es ...

Mi mejor / peor nota es ...

La peor asignatura para mí es ...

La asignatura más divertida / aburrida es ...

8 Para un instituto mejor

Imagina eslóganes[1]:

1 el eslógan: Slogan

¿Dónde está?

Trabajar en dos grupos: Uno busca en el mapa el lago Atitlán, el otro Santiago de Cuba. Después buscar más información en el Pequeño Diccionario y presentarla en clase.

ASIGNATURA SOLIDARIDAD

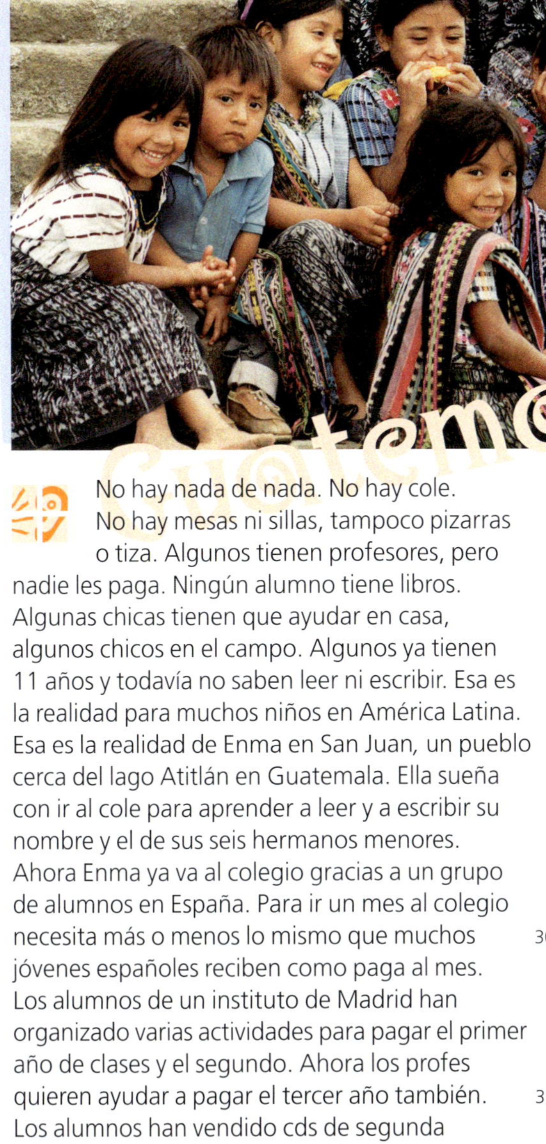

No hay nada de nada. No hay cole. No hay mesas ni sillas, tampoco pizarras o tiza. Algunos tienen profesores, pero nadie les paga. Ningún alumno tiene libros. Algunas chicas tienen que ayudar en casa, algunos chicos en el campo. Algunos ya tienen 11 años y todavía no saben leer ni escribir. Esa es la realidad para muchos niños en América Latina. Esa es la realidad de Enma en San Juan, un pueblo cerca del lago Atitlán en Guatemala. Ella sueña con ir al cole para aprender a leer y a escribir su nombre y el de sus seis hermanos menores. Ahora Enma ya va al colegio gracias a un grupo de alumnos en España. Para ir un mes al colegio necesita más o menos lo mismo que muchos jóvenes españoles reciben como paga al mes. Los alumnos de un instituto de Madrid han organizado varias actividades para pagar el primer año de clases y el segundo. Ahora los profes quieren ayudar a pagar el tercer año también. Los alumnos han vendido cds de segunda mano y muchas cosas más en el «Día de puertas abiertas» del instituto y han organizado un concierto para Enma. Pero no solamente la ayudan con dinero: a veces también le escriben y todos los años le mandan regalos. Mientras Enma sueña con ir al cole, ellos sueñan con terminar el insti cuanto antes … y quizás visitarla algún día.

Cuba

Otro ejemplo de solidaridad: los alumnos de un colegio de Castilla-La Mancha les han mandado un millón de lápices, bolígrafos, gomas de borrar, cuadernos etc. a sus compañeros de Santiago de Cuba. En unos meses los alumnos de entre 4 y 14 años han escrito un montón de cartas para pedirles a sus compañeros de todos los institutos de Castilla-La Mancha «Un millón de lápices para los niños de Cuba». Este verano, un grupo de chicos y algunos profes han trabajado dos horas al día para organizarlo todo. «En general, la respuesta de los colegios de la región ha sido fenomenal», dice el director del instituto. Y los niños y niñas de Cuba les han mandado una carta para darles «un millón de gracias».

COMPRENDER

1 Ir al cole en Guatemala

a *¿Qué necesitan los alumnos en una escuela? Busca las palabras en el texto.*

b *¿Qué hacen los alumnos españoles para ayudar a los niños de Guatemala y de Cuba? Apunta las actividades.*

DESCUBRIR

2 Números y determinantes ▷ RESUMEN 1 + 8

a *Im ersten Teil des Textes (bis Zeile 28) werden verkürzte Formen von Ordnungszahlen und indefiniten Begleitern verwendet. Welche?*

b *Auch bei Adjektiven gibt es verkürzte Formen. Welche?*

PRACTICAR

3 ¿Hacer algo? ▷ RESUMEN 8

Completa con una forma de alguno *o* ninguno*:*

Quiero organizar algo para los niños en Guatemala, pero es difícil. He hablado con mis amigos: [¿] se interesan, pero después sólo pocos quieren hacer algo. [¿] de ellos comprende que muchos niños ahí quieren ir al colegio. O te dicen: [¿] familias en España también tienen problemas. Casi todas las familias tienen [¿] primo, tío o hermano que no tiene trabajo. Bueno, ¿y qué? Yo les digo: ¿Has estado [¿] vez en Guatemala? En España por lo menos [¿] chico tiene que vivir en la calle o trabajar a los 8 años. Además, en todos los países siempre hay [¿] jóvenes que quieren ayudar a la gente con problemas. Yo quiero ayudar a los niños de Guatemala ... y me parece muy bien.

4 ¿Y tú?

Enma sueña con ir al colegio, con saber escribir y con leer su nombre.

¿Con qué sueñas tú? | ¿Con qué sueñan tus amigos? | ¿Con qué sueña tu profe?

ACTIVIDADES

5 Solidaridad

En grupos pequeños elegir el tema más interesante y hacer propuestas: ¿qué queréis organizar?

REPASO

1 **Horarios**

¿Qué vais a hacer en las clases de lengua?
Comenta cada clase:

Inglés
Francés
Español
...

escribir mucho / ver una película / leer textos / charlar con el / la profe / escuchar la radio / trabajar con el ordenador

2 **Alguna vez**

Utiliza alguna vez *y el pretérito perfecto para hacer las preguntas. Para las respuestas puedes utilizar:*

No, nunca.
Aún no he tenido tiempo para eso.
Sí, (pero no) me gusta/n.
Aún no.

Ejemplo: ¿Has viajado alguna vez a Cuba? – No, nunca.

1. escuchar canciones de «Jarabe de Palo»
2. leer un libro de Miguel de Cervantes
3. pasar un fin de semana solo/-a
4. ver una película española
5. comer una tapa de tortilla
6. encontrar dinero en la calle
7. tener un sobresaliente
8. ...

3 **Nadie dice nunca nada** ▷ RESUMEN 7

Traduce las frases siguientes.

1. Es ist niemand da.
2. Er sagt nichts.
3. Du kennst niemanden in Spanien.
4. Wir verstehen nichts.
5. Du hast nie Zeit.
6. Er will weder dich noch mich sehen.
7. Niemand spricht mit ihm.
8. Nichts ist ideal.
9. Er kommt nie.
10. Es gibt weder Essen noch Getränke.

4 **¿Qué te parece?**

Elige un tema y escribe en tu cuaderno. Utiliza: (no) me gusta/n ... porque, me parece/n ...

¿Qué te parece/n **...**

... la idea de hacer un examen después del bachillerato para entrar en la universidad?
... los sueños de Maite?
... la frase de Vero: «Estoy harta de estudiar cosas que no tienen nada que ver con mi vida.»
... la idea de organizar un «día de la no-violencia»?
... los proyectos para los niños de Guatemala y Cuba? ¿Cuál de los dos prefieres?

FACULTATIVO ▪ FACULTATIVO ▪ FACULTATIVO ▪ FACULTATIVO

RESUMEN

PARA COMUNICARSE

jemanden nach seinem Lieblingsfach fragen	¿Cuál es tu asignatura favorita?
über Schulnoten sprechen	Tengo buenas / malas notas en (mates).
über seine (Berufs-)Wünsche sprechen	Sueño con (trabajar en una gran empresa).
	Me gustaría ser / Voy a ser (profesor/a).
Notwendigkeit ausdrücken	Hay que (estudiar mucho).
sagen, wozu man Lust hat	Tengo ganas de (ayudaros).
jemandem Mut machen	¡Anímate!
jemanden nach seinen Plänen fragen	¿Qué vas a hacer (este fin de semana)?
etwas ist sehr anstrengend (idiom.)	¡Qué palo!
große Angst haben vor etwas (idiom.)	Me da pánico (pensar en el próximo examen).
genug haben von etwas (idiom.)	Estoy hasta las narices de (ir al cole).
jemandem widersprechen	No tiene nada que ver con eso.
Hunger / Durst haben	Tengo hambre / sed.

GRAMÁTICA

1 Los numerales ordinales · Die Ordnungszahlen

Vive en el	**primer** segund**o** **tercer** cuart**o** quint**o**	piso.	Es la	primer**a** segund**a** tercer**a** cuart**a** quint**a**	casa a la derecha.

! Vive en el primer**o** / tercer**o**.

2 Los verbos · Die Verben

venir	**traer**	**dar**
ven**g**o	tra**ig**o	**doy**
v**ie**nes	traes	das
v**ie**ne	trae	da
venimos	traemos	damos
venís	traéis	dais
v**ie**nen	traen	dan

! **dormir** d**u**rmiendo
! **venir** viniendo

3 Pronombres personales con preposiciones · Personalpronomen mit Präpositionen

¿Un libro para **mí**?
Sí, un libro para **ti**.
Y otro regalo para **él / ella / usted**.
¿Un cd de «Jarabe» para **nosotros/-as**?
Sí, un cd para **vosotros/-as**.
Y nada para **ellos / ellas / ustedes**.

¿Vienes **conmigo**?
¿Ya ha hablado **contigo**?
Lleva el libro **consigo**.

Mit **con** bilden einige Personalpronomen besondere Formen.

4 El futuro inmediato · Die unmittelbare Zukunft

¿Qué **vamos a hacer**?
¿Por qué no **vas a salir** con nosotros?

Das Futur bildest du mit **ir a** + Infinitiv. Die Verneinung steht vor **ir**.

5 Por (qué) y para (qué)

¿Qué hay **para** comer?
Eso es **para** ti.
He venido **para** ayudarte.

Lo ha hecho **por** ti.
Gracias **por** el regalo.
La he comprado **por** 100 euros.

„Für" im Sinne von „wegen" (= Grund, Ursache) entspricht im Spanischen **por**. Auch Preisangaben werden mit **por** gemacht.

! ¿**Por qué** no has dicho nada? (= Warum?)
! ¿**Para qué** necesitamos eso? (= Wozu?)

6 La posición de los pronombres · Die Stellung der Pronomen

¿**Me** das un lápiz?
(No) **Te** he entendido bien.

In der Regel steht das Pronomen vor dem konjugierten Verb. Die Verneinung **no** steht vor dem Pronomen.

Te voy a decir algo. — Voy a decir**te** algo.
Nos está leyendo algo. — ¿Qué está ley**é**ndo**nos**?

Beim Futur mit **ir a** oder beim **gerundio** kann das Pronomen auch angehängt werden.
! Ggf. muss wegen der Betonung ein Akzent gesetzt werden: ley**é**ndonos.

Es divertido ver**la**.
Da**me** ese lápiz, por favor.
Levánta**te**.
Levanta**os** temprano.

Bei einem Infinitiv und beim bejahten Imperativ wird das Pronomen immer an das Verb angehängt. In der 2. Person Plural des Imperativs entfällt das Endungs **-d**.

7 Negaciones · Verneinungen

No estudia **nunca**. — **Nunca** estudia.
No le interesa **nada**. — **Nada** le interesa.
No habla con **nadie**. — **Nadie** habla con él.

Nunca, **nada** und **nadie** können auch allein vor dem Verb stehen.

No hay mesas **ni** sillas.
No saben leer **ni** escribir.

8 Determinantes y pronombres indefinidos · Indefinite Begleiter und Pronomen

¿Tomas **algo**? — No, **nada**.
¿Hay **alguien** en casa? — No, no hay **nadie**.

Quiero ir a Cuba **algún** día. — **Ningún** profesor trabaja aquí.
¿Tienes **alguna** asignatura favorita? — No me gusta **ninguna** asignatura.

Algunos chic**os** y **algunas** chic**as** no saben leer.

Algunos (alumnos) no tienen libros.
Ninguno tiene bastante dinero para ir al cole.

Alguno und **ninguno** können Begleiter oder Pronomen sein. Sie richten sich in Genus und Zahl nach dem Substantiv, das sie begleiten bzw. vertreten.

Adresse: @http://www.cubatravel.cu/

DESTINOS | MODALIDADES | CULTURA | PANORAMA | HOSPEDAJE

Cuba sí

Idioma: Español

Cómo llegar
Fotos
Videos
Música Cubana
Cocina Cubana
Informaciones útiles
Tiempo Libre
Anfitriones
Turoperadores
Embajadas
Oficinas de Turismo
Foro de Discusión
Postales Electrónicas

¿Cómo son los cubanos?

Gente alegre, jovial y jocosa que trabaja arduamente por el progreso creciente del país.

La música es parte vital del pueblo. Con sólo escuchar el primer acorde musical comprobarás como los cubanos mueven sus cuerpos rítmicamente al compás del entrañable repertorio cubano del Son o la Salsa.

El idioma oficial es español, hablado sin el ceceo ibérico. Existen particularidades en cada región del país. En la zona oriental comprobarás, por ejemplo, que omiten las eses – muy parecido a otras naciones caribeñas.

Adresse: @http://www.cubatravel.cu/

DESTINOS | MODALIDADES | CULTURA | PANORAMA | HOSPEDAJE

Cuba sí

Idioma: Español

Cómo llegar
Fotos
Videos
Música Cubana
Cocina Cubana
Informaciones útiles
Tiempo Libre
Anfitriones
Turoperadores
Embajadas
Oficinas de Turismo
Foro de Discusión
Postales Electrónicas

La cultura «habanera» es un gran mosaico donde lo español y lo africano se dieron la mano para engendrar una identidad propia. Existen unos treinta museos de primer orden y sus festivales internacionales de cine, música, ballet y plástica atraen a especialistas y a curiosos de todas las latitudes. Su universidad es muy prestigiosa y sus instituciones médicas y científicas gozan de reconocimiento más allá de los límites de la isla.

PANORAMA | HOSPEDAJE

Cuba sí

Idioma: Español

Cómo llegar
Fotos
Videos
Música Cubana
Cocina Cubana
Informaciones útiles
Tiempo Libre
Anfitriones
Turoperadores
Embajadas
Oficinas de Turismo
Foro de Discusión
Postales Electrónicas

VARADERO

Como centro de veraneo comenzó a desarrollarse en la década de 1940, pero en los últimos 10 años su red hotelera y la oferta extrahotelera han experimentado un crecimiento sin precedentes, acompañado por la diversificación y calificación de su producto turístico.

Varadero, que es puerto libre, posee condiciones excepcionales para la práctica del buceo, la pesca de altura, el yatismo y todo tipo de actividad náutica.

MEDIO AMBIENTE Y BIODIVERSIDAD

FIESTAS Y FOLKLORE

MERCADOS INDÍGENAS Y FERIAS ARTESANALES

Ecuador

Origen. Los primeros aborígenes formaron ricas culturas, desde hace cerca de 18 mil años. Luego vinieron los incas y los españoles, hasta la formación de la República. **Territorio.** Ecuador (256.370 Kms. 2) está al noroeste de América del Sur, en la línea equinoccial. Tiene 4 regiones: Costa, Andes, Amazonia y Galápagos. **Vida.** Es uno de los 17 países donde está concentrada la mayor biodiversidad del Planeta. **Gente.** Su población sobrepasa los 12,5 millones de habitantes. Tiene 13 nacionalidades indígenas. **Tesoros.** Sus hábiles artesanos trabajan los recursos de la tierra y celebran antiguas tradiciones. **Futuro.** Es el primer productor de banano y el petróleo genera el principal ingreso de divisas. Las urbes ofrecen todo tipo de servicios, con cadenas hoteleras y tecnología de vanguardia.

Ecuador

Olivier Auverlau

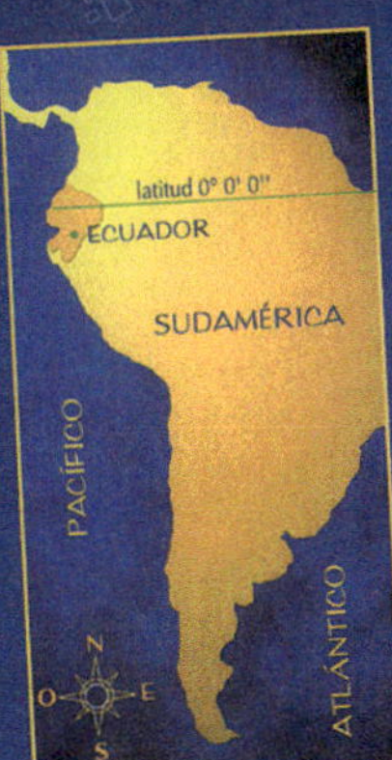

Ecuador está ubicado al noroccidente de América del Sur. Limita al norte con Colombia, al sur y este con Perú y al oeste con el Océano Pacífico. Como su nombre lo indica está cruzado por el paralelo cero o Línea Ecuatorial.

Tiene cuatro regiones geográficas: Costa, Sierra, Amazonía y el Archipiélago de Galápagos, cada una con diferentes climas y con paisajes únicos, que lo convierten en un paraíso de contrastes naturales.

El hombre y la mujer ecuatorianos son gente amable, entusiasta y con un gran sentido de hospitalidad y conservación ambiental.

CAPITAL:	QUITO
EXTENSIÓN:	259.714 Km2
RELIGIÓN:	LIBERTAD DE CULTO, PREDOMINIO DE LA RELIGIÓN CATÓLICA
HORA OFICIAL:	• GMT – 5 HORAS (NORMAL) • GMT – 6 HORAS (NORMAL GALÁPAGOS)
MONEDA:	U.S DÓLAR MONEDA USO CORRIENTE UNIDAD MONETARIA: SUCRE U.S = 25.000 SUCRES
IDIOMA OFICIAL:	ESPAÑOL, SE HABLA EL QUECHUA Y DIFERENTES DIALÉCTOS INDÍGENAS
ELECTRICIDAD:	110 / 120 V.AC 60Hz
SISTEMA DE T.V :	NTSC- 525 LÍNEAS
AREOPUERTOS INTERNACIONALES:	• SIMÓN BOLIVAR EN GUAYAQUIL • MARISCAL SUCRE EN QUITO.

LA AMAZONÍA

LA COSTA DEL PACÍFICO

ISLAS GALÁPAGOS

LA SIERRA ANDINA

ETNIAS

1 *Karibik und Andenraum: Welche Länder gehören noch zu den beiden Regionen?*

2 *Was stellen die Länder in ihrer Werbung besonders in den Vordergrund? Nennt jeweils drei Aspekte zu jedem Land.*

3 *Sucht weitere Informationen, zum Beispiel im Internet: www.auswaertiges-amt.de*

Las culturas precolombinas más importantes fueron la azteca en México, la maya en América Central y la inca en Perú. En 1325 los aztecas fundaron su capital Tenochtitlán, donde hoy está la ciudad de México.

Machu Picchu (Perú)

Tikal (Guatemala)

Tenochtitlán (México)

Cuzco (Perú)

El 3 de agosto de 1492 salieron tres carabelas del sur de España. El 12 de octubre, Cristóbal Colón llegó a una isla que él llamó San Salvador.

Cristóbal Colón

Entre 1810 y 1824 nacieron los países que hoy conocemos como Argentina, Bolivia, Chile, México, Perú, Colombia … . Todos los niños en América Latina conocen a Simón Bolívar y a José de San Martín, los héroes de la independencia.

Simón Bolívar

Entre 1500 y 1570 los españoles conquistaron muchas ciudades y regiones. Todos llegaron a América en busca de lo mismo: oro y fama.

Hernán Cortés en México

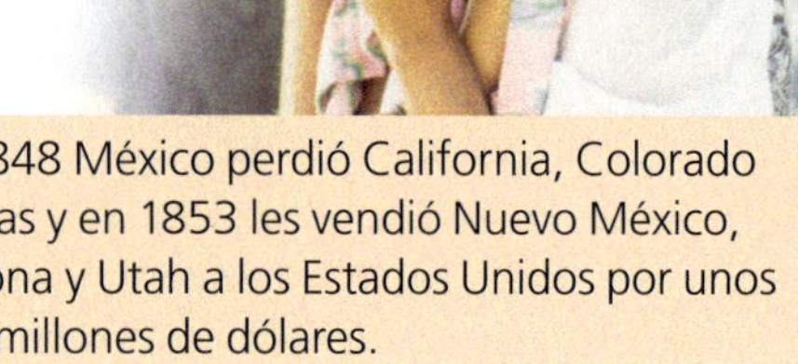

En 1848 México perdió California, Colorado y Texas y en 1853 les vendió Nuevo México, Arizona y Utah a los Estados Unidos por unos diez millones de dólares.

Gabriel García Márquez

Gabriel García Márquez escribió una de las novelas más famosas del siglo XX: «Cien años de soledad». En 1982 recibió el Premio Nobel de Literatura. En 1992 Rigoberta Menchú (Guatemala) recibió el Premio Nobel de la Paz.

Rigoberta Menchú

COMPRENDER

1 América no es América

a *Busca en el mapa de América Latina las capitales de los países donde hablan español:*

una en América del Norte — tres en el Caribe — tres en el Cono Sur
seis en América Central — cinco en la región andina

b *¿En qué países, regiones o islas hablan francés, inglés o portugués?*

Canadá — Jamaica — Martinica — Haití — los Estados Unidos — Belice — Guayana francesa — Brasil

c *Elegir un país de América Latina y buscar información:*

culturas
idiomas
regiones
habitantes
geografía
...

Argentina
Idiomas: español
Culturas: culturas indígenas sólo en los Andes. Muchos argentinos son de origen europeo.
Regiones: los Andes, Patagonia, Buenos Aires ...
Habitantes: 35 millones de habitantes
¿Qué más? el tango ...

2 Nombres nuevos

Pregúntale a tu compañero/-a:

¿Quiénes
¿Quién

recibió — llegaron — fundaron — escribió — salió

Cien años de soledad? — en busca de oro y fama? — del sur de España el 3 de agosto de 1492? — Tenochtitlán en 1325? — el premio Nobel de la Paz?

PRACTICAR

3 Mil cuatrocientos noventa y dos

a *Combina:*

1. En 1325
2. En 1492
3. Entre 1810 y 1824
4. En 1848
5. En 1898
6. En 1957
7. En 1969
8. En 1992
9. En 2002

España perdió Cuba y las Filipinas. — los aztecas fundaron Tenochtitlán. — Rigoberta Menchú recibió el Premio Nobel de la Paz. — el hombre llegó a la luna[1]. — nacieron los países de América Latina. — México perdió California, Colorado y Texas. — llegó el euro. — Cristóbal Colón llegó al Nuevo Mundo. — varios países fundaron la Unión Europea[2].

1 la luna: Mond
2 la Unión Europea: EU

b *Busca algunos datos importantes de tu país y cuenta:*

En [¿] — nació — llegó — escribió — perdió — ...

¿CACHAI*?

Paula Ibañez terminó el colegio a los 18 años un día de junio y no se vio otra vez ni con libros ni con exámenes. Un día le hablaron de un proyecto de ayuda en Chile y dos meses después dejó su pueblo en España para venir aquí a Viña del Mar. Hace una semana hablamos con esta española de La Rioja que se encuentra en nuestra ciudad.

Viña del Mar

Pregunta: Hola Paula, ¿cómo estás, cómo te sientes en Chile?

Respuesta: Pues ahora muy bien pero cuando llegué fue un poco difícil. Pasar del verano europeo al invierno chileno y así sin conocer a nadie ... Ahora estoy mucho mejor y, menos mal, los colegas de la clínica son muy majos y me ayudan en todo.

P: Cuéntanos, ¿cómo conociste este proyecto en un país tan lejos de Europa?

R: Bueno, es que conozco a una chilena que lleva muchos años allí. Un día fui a su casa y charlamos un rato. Entonces, como ella es de Viña, me contó mucho sobre la clínica donde ayudan a niños discapacitados – los más pobres en muchos países del mundo.

P: ¿Y tus padres, te dejaron ir?

R: Para mis padres fue un susto cuando de repente todo fue tan concreto. Creo que es normal. La semana pasada les escribí una carta y ayer los llamé, parece que ahora están más tranquilos.

P: Seguro que América Latina y Europa son bastante diferentes. ¿Qué te llamó la atención?

R: Muchas cosas ... Como hablan los chicos aquí – al principio no entendí muchas cosas como: cachai* o ¿Qué querí* pa' la once*: un kuchen, un sanguich* o una chirimoya? Hay palabras inglesas, alemanas y mapuches como la chirimoya. ¡Qué fruta más rica! Me encanta ... El clima también me parece raro: primavera en septiembre y Navidad en verano con un calor impresionante ...

P: Háblanos un poco de tu trabajo.

R: Bueno, en la clínica tenemos 43 niños que necesitan mucho tiempo para aprender. Y allí puedo dar yo algo de mí, jugar con ellos, llevarlos al centro ... Es un trabajo muy bonito porque además yo también aprendo de ellos – sobre todo a estar contenta y a disfrutar de la vida.

P: ¡Qué interesante! ¿Y ya tienes amigos en nuestro país?

R: Sí, sí, ¡y muchos! Es muy fácil conocer gente. A todos les encanta charlar y me preguntan mucho sobre mi país. Sí, tengo varios amigos muy buenos. Van a hacer un viaje conmigo por todo el país.

P: ¡Bacán*! Bueno, Paula, gracias y ¡mucha suerte en tu año chileno!

¡OJO!

* en Chile dicen ...	... y en España dicen
¿Cachai?	¿Entiendes?
¿Qué querí?	¿Qué quieres?
la once	la merienda
un sanguich	un bocadillo
bacán	estupendo

COMPRENDER

1 Paula en Chile

a *Apunta en tu cuaderno: ¿Qué dice el texto sobre …*

… Paula?
… su trabajo en Chile?
… Chile?

b *Imagina las preguntas de los padres cuando Paula les habló de su plan por primera vez.*

DESCUBRIR

2 El pretérito indefinido ▷ RESUMEN 2

a *Suche aus dem Text (Zeile 10–36) die Indefinido-Formen der folgenden Verben heraus und schreibe sie auf: llegar – conocer – charlar – contar – dejar – escribir – llamar – entender. Um welche Formen handelt es sich? Schlage die restlichen Formen im* ▷ RESUMEN *nach.*

b *Unterstreiche die Endungen des pretérito indefinido: Welche Konjugationsgruppen haben dieselben Endungen? Worauf musst du besonders achten?*

c *Im Text 7A gibt es zwei Verben mit unregelmäßigen Formen des pretérito indefinido. Welche? Was fällt dir auf?*

¡OJO!

Yo tom**o** el libro.
Paula tom**ó** un zumo.

PRACTICAR

3 El sábado ▷ RESUMEN 2

a *Un/a alumno/-a cuenta lo que hizo ayer. Su compañero/-a repite la frase y continúa.*

Ayer escuché un cd de Manu Chao.

Klaus escuchó un cd de Manu Chao y yo salí con dos amigos.

b *¿Qué hiciste[1] el sábado? Escribe en tu cuaderno:*

llegar tarde a casa | ver … en la tele | escuchar un cd de … | ayudar a mis padres | pasar por casa de … | llamar a … | ir de compras con … | comprar … | estudiar para el examen de … | ir al cine/concierto/teatro | ir a la fiesta de … | salir por la noche con … | quedarse en casa | …

1 hiciste: 2. pers. sg. del pretérito indefinido de «hacer»

4 Pablo

Pablo es un chico muy activo. Por eso trabaja en un campo de trabajo[2] internacional. Utiliza los apuntes y escribe la entrevista para la revista de tu instituto:

Pablo, 18 años, de: Haro (ciudad de La Rioja)
Este año: en Düsseldorf, 3 semanas
Proyecto: renovación de un edificio
Grupo: 38 jóvenes, 13 países, dos de España
Conocer otros países y jóvenes: parecer todo muy diferente
El año pasado: México (muy divertido)
El año que viene: Filipinas

2 el campo de trabajo: Work Camp

ACTIVIDADES

5 Hace dos semanas ▷ RESUMEN 2

Uno dice un número entre 111 y 666, los demás forman la frase en pretérito indefinido.

1. A los 11 años
2. Un día
3. Hace dos meses
4. Dos meses después
5. Ayer
6. Al principio

1. yo
2. Elena
3. nosotros/-as
4. mis amigos
5. el profe de mates
6. …

1. ir a España.
2. escribir un emilio a Josefina.
3. salir con muchos amigos.
4. conocer a un chico español muy majo.
5. terminar el colegio.
6. bailar en una discoteca.

6 Jugar al dominó[1]

20 leere Kärtchen nebeneinanderlegen.
In das erste eine Verbform im pretérito indefinido schreiben, in die zweite Hälfte ein Personalpronomen. In das zweite Kärtchen die dazu passende Verbform schreiben usw.
Das letzte Personalpronomen muss zum Verb auf der ersten Karte passen.

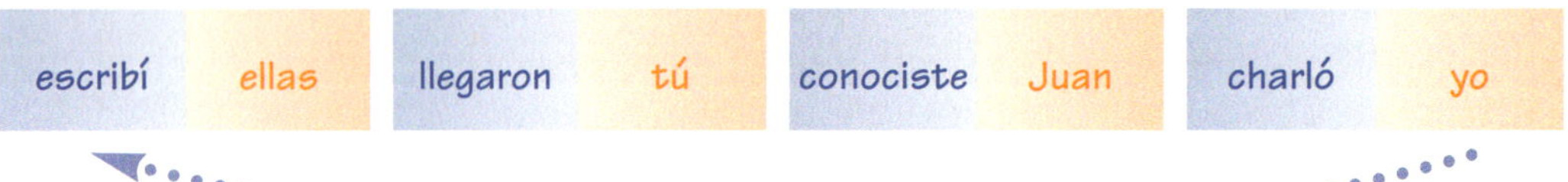

1 el dominó: Domino(spiel)

7 Una novela negra

a *Mirar la foto e imaginar:*
Los dos se conocen.
¿De qué? ¿Cómo se llama ella?
¿Cómo es?
Los dos tienen un problema:
¿cuál puede ser?

Él: Andrés, 18 años, chileno, estudiante, buen chico, serio, muy curioso, le gusta el deporte y, sobre todo, el fútbol

Ella: [¿], 17 años, española, estudiante, divertida y simpática, [¿]

b *Cuenta en el pretérito indefinido y utiliza:* al principio, un día, a las siete de la tarde, a las doce de la noche, al día siguiente, cuando, desde las diez hasta las dos, después, por la tarde, primero

1. Él llega en tren.
2. Busca un hostal y duerme.
3. Compra un plano y busca algo.
4. Apunta algo en un cuaderno y se va en metro hasta Alonso Martínez.
5. Allí mira en todas las tiendas y cafeterías, pero no la encuentra.
6. Vuelve y se queda toda la tarde en la Plaza Santa Bárbara.
7. La ve: entra en un bar, pero ella no lo ve.
8. Él la llama: [¿].

Ejemplo: Llegó en tren a las doce de la noche.

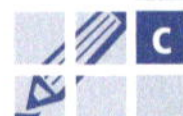

c *¿Cómo termina este encuentro? ¿Qué le dice él a ella?*
Escribe un texto en tu cuaderno.

EL DIARIO DE ANTONIO: NORTE CHICO* – MOCHILA GRANDE

Miércoles, 10 de enero

Salimos el lunes por la mañana temprano. Ni me acuerdo cómo supe del sueño de Paula de conocer todo el país. A mí me gustó la idea y, bueno, aquí estamos: Paula, Paty, el Flaco y yo. Tenemos un mes de vacaciones de verano, una mochila muy grande cada uno y 15 dólares por día para hacer un viaje de 4000 kilómetros.

Jaqueline no pudo venir, pero fue a despedirnos. Muy temprano tomamos el bus hasta Santiago y pasamos el día en la capital. Paula cambió unos dólares y después nos fuimos a comer a casa de mi tía Silvia. Para no gastar dinero tomamos el bus de noche a La Serena.

Domingo, 14

Ya llevamos casi una semana aquí en el Norte Chico. Dejamos el sur para el final. Paty dijo: «Montañas y lagos tienen ustedes* también en Europa.» Y al sur sólo puedes viajar en verano porque entre mayo y octubre hace mucho frío, llueve bastante o hay nieve.

Pero el norte ... es otra cosa. Es muy seco y hace mucho calor en verano. La Serena es preciosa, las playas ... una maravilla. Y a Paula le encantan los mercados. El clima es muy agradable. Ayer no hizo mucho calor pero como estuvimos todo el día al sol, nos quemamos bastante – el sol es muy fuerte en Chile.

Martes, 16

¡¡Cumpleaños feliz, cumpleaños feliz, te deseamos todos, cumpleaños feliz!!

Ayer fuimos al Valle del Elqui para ver la casa-museo de Gabriela Mistral. También fue el cumpleaños de Paula. Lo celebramos en un buen restaurante donde la invitamos a comer. Allí le dimos nuestro regalo: un lapislázuli. Por la noche nos quedamos en Elqui, en una cabaña muy barata ... pero no pudimos dormir esa noche por los ruidos de una fiesta.

Miércoles, 24

¡Qué viaje! Alquilamos cinco bicis y en cinco días llegamos a Copiapó: ¡hechos polvo y muertos de hambre! Por la noche, en el camping, tuvimos una idea genial: pusimos una lata de salsa de tomate para la comida al fuego y nos olvidamos de ella. De repente todo explotó y tuvimos salsa de tomate por todas partes. Casi no comimos, pero ¡cómo nos reímos!

Jueves, 1 de febrero

No escribí nada la semana pasada. Tomamos el bus hasta Antofagasta. ¡Qué sitios más lindos! Y al final de todo – el Altiplano. Subimos al lago Chungará, a más de 4500 metros de altura, y Paula se volvió loca con las alpacas y las llamas. Al final le preguntamos «Y, ¿te gustó?» Y ella, ya muy chilena, contestó: «Sí, me gustó harto*.»

Nos queda una semana y muy poca plata* para el sur.

¡OJO!

* en Chile dicen ...	... y en España dicen
chico/-a	pequeño/-a
ustedes	vosotros/-as
harto	mucho
la plata	el dinero

COMPRENDER

1 El viaje

a *Cuenta el viaje de Paula:*

El 10 de enero
Ese día
El domingo 14
El miércoles 24
El martes 16
El 29
El jueves 1 de febrero
Al final

salir
tomar el bus
pasar por
ir
cambiar
comer
quedarse
llegar
subir a

b *¿Quién/es habla/n? ¿Dónde está/n? Buscar en el texto los sitios y los temas.*

DESCUBRIR

2 El pretérito indefinido ▶ RESUMEN 2

Welche Zeitangaben könnt ihr verwenden, um etwas in der Vergangenheit zu erzählen? Macht eine Liste mit allen Beispielen aus den Texten Seiten 100 und 101, 102 und 105.

PRACTICAR

¡OJO!

¡Ojo a las formas irregulares del pretérito indefinido!

3 Volver a España ▶ RESUMEN 2

Paula cuenta. Completa con las formas del verbo en el pretérito indefinido:

1. Los últimos días [¿] divertidos pero también muy duros.	ser
2. Antonio y el Flaco me [¿] como regalo un libro con fotos de Chile.	dar
3. La última noche ellos, Jaqueline y Paty me [¿] a comer en un restaurante.	invitar
4. Después nos [¿] todos a bailar.	ir
5. A las cuatro de la mañana [¿] a casa …	volver / nosotros
6. … y a las nueve [¿] ya en el aeropuerto.	estar / yo
7. No todos mis amigos [¿] venir a despedirme.	poder
8. En Buenos Aires [¿] cambiar de avión.	tener que / yo
9. En el avión no [¿] dormir por los ruidos.	poder / yo
10. Además, ese día [¿] frío y ni me acuerdo	hacer
cuando [¿] a Madrid.	llegar / nosotros

4 ¿Y tú, qué hiciste? ▶ RESUMEN 2

Habla con tu compañero/-a:

1. ¿Qué hiciste ayer?
2. ¿Qué hiciste la semana pasada?
3. ¿Cómo celebraste tu último cumpleaños?

5 Cosas interesantes sobre Santiago ▶ RESUMEN 2

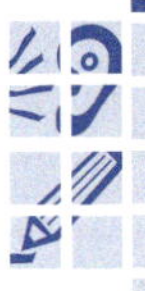

Apunta en tu cuaderno la información más importante en el pretérito indefinido sobre:

1. Pedro de Valdivia
2. la ciudad de Santiago / Santiago del Nuevo Extremo
3. La Serena (en Chile)
4. Gabriela Mistral
5. nombres en Chile

nacer
fundar
llamar
aprender
llegar
poner
pensar

LERNTIPP

Für die Beantwortung der Fragen ist es nicht nötig alles zu verstehen. Konzentriere dich beim Hören nur auf jeweils eine Information.

Santiago de Chile

6 ¿Qué tiempo hace?

a *¿Qué tiempo hace en …*
Caracas?
Santiago de Chile?
Buenos Aires?
en tu ciudad?

Hace (mucho) frío / calor.
Hace buen / mal tiempo.
Hace [¿] grados[1].
Estamos a [¿] grados.
Hace sol / viento.
Está lloviendo / nevando[2].

b *Escucha:*
¿de qué ciudades están hablando?

c *Describe el tiempo de un país de América Latina. Tus compañeros de clase tienen que adivinar.*

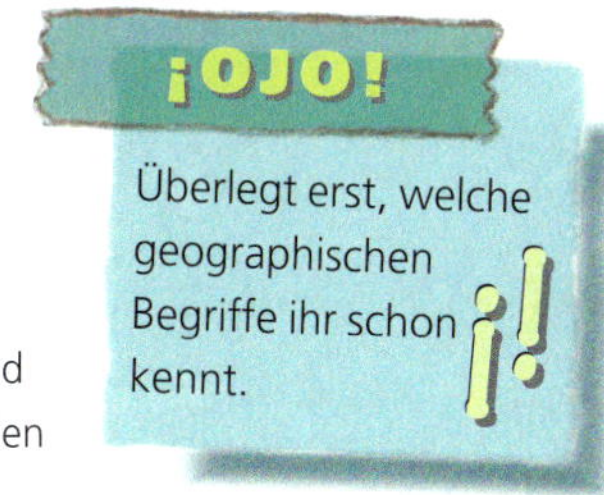

1 el grado: Grad
2 nevar: schneien

7 Navidad en Chile

a *¿Qué días de fiestas conoces? ¿Cuándo son tus vacaciones de verano y de invierno? ¿Cuándo empiezan las clases en tu país?*

b *Cuenta tú: ¿Qué días son importantes para ti? ¿Por qué?*

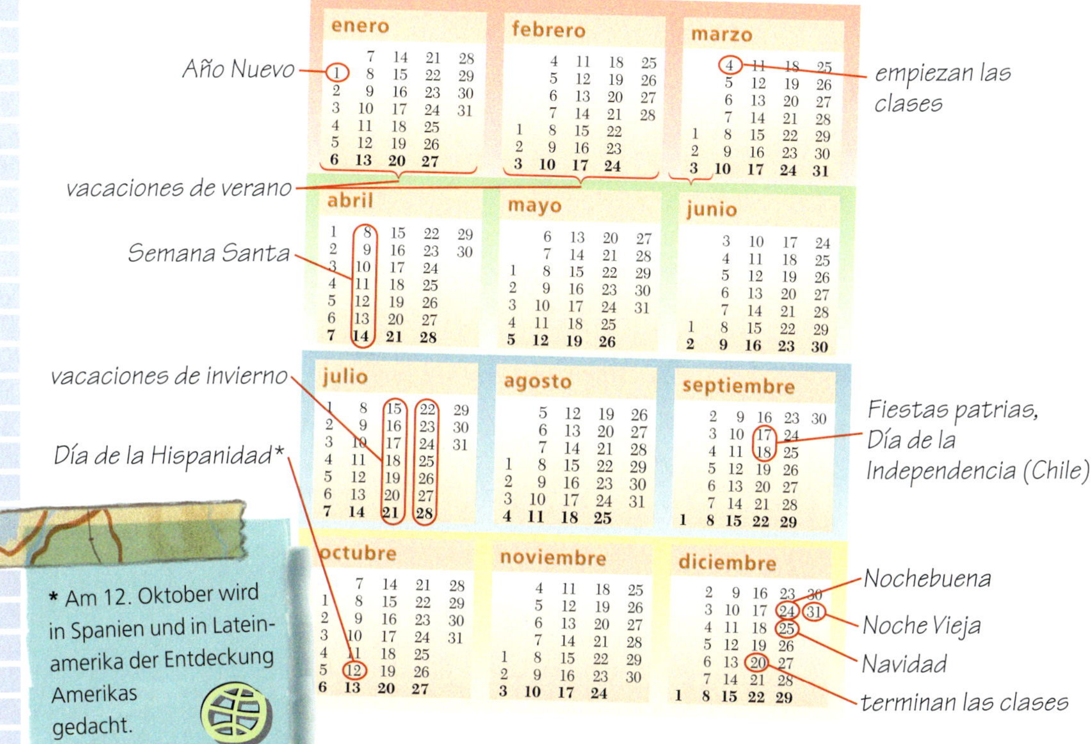

* Am 12. Oktober wird in Spanien und in Lateinamerika der Entdeckung Amerikas gedacht.

CHATEAR EN QUECHUA

«Allin p'uchay» – así saludan los 54 alumnos de la escuela de Ollagüe a sus profesores: «buenos días» en quechua. Gracias a ellos están orgullosos de hablar dos lenguas en un pueblo de 180 habitantes que está muy cerca de Bolivia y a 4000 metros de altura. Hoy están de fiesta porque la revista «El Sábado» escribe sobre ellos y les regala computadoras* nuevas.

Después de tres horas y media de viaje en auto* aparece el pueblo. Tiene iglesia y la mayoría de sus habitantes trabaja en el ayuntamiento o la aduana. Por aquí pasa el único tren que conecta Chile con Bolivia. Y algunos habitantes del pueblo todavía viven como nómadas en el Altiplano con sus alpacas y llamas.

Julia Quispe, ex-alumna y ahora profesora de la escuela San Antonio de Padua nos cuenta: «Fue terrible cuando llegó la televisión por primera vez a este rincón del mundo, los niños se pusieron muy tristes. En la televisión sólo vieron niños blancos y mujeres rubias. Se sintieron feos y también sus madres les parecieron feas.»

Hace algunos años descubrieron que en este pueblo chileno todavía hablan la lengua de los incas – el quechua. Y como es el único pueblo en Chile, fue una sensación. Vinieron algunos profesores de universidades de Chile y de Perú y empezaron a trabajar con los niños. Les hablaron de la historia inca y de la belleza de su lengua quechua. Y así volvió la alegría.

Hoy estos niños nos reciben con canciones quechuas, poesías y una obra de teatro sobre un quirquincho[1] que se enamora de una chica que se llama Jacinta. Y después vuelven a mirar Pokémon en la tele o a chatear – sí, saben chatear – en las computadoras. Y como muchos niños de Perú, Bolivia y Ecuador saben bailar la comparsa. Con ese baile los descendientes de los incas celebran la Pachamama, la «Madre Tierra».

Texto adaptado de: El Sábado, Chile, 18 de marzo de 2000

1 el quirquincho: Gürteltier

¡OJO!

* en Chile dicen …	… y en España dicen
una computadora	un ordenador
un auto	un coche

COMPRENDER

1 Personas, personas

a *Busca en el texto la información sobre las personas siguientes.*

los alumnos, los profesores de escuela, los habitantes, Julia Quispe, los profesores de universidad

b *Imagina un título para cada parte del texto. Después busca un nuevo título para el artículo.*

PRACTICAR

2 San Antonio de Padua ▷ RESUMEN 2

Completa las formas del verbo en el pretérito indefinido.

1. Los periodistas[1] de la revista «El Sábado» [¿] sobre los alumnos de San Antonio de Padua.	escribir
2. El coche [¿] en el pueblo después de más de tres horas de viaje.	aparecer
3. Los niños [¿] a los periodistas con canciones quechuas.	recibir
4. Más tarde un grupo de alumnos [¿] la comparsa.	bailar
5. Los periodistas [¿] fotos de la escuela, de los alumnos y de su profesora.	hacer
6. La revista les [¿] ordenadores nuevos.	regalar
7. Después de unas horas, los alumnos [¿] a chatear en los ordenadores.	empezar
8. ¿Y cómo [¿] todo?	empezar
9. En agosto del año 2 000 unos profesores [¿] al pueblo. …	llegar

1 el/la periodista: Journalist/in

3 ¿Dónde está?

a *Apunta las palabras del texto que pueden ser útiles para describir un lugar.*

pueblo — 4 000 metros de altura —

b *Compara y completa la lista con palabras que ya conoces.*

c *Describe la situación geográfica de San Antonio de Padua.*

APRENDER MEJOR

4 Einen Text entschlüsseln

El texto cuenta las actividades en San Antonio de Padua.

Contesta las preguntas siguientes:

1. ¿Por qué los habitantes hablan todavía el quechua?
2. Durante tres años, Julia Quisque enseñó quechua en el pueblo. ¿Quién la ayudó?
3. ¿Dónde pusieron carteles[2] escritos en quechua?
4. ¿Quién les dio clases a los habitantes del pueblo?
5. ¿Qué actividades culturales organizaron?
6. ¿Qué proyecto tienen los profesores de la universidad?

2 el cartel: Plakat

laTERCERA.cl

POLÍTICA OPINIÓN INFO GRAL ECONOMÍA MUNDO DEPORTES CIENCIA Y TECNOLOGÍA CULTURA Y ESPECTÁCULOS

Uno de los factores que ayudó a conservar la lengua en esta comunidad fue su calidad de pueblo fronterizo, que los llevó a tener un comercio constante con los habitantes de Bolivia que hablan quechua. Además, Julia Quisque, profesora del lugar mantuvo por más de tres años un taller de enseñanza-aprendizaje de la lengua.
Para la ejecución del programa contó con la colaboración de los profesores de la escuela E-39 San Antonio de Padua, quienes participaron activamente en las diferentes iniciativas. Por ejemplo, relata Garcés, "en las salas de clases, a la entrada de los baños y en la puerta de la escuela instalaron carteles escritos en quechua, como una forma de estimular el interés por la lengua".
Por otro lado, dos consultores de la Universidad Nacional del Altiplano de Puno (Perú), hablantes del quechua, convivieron con la comunidad realizando cursos a sus habitantes, de manera de incrementar el uso escrito y oral de esa lengua.
Paralelamente se desarrollaron actividades de difusión artístico cultural tanto al interior de la comunidad como en la región de Antofagasta, lo que incluyó, entre otras cosas, presentaciones del coro de la escuela cantando en quechua. En tanto, el equipo de la UCN aportó a la escuela material bibliográfico de la cultura y la lengua quechua y a futuro se proyecta crear un texto para enseñar este idioma.

LERNTIPP

Versuche den Text zu lesen wie einen Text auf Deutsch: mit dem Mut zum Überfliegen schwieriger Textteile. Konzentriere dich auf das, was du verstehst, und versuche von dort aus das zu erschließen, was dir zum Verständnis fehlt.

5 Hacer un resumen

Um einen Text gut zusammenzufassen, muss man sich fortwährend entscheiden: Welche Informationen sind wichtig? Außerdem wisst ihr schon vom Deutsch- und Englischunterricht, dass für ein Resümee die berühmten „W-Fragen" berücksichtigt werden sollen.

Zu einer guten Zusammenfassung gehört auch eine Einleitung!

a *Wie heißen die entsprechenden Fragewörter auf Spanisch?*

b *Sigue con el resumen.*

«Este texto apareció en una revista chilena que se llama "El Sábado", …»

ACTIVIDADES

6 Hablar español y … otro idioma

Hacer una encuesta en clase:

¿Quién/es habla/n dos idiomas en clase?

¿Qué idiomas hablan? ¿Por qué?

¿Por qué puede ser útil?

¿Cuáles pueden ser los problemas?

Ejemplo: Mi prima habla también italiano porque su padre es italiano. Quiere estudiar y vivir en Italia. Conozco a otra chica que habla portugués. Trabaja mucho y entiende todo pero escribir en alemán es muy difícil para ella. Por eso tiene malas notas.

7 Como hablan en Chile …

Ya conocéis muchas palabras y expresiones de Chile. A ver: describir una palabra o expresión. Los demás tienen que adivinar la palabra chilena.

Ejemplo: Puede ser de jamón, queso, chorizo …

bacán
el colegio
cachai
ustedes
el auto
el sanguich
lindo
harto
la plata
el departamento

REPASO

1 América ▷ RESUMEN 1

Completa las frases con: desde, desde … hasta …, desde hace, en, hace

1. [¿] más de 500 años Cristóbal Colón llegó a las islas del Caribe.
2. [¿] 1507 el continente[1] se llama América.
3. [¿] 1519 Hernán Cortés llegó a Tenochtitlán.
4. [¿] 1519 [¿] 1821 México fue una colonia[2] de España.
5. Pero [¿] mucho tiempo España ya no tiene colonias.
6. Perdió su última colonia americana – Cuba – [¿] 1898.

1 el continente: Kontinent
2 la colonia: Kolonie

2 Una entrevista

En un libro encontramos esta entrevista, pero faltan las preguntas.
¿Conoces a este señor? Encuentra las preguntas y utiliza:

¿De dónde? / ¿Por qué? / ¿Cuándo? / ¿Cuánto [¿]? / ¿Qué? / ¿Cómo?

1. Pues, yo soy de Italia, pero desde hace mucho tiempo vivo en España. También conozco Portugal.
2. Mira, yo soy muy, muy curioso y me gusta viajar.
3. ¿El primer viaje? Lo empecé en agosto del año 1492, entonces salimos del puerto de Palos de la Frontera, en el sur de España.
4. Estuvimos dos meses en el mar y no vimos nada, sólo agua.
5. Fueron muy abiertos conmigo y con mis compañeros. Nos dieron muchos regalos.
6. Las islas son muy bonitas, muy verdes. ¡Una maravilla!

3 El pretérito indefinido ▷ RESUMEN 2

Completa el texto con la forma del pretérito indefinido de los verbos.

1. El 10 de enero los cuatro amigos [¿] a Santiago.
2. El bus para La Serena [¿] a las 10 de la noche.
3. Los amigos de Paula [¿] a despedirlos.
4. Los jóvenes [¿] las mochilas en el bus.
5. Esa noche Paty no [¿] dormir.
6. De repente Paula [¿] ganas de comer algo.
7. El 16 de enero [¿] en la casa-museo de Gabriela Mistral, en el Valle del Elqui.
8. Aquel día los tres amigos le [¿] un regalo de cumpleaños a Paula.
9. El 24 de enero los cuatro amigos [¿] en un camping.

ir
salir
venir
poner
poder
tener
estar
dar
dormir

4 Entre ayer y mañana

Mira a estas personas y cuenta:
¿Qué están haciendo ahora?
¿Qué van a hacer mañana?
¿Qué hicieron ayer?

Estoy hasta las narices …
¡Estoy tan contenta!
No me importa y no me interesa.
Seguro que va a aprobar.
No me imagino otra cosa.

FACULTATIVO ▪ FACULTATIVO ▪ FACULTATIVO ▪ FACULTATIVO ▪ FACULTATIVO

RESUMEN

PARA COMUNICARSE

sagen, wann man geboren wurde	*Nací el (9 de julio de 1988).*
jemandem zum Geburtstag gratulieren	*¡Feliz cumpleaños!*
jemandem Glück wünschen	*¡Mucha suerte!*
seine Meinung äußern	*Creo que … .*
über das Wetter reden	*Hace (mucho) frío / calor / viento / sol.*
	Hay nieve. / Llueve.
jemanden fragen, was ihm / ihr aufgefallen ist	*¿Qué te llamó la atención?*
Vergangenes beschreiben	*Hace (dos semanas) … .*
sagen, was man zuerst / zuletzt getan hat	*Al principio / Al final … .*
sagen, dass man sich etwas nicht vorstellen kann	*No me veo otra vez con (libros).*
eine ungefähre Zahl angeben	*Pagué unos (cien euros).*
sagen, dass einen etwas traurig macht	*Eso me pone triste.*
sagen, dass man etwas jemandem verdankt	*Gracias a (tu ayuda / ti) … .*

GRAMÁTICA

1 Las preposiciones *hace*, *desde* y *desde hace* · Die Präpositionen *hace*, *desde* und *desde hace*

Paula está en Chile **desde** el 15 de agosto.	… seit dem 15. August
Vive aquí **desde hace** un mes.	… seit einem Monat
Hace una semana habló con un abogado.	… vor einer Woche

Seit + Zeitpunkt: **desde**
Seit + Zeitraum: **desde hace**
Vor + Zeitraum: **hace**

2 El pretérito indefinido · Die Konjugation des pretérito indefinido

2.1 Verbos regulares · regelmäßige Verben

Die erste Person Plural der Verben auf **-ar** und **-ir** ist identisch mit der entsprechenden Präsensform. Achte auf die Betonung und den Akzent der 3. Pers. Sg. Sie wird häufig mit der 1. Pers. Sg. des Präsens verwechselt!

hablar	vender	escribir
habl**é**	vend**í**	escrib**í**
habl**aste**	vend**iste**	escrib**iste**
habl**ó**	vend**ió**	escrib**ió**
habl**amos**	vend**imos**	escrib**imos**
habl**asteis**	vend**isteis**	escrib**isteis**
habl**aron**	vend**ieron**	escrib**ieron**

! leer: le**í**, le**í**ste, le**y**ó, le**í**mos, le**í**steis, le**y**eron

! Orthographische Veränderungen

Verben auf **-gar** wie lle**gar** – lleg**u**é, llegaste …

Verben auf **-zar** wie empezar – empe**c**é, empezaste …

Verben auf **-car** wie buscar – bus**qu**é, buscaste …

2.2 Grupos de verbos · Gruppenverben

! **dormir**	! **pedir**	! **sentir**
dormí	pedí	sentí
dormiste	pediste	sentiste
d**u**rmió	p**i**dió	s**i**ntió
dormimos	pedimos	sentimos
dormisteis	pedisteis	sentisteis
d**u**rmieron	p**i**dieron	s**i**ntieron

2.3 Verbos irregulares · unregelmäßige Verben

! **dar**	! **decir**	! **estar**	! **hacer**
di	dije	estuve	hice
diste	dijiste	estuviste	hiciste
dio	dijo	estuvo	hi**z**o
dimos	dijimos	estuvimos	hicimos
disteis	dijisteis	estuvisteis	hicisteis
dieron	dijeron	estuvieron	hicieron

! **poder**	! **poner**	! **saber**	! **ser / ir**
pude	puse	supe	fui
pudiste	pusiste	supiste	fuiste
pudo	puso	supo	fue
pudimos	pusimos	supimos	fuimos
pudisteis	pusisteis	supisteis	fuisteis
pudieron	pusieron	supieron	fueron

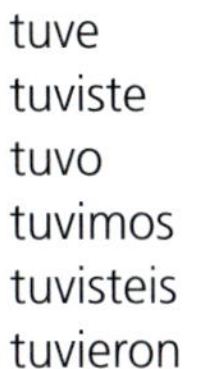

! **tener**	! **venir**
tuve	vine
tuviste	viniste
tuvo	vino
tuvimos	vinimos
tuvisteis	vinisteis
tuvieron	vinieron

ANTONIO SKÁRMETA

LA COMPOSICIÓN

Pedro, nueve años, vive con sus padres en Chile durante la dictadura militar a principios de los años setenta. Pedro no entiende muy bien lo que pasa: los militares se llevan a los vecinos y sus padres escuchan la radio cada noche – en secreto. Un día viene un militar al colegio: invita a todos los niños a escribir una composición. El mejor texto puede ganar un premio.

– Bien – dijo el militar –, saquen cuadernos … ¿Listos los cuadernos? ¡Bien! Saquen lápiz … ¿Listos los lápices? ¡Anotar! Título de la composición: «Lo que hace mi familia por las noches» … ¿Comprendido? Es decir, lo que hacen ustedes y sus padres desde que llegan del colegio y del trabajo. Los amigos que vienen. Lo que conversan. Lo que comentan cuando ven la tele. Cualquier cosa que a ustedes se les ocurra libremente con toda libertad. ¿Ya? Uno, dos, tres: ¡comenzamos!

– ¿Se puede borrar, señor? – preguntó un niño.

– Sí, – dijo el capitán.

– ¿Se puede hacer con lápiz Bic?

– Sí, joven. ¡Cómo no!

–¿Se puede hacer en hojas de matemáticas, señor?

– Perfectamente.

– ¿Cuánto hay que escribir, señor?

– Dos o tres páginas serán.

Los niños reclamaron en coro.

– Bueno, – corrió el militar –, que sean una o dos. ¡A trabajar!

Los niños se metieron el lápiz entre los dientes y comenzaron a mirar el techo a ver si por un agujero caía volando sobre ellos el pajarito de la inspiración. […]. Pedro contempló la hoja en blanco y leyó lo escrito con su propia letra: «Lo que hace mi familia por las noches», por Pedro Malbrán, Escuela Siria, Tercera Preparatoria A. […] Mojó la punta del lápiz con un poco de saliva, suspiró hondo y escribió sin una pausa el siguiente texto:

«Cuando mi papi vuelve del trabajo yo lo voy a esperar en la micro. A veces mi mami está en la casa y cuando llega mi papá le dice hola Chico, cómo te fue hoy día. Bien, le dice mi papá, y a ti cómo te fue. Aquí estamos, le dice mi mamá. Después yo salgo a jugar fútbol y me gusta jugar a meter goles de cabecita. [...] Después viene mi mamá y me dice ya venga a comer Pedrito y nos sentamos a comer y yo siempre me como todo menos los porotos, que no los trago.

Después mi papá y mi mamá se sientan en el sillón del libin y juegan ajedrez y yo hago las tareas. Y más después nos vamos todos a la cama y yo juego a hacerles cosquillas en los pieses, Y después, después, después no puedo contar más porque me quedo dormido.

Firmado: Pedro Malbrán.

PD. – Si me dan un premio por la composición ojalá sea una pelota de fútbol, pero no de plástico.»

Pasó una semana, durante la cual se cayó de puro viejo un árbol en el barrio, a un niño le robaron la bicicleta, el basurero estuvo cinco días sin pasar y las moscas tropezaban en los ojos de la gente y hasta se le metían por las narices, se casó Gustavo Martínez de la casa del frente y repartieron así unos pedazos de torta a los vecinos, volvió el jeep y se llevó preso el Profesor Manuel Pedraza, el cura no quiso decir misa el domingo, el Colo Colo ganó por goleada en partido internacional, apareció el muro blanco de la escuela atravesado por una palabra roja: «Resistencia», Danielito volvió a jugar fútbol y metió un gol de chilena y otro de palomita, subieron de precio los helados, y la Matilde Schepp, cuando cumplió ocho años, le pidió a Pedro que le diera un beso en la boca.

– ¡Estai loca vo! – le dijo éste.

Después que pasó esa semana pasó todavía otra, y un día volvió al aula el militar [...].

– Mis queridos amigos – le dijo al curso –. Sus composiciones han estado muy lindas [...]. La medalla de oro no recayó en este curso sino en otro, en algún otro. Pero para premiar sus simpáticos trabajitos les daré a cada uno un caramelo, la composición con una notita, y este calendario con la foto del prócer.

Pedro se comió el caramelo en el bus hacia su casa. Se quedó en la esquina esperando que llegara el padre y más tarde puso la composición sobre la mesa de la cena. Abajo, el capitán había escrito con tinta verde: «¡Bravo! ¡Te felicito!» [...]

Pedro esperó a que el padre terminara de leerla. El hombre le pasó la composición a la mamá y la miró sin decir nada. [...] Entonces ella levantó la vista de la hoja y le apareció en la cara una sonrisa radiante como fruta. Esa misma sonrisa, calcadita, se la copió en seguida el padre.

– Bueno – dijo –. Habrá que comprar un ajedrez, por si las moscas.

en: La Araucaria de Chile, Nr. 2 1978

¿Por qué el militar quiere saber algo sobre las actividades de las familias por las noches?
¿Por qué los padres de Pedro están contentos de la composición de su hijo?

A ver: ¿cuánto sabéis sobre España y sus regiones, ciudades, lenguas y habitantes? Apuntar las respuestas en una hoja. Tenéis dos comodines[1]: preguntar al / a la profesor/a y no contestar una de las 11 preguntas.

1 el comodín: Joker

1. En el norte de España llueve bastante, tanto en invierno como en verano. Por eso se llama también:

A la España roja.
B la España negra.
C la España verde.

2. En tres regiones de España: en el País Vasco, en Cataluña y en Galicia hablan español y también otro idioma. Allí hablan …

A portugués, francés e inglés.
B vasco, catalán y gallego.
C mapuche, quechua y guaraní.

En el norte de España

3. Desde hace más de mil años hay un camino famoso desde los Pirineos hasta la capital de Galicia. Por eso se llama el Camino de …

A Santiago.
B Santander.
C San Sebastián.

Barcelona

4. En Barcelona dicen en vez de «gracias», «gràcies» y en vez de «joven» dicen «joves». Son palabras del …

A vasco.
B gallego.
C catalán.

5. En Castilla hay una ciudad que fue un centro cultural muy importante. Allí vivieron juntas tres grandes culturas: la musulmana, la judía y la cristiana. Por esta ciudad pasa el río Tajo y se llama:

A Guadalajara
B Toledo
C Cuenca

6. Varios conquistadores de una región entre Castilla y Portugal fueron a las Américas a buscar oro y fama. La región se llama:

A La Rioja.
B Navarra.
C Extremadura.

Trujillo

7. El tren más rápido de España conecta Madrid con Sevilla y se llama …

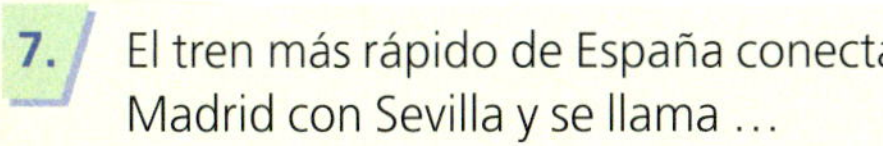

A Atocha.
B El tren de Cervantes.
C el AVE.

8. En Andalucía puedes esquiar en invierno. ¿Dónde?

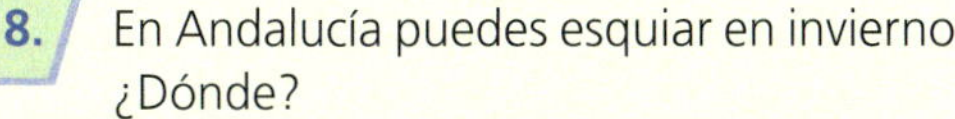

A En la Costa del Sol.
B En Sierra Nevada.
C En las Alpujarras.

11. Uno de los escritores más famosos de España nació en Andalucía. Es …

A Gabriel García Márquez.
B Federico García Lorca.
C Miguel de Cervantes.

La Costa del Sol

9. El Guadalquivir es el río más largo de Andalucía. En su delta está uno de los parques nacionales más interesantes de toda Europa. Este parque se llama …

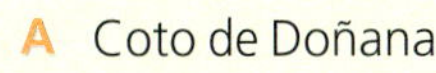

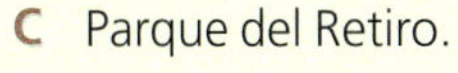

A Coto de Doñana.
B Casa de Campo.
C Parque del Retiro.

10. Durante 700 años hubo una cultura que estuvo muy presente en España. Por eso en el español hay muchas palabras (por ejemplo Alhambra, azúcar, cero) que vienen del …

A árabe.
B maya y azteca.
C mapuche y quechua.

La Sierra Nevada

Comodín
Hacer al / a la profesor/a una de las 11 preguntas.

Comodín
No contestar una de las 11 preguntas.

SEVILLA

Son alumnos de un instituto de bachillerato en Triana, un barrio de Sevilla. Hace cuatro años tuvieron la idea de hacer una revista y la llamaron «El mensajero de la Giralda». Hasta hoy han salido doce números. En el próximo quieren hablar sobre Sevilla. Para los españoles de Madrid y de Barcelona es la ciudad de las tapas y de los piropos, donde la gente, siempre alegre, vive en la calle. Para los turistas es la ciudad de la Semana Santa y de la Feria de Abril. ¿Y para los jóvenes sevillanos? Éstas son sus respuestas a la entrevista que les han hecho hoy los alumnos de Triana en el centro de la ciudad:

Hasta el año pasado viví en el barrio de Santa Cruz, pero entonces mis padres compraron una casa en Camas y hace poco nos mudamos. Pienso que Santa Cruz es muy bonito para los turistas, pero todas las noches marcha … ¡uf! Fue demasiado. Por eso, mucha gente ya se ha ido, sobre todo familias con hijos pequeños. Ahora vivimos mejor, eso sí, pero echo de menos a mis amigos que viven todavía en el centro. **Araceli, 15**

El barrio de Santa Cruz

Sí, yo soy de aquí, de Alfalfa, ya sabéis, el botellón el fin de semana … Hace unos meses quise marcharme: sin trabajo te aburres y ¿qué haces? Estás todo el día en la calle. Ahora estoy contento porque he encontrado trabajo en un proyecto del ayuntamiento: este mes hemos abierto un centro de información y vamos a organizar un «taller radio». Allí los jóvenes pueden hacer algo útil con su tiempo. **Quino, 19**

Triana

Soy de Peñaflor y he venido sólo para preparar las oposiciones porque en mi pueblo … ¡imposible! Llegué la semana pasada, por eso aún no he visto mucho de la ciudad. Vivo en casa de mis tíos, al otro lado del río, en Triana. Bueno, sí, el barrio me gusta, pero Sevilla me agobia: tanta gente, tantos coches … y el calor es demasiado. **Rocío, 21**

Yo soy de Mairena del Aljarafe, o sea del pueblo. Hombre, que ¿qué hago aquí? Pues, busco trabajo, la verdad. Ya he preguntado en los bares y hoteles del centro, pero también puedo repartir publicidad, lavar coches, lo que sea, a mí no me importa. Necesito dinero para comprarme una moto. Si vives en un pueblo como Mairena es muy difícil venir a Sevilla. ¿Qué me gusta de Sevilla? ¡Todo! Para mí es una ciudad alucinante. Me gustaría vivir en el centro, en medio de todo. **Moncho, 17**

COMPRENDER

1 Jóvenes en Sevilla
¿Por qué les gusta a los jóvenes vivir en Sevilla? ¿Por qué no? Apunta sus argumentos.

DESCUBRIR

2 El pretérito perfecto y el pretérito indefinido ▶ RESUMEN 5
Bildet zwei Gruppen: Gruppe A sucht im Text bis zur Zeile 22 alle Sätze, die in einer Vergangenheitszeit stehen. Gruppe B macht dasselbe mit der anderen Hälfte. Diskutiert dann, ohne vorher ins Resumen zu schauen:

Wann wird das *pretérito indefinido* verwendet?

Wann das *pretérito perfecto*?

PRACTICAR

3 ¿Qué hiciste el verano pasado?

a *Completa con las formas del pretérito indefinido:*

El verano pasado [¿] a México. Al principio [¿] difícil entender a los mexicanos, y la primera vez que [¿] al cine [¿] explicarme todo. [¿] una película mexicana: «Como agua para chocolate». Me [¿] mucho. Cuenta la historia de una familia con recetas de cocina[1]. [¿] la película y [¿] mucho sobre la cocina de este país. También me [¿] mucha hambre.
La película [¿] a las diez y [¿] casi a la una de la mañana. [¿] del cine y nos [¿] en autobús a casa. [¿] muy cansados y después [¿] hasta las diez.

viajar / yo // ser
ir / yo
tener que / ellos // ver / yo
gustar
ver / yo
aprender / yo
dar
empezar // terminar
salir / nosotros // ir
llegar / nosotros // dormir / yo

1 la receta de cocina: Kochrezept

b *¿Qué hiciste el verano pasado? Cuenta tú. Prepara primero las formas del pretérito indefinido.*

4 Entre amigos ▶ RESUMEN 5
¿Pretérito indefinido o pretérito perfecto? Completa.

1. ¿Tú [¿] la semana pasada a Ana?
   – No, pero esta mañana la [¿] en la biblioteca.
2. Pedro, ¿[¿] ya el regalo para Merce?
   – No, aún no lo [¿].
3. El tren todavía no [¿], ¿verdad?
   – Sí, y [¿] ya hace una hora.
4. ¿[¿] al cine ayer?
   – No, ayer no, [¿] esta tarde, con Manolo y Gabi.
5. Este verano [¿] muy buen tiempo, no como el verano pasado, que [¿] un frío …
6. Aún no [¿] tiempo para llamar a Pedro.
   – Yo lo [¿] hace unos días, está mucho mejor.

ver
ver / yo
comprar / tú
comprar / yo
llegar
salir
ir / tú
ir / yo
hacer
hacer
tener / yo
llamar / yo

5 **Diálogos** ▷ RESUMEN 5

a *Habla con tu compañero/-a. Él / Ella contesta.*

Ejemplo: ¿Ya han llegado tus amigos de México?
– Sí, llegaron ayer. / No, aún no han llegado.

¿Ya has | pedido, cobrado, comprado, visto, cogido, terminado, pagado, llevado, invitado, escuchado, ido a, dicho, escrito, salido, encontrado, reservado | …?

hace …
hace poco
la semana pasada
el año / verano / … pasado
ayer
en (el año) …

este mes / año
esta mañana
hoy
nunca
aún no

b *Elige una de las preguntas y escribe la respuesta en tu cuaderno.*

¿Te has | mudado / vuelto loco/-a por algo / aburrido | alguna vez?

¿Has | esquiado / estado hecho/-a polvo / comprado algo de segunda mano / estado hasta las narices / perdido / ganado un partido | alguna vez?

ESCUCHAR

6 **Pablo Picasso – un pintor de Andalucía**
Escucha y contesta a las preguntas sobre la vida de Picasso.

1. ¿Cuándo y dónde nació Pablo Picasso?
2. ¿Adónde se mudaron en 1891?
3. ¿En qué trabajó su padre en esta ciudad?
4. ¿Cuánto tiempo estudió allí?
5. ¿Adónde se fue la familia en 1895?
6. ¿Dónde vivió Picasso en Francia ?
7. ¿Por qué cambió de apellido?
8. ¿Cómo se llaman las tres épocas de su pintura?
9. ¿Cuántos hijos tuvo?
10. ¿Dónde y cuándo murió[1] Pablo Picasso?

1 murió: er starb

Pablo Picasso

ACTIVIDADES

7 **Cosas que pasan** ▷ RESUMEN 5
¿Qué ha pasado este mes en tu casa, en el instituto y en el mundo? Cuenta:
Ejemplo: Hace una semana fue mi cumpleaños y mis padres me regalaron una entrada para un concierto.

8 **Echo de menos a …**
Busca 3 o 4 cosas sobre cada tema y después compara con tu compañero/-a:

Cosas que no te gustan
Cosas que (no) te importan
Motivos para mudarse
Cosas que echas de menos
Cosas que te ponen contento/-a
Cosas que necesitas para ser feliz

SOLO EN MOTRIL

SOLTEC
C / Fuencarral 12, 2° A
18 600 Motril (Granada)
Tlf: 958-792537

Señor Ricardo Jara
Avenida de Portugal 23, Esc. B
32003 Orense

Ref.: Práctica / Formación Profesional

Estimado Señor Jara:

Con la presente le confirmamos su estancia en nuestra empresa hasta el 30 de abril. Lo esperamos el 3 de marzo a las 9 de la mañana en la oficina 224.

Atentamente,

Alberto Muñoz Osuna

1.

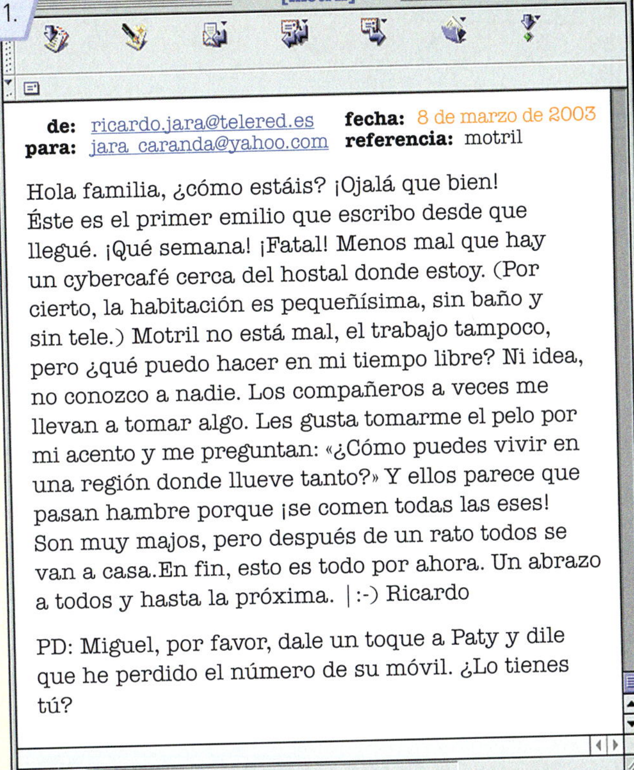

[motril]

de: ricardo.jara@telered.es **fecha:** 8 de marzo de 2003
para: jara_caranda@yahoo.com **referencia:** motril

Hola familia, ¿cómo estáis? ¡Ojalá que bien! Éste es el primer emilio que escribo desde que llegué. ¡Qué semana! ¡Fatal! Menos mal que hay un cybercafé cerca del hostal donde estoy. (Por cierto, la habitación es pequeñísima, sin baño y sin tele.) Motril no está mal, el trabajo tampoco, pero ¿qué puedo hacer en mi tiempo libre? Ni idea, no conozco a nadie. Los compañeros a veces me llevan a tomar algo. Les gusta tomarme el pelo por mi acento y me preguntan: «¿Cómo puedes vivir en una región donde llueve tanto?» Y ellos parece que pasan hambre porque ¡se comen todas las eses! Son muy majos, pero después de un rato todos se van a casa.En fin, esto es todo por ahora. Un abrazo a todos y hasta la próxima. |:-) Ricardo

PD: Miguel, por favor, dale un toque a Paty y dile que he perdido el número de su móvil. ¿Lo tienes tú?

2.

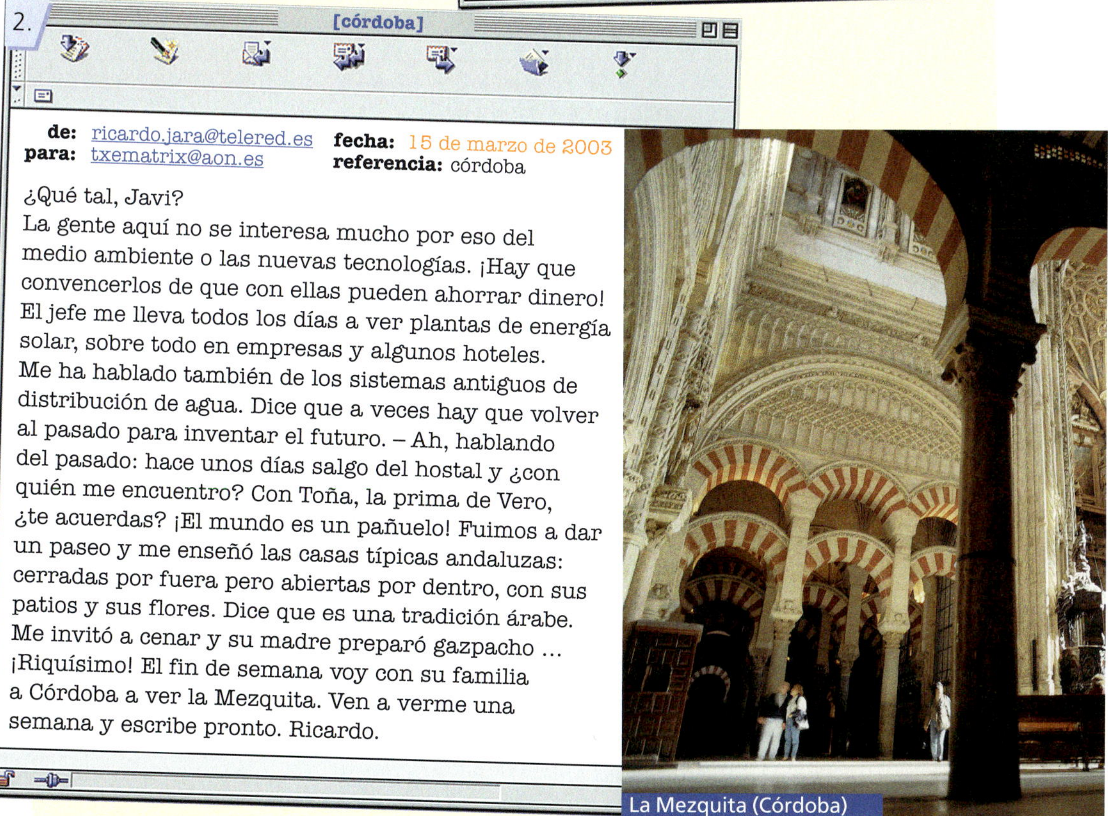

[córdoba]

de: ricardo.jara@telered.es **fecha:** 15 de marzo de 2003
para: txematrix@aon.es **referencia:** córdoba

¿Qué tal, Javi?
La gente aquí no se interesa mucho por eso del medio ambiente o las nuevas tecnologías. ¡Hay que convencerlos de que con ellas pueden ahorrar dinero! El jefe me lleva todos los días a ver plantas de energía solar, sobre todo en empresas y algunos hoteles. Me ha hablado también de los sistemas antiguos de distribución de agua. Dice que a veces hay que volver al pasado para inventar el futuro. – Ah, hablando del pasado: hace unos días salgo del hostal y ¿con quién me encuentro? Con Toña, la prima de Vero, ¿te acuerdas? ¡El mundo es un pañuelo! Fuimos a dar un paseo y me enseñó las casas típicas andaluzas: cerradas por fuera pero abiertas por dentro, con sus patios y sus flores. Dice que es una tradición árabe. Me invitó a cenar y su madre preparó gazpacho … ¡Riquísimo! El fin de semana voy con su familia a Córdoba a ver la Mezquita. Ven a verme una semana y escribe pronto. Ricardo.

La Mezquita (Córdoba)

3.

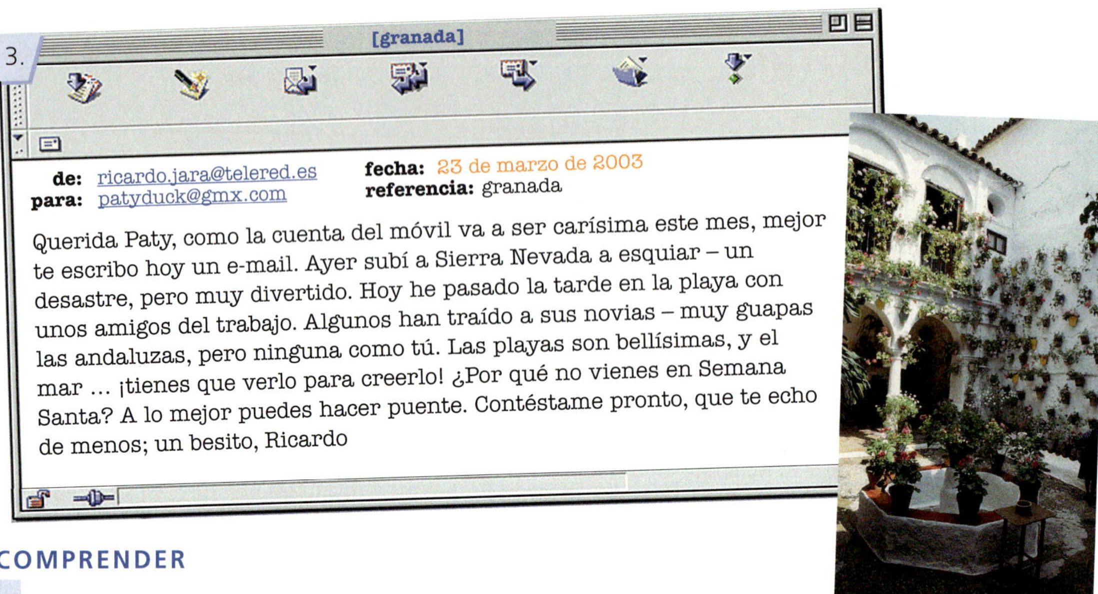

[granada]

de: ricardo.jara@telered.es
para: patyduck@gmx.com
fecha: 23 de marzo de 2003
referencia: granada

Querida Paty, como la cuenta del móvil va a ser carísima este mes, mejor te escribo hoy un e-mail. Ayer subí a Sierra Nevada a esquiar – un desastre, pero muy divertido. Hoy he pasado la tarde en la playa con unos amigos del trabajo. Algunos han traído a sus novias – muy guapas las andaluzas, pero ninguna como tú. Las playas son bellísimas, y el mar ... ¡tienes que verlo para creerlo! ¿Por qué no vienes en Semana Santa? A lo mejor puedes hacer puente. Contéstame pronto, que te echo de menos; un besito, Ricardo

COMPRENDER

1 Ricardo en Andalucía

a *¿Qué dice Ricardo sobre Andalucía?*

Córdoba — Sierra Nevada — las playas y el mar — las casas andaluzas — el medio ambiente — Motril — la comida — el español de Andalucía

no estar mal — plantas de energía solar — el gazpacho — ¡una maravilla! — se comen todas las eses — esquiar — la Mezquita — los patios con sus flores

b *¿De qué está hablando Ricardo cuando dice estas frases?*

¡Fatal! — ¡Va a ser carísima este mes! — El mundo es un pañuelo. — ¡Tienes que verlo para creerlo! — Hay que volver al pasado para inventar el futuro. — Un desastre, pero muy divertido.

PRACTICAR

2 Las andaluzas son guapísimas ▷ RESUMEN 4

Completa con el adjetivo adecuado y utiliza el superlativo absoluto.

1. A Ricardo el trabajo en la empresa SOLTEC le parece [¿].
2. El AVE es un tren [¿].
3. En Sevilla hace [¿] calor en verano.
4. Las casas andaluzas son [¿] con sus patios y sus flores.
5. Moncho vive en un pueblo [¿].
6. Los hoteles en Sevilla son [¿] en Semana Santa.
7. Las calles del barrio de Santa Cruz están [¿] de turistas en verano.
8. Paty es una chica [¿].
9. Los fines de semana en Motril son [¿] para Ricardo.
10. Esta tortilla está [¿].

aburrido — rápido — rico — guapo — mucho — pequeño — interesante — caro — lleno — bello

3 ¿Qué dices?

a *Qué dices en estas situaciones? Relaciona con una respuesta y termina la frase.*

1. Oye, son las dos y media y llevo media hora aquí …
2. ¿Has visto mi libro de español? Lo estoy buscando y no lo encuentro.
3. Anímate, ¿qué te pasa?
4. ¿Qué tal el fin de semana? ¿Estuviste en la playa? ¿Te gustó?
5. Hace mucho que no veo a tu amiga Nuria. ¿Qué tal está?

Ni idea, lo siento. Pero [¿]

Estoy hasta las narices. Menos mal que [¿].

¡Una maravilla: [¿]

Lo siento mucho, pero [¿]

No sé. ¡Ojalá que bien! [¿]

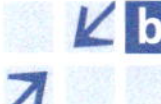

b *Hacer tres diálogos con estas frases.*

Estoy hecho/-a polvo.

¡Un desastre!

Me vuelvo loco/-a con ….

ACTIVIDADES

4 Ricardo en Orense ▷ RESUMEN 2

a *Ricardo quiere hacer prácticas en Motril. Paty y Javi no lo entienden.*
Trabajar en dos grupos: uno busca los argumentos de él, el otro los de sus amigos.

Me parece que	Me gustaría	Estoy harto/-a de	Prefiero
Creo que	Me vuelvo loco/-a con	No me importa	
Pienso que	Me intereso por	Menos mal	

b *Presentar el diálogo.*

5 ¿Por qué no hacemos un gazpacho andaluz?

¿Cómo preparar un gazpacho? Explícale a un amigo alemán que no habla español.

Ingredientes:
1 kilo de tomates
2 pimientos
un diente de ajo
1 pepino
1 cebolla
5 cucharadas de aceite
2 cucharadas de vinagre
150 gramos de miga de pan
sal, agua

2.
pepino
tomate

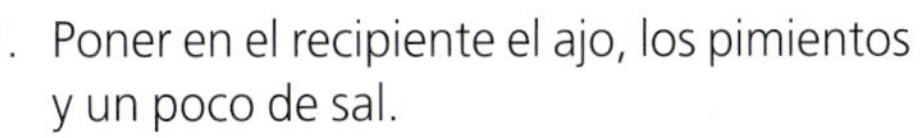

1. Poner en el recipiente el ajo, los pimientos y un poco de sal.
2. Luego añadir el tomate, el pepino y la cebolla cortados en trozos y la miga de pan mojada.
3. Triturar con la batidora. Después añadir el aceite poco a poco. Al final añadir agua al gusto, el vinagre y un poco de sal.
4. Servir muy frío con pan o verduras a trocitos. ¡Que aproveche![1]

6 La carta de Paty

Paty le contesta a Ricardo. Escribe la carta en tu cuaderno.

1 ¡Que aproveche!: Guten Appetit!

AL-ANDALUS – TIERRA DE ENCUENTROS

El patio de los leones en la Alhambra (Granada)

Al-Andalus = «Tierra de los Vándalos» en árabe

En el año **711** llegaron los musulmanes a España y conquistaron gran parte de sus tierras. Sólo Asturias y Galicia quedaron en manos de los cristianos. Casi 800 años duró el reino de Al-Andalus, un tiempo de progreso en la medicina, las matemáticas, la arquitectura, la filosofía y la música. Córdoba fue el califato más importante del mundo árabe donde estuvo la biblioteca más grande de toda Europa con unos 400.000 manuscritos. Pero sobre todo, Al-Andalus fue un lugar de encuentro y de tolerancia entre tres culturas: la musulmana, la judía y la cristiana.

Aunque los cristianos empezaron la Reconquista ya en el **722**, ésta duró más de 700 años. Fue una guerra muy sangrienta, donde muchos murieron. Paso a paso los cristianos avanzaron desde el norte hacia el sur, y el 2 de enero de **1492** los Reyes Católicos entraron en Granada.

1492 – Reconquista de Granada
– Expulsión de más de 200.000 judíos
– Descubrimiento del continente americano
– Antonio Nebrija publica la primera Gramática de la Lengua Española

Aunque Andalucía es la región más grande de España, por muchos siglos ha sido también la más pobre. A principios del siglo **XX** los andaluces empezaron a emigrar no sólo a las Américas, sino también, a partir de los años cincuenta, a las grandes ciudades de España y a los países del norte, sobre todo a Francia y a Alemania. Hoy en día, muchos de ellos han vuelto a su región que desde **1978** es una comunidad autónoma y desde **1986** forma parte de la Unión Europea. Así, Andalucía es otra vez tierra de encuentros entre pueblos, culturas y continentes. Entre el 14 % de los extranjeros que viven en esa región, gran parte son alemanes e ingleses que encuentran en Andalucía el lugar ideal para descansar o para vivir. Sin embargo, no todos los extranjeros conocen las playas blancas y el mar azul: mientras los europeos son libres de ir y venir entre España y su país de origen, otros inmigrantes llevan una vida llena de dificultades. Muchos han venido del norte de África o de América Latina para buscar trabajo y su vida en España no es fácil.
Sin embargo, todos han comprendido que un lugar de encuentros también tiene que ser una tierra de diálogos.

COMPRENDER

1 Años y datos

Relaciona con la información del texto.

711 … 800 años … más de 700 años … 722 … 1492 …
400.000 manuscritos … a principios del siglo XX … 1978 … 1986

PRACTICAR

2 La región más grande de España

a *Adivina:*

¿Cuál es	el río más largo la ciudad más grande la montaña más alta la música más popular	de Andalucía?

b *Escucha y contesta a las preguntas. Después mira en el mapa de España: ¿Cómo se llama el río?*

1. Dónde empieza el río su viaje?
2. Pasa por dos ciudades: ¿cómo se llaman?
3. ¿Cuál de las dos prefiere?
4. ¿Por dónde pasa después?
5. ¿Dónde termina su viaje?

La Torre de Oro (Sevilla)

3 América Latina

Completa las frases con aunque, como, donde *(2x),* mientras, sin embargo.

1. América Latina siempre ha sido un lugar [¿] han vivido culturas de origen diferente: indígena, africano y europeo.
2. [¿] las culturas africanas y europeas forman parte del Caribe, las culturas indígenas son de México y de los Andes.
3. [¿] los habitantes de Argentina son en la mayoría de origen europeo, la cultura de este país no sólo es de origen europeo.
4. [¿] el tango, la música más famosa de este país, tiene elementos africanos y españoles, es un buen ejemplo del diálogo de culturas.
5. Por eso América Latina es una región [¿] no hay una, sino muchas culturas.
6. [¿], en todos los países hablan español.

4 Verbos interesantes

Completa las frases, después traduce.

1. Van a pasar …	mucha hambre.
	tres días en la capital.
	por la plaza.
2. Lleva …	vaqueros y una camisa.
	ya un año en Chile.
	una vida llena de dificultades.
3. Pone …	la mesa para cenar.
	el libro en la estantería.
4. Se pone …	los zapatos.
	al teléfono.
5. Vuelve …	mañana.
6. Se vuelve …	loca con las alpacas y las llamas.

5 Un mensaje para «El mensajero»

Queréis hacer una revista como «El mensajero de la Giralda». Escribirles una carta a los alumnos de Sevilla, contarles sobre vuestro instituto y preguntarles sobre la revista. Utilizar:

como
sin embargo
aunque
donde
mientras
porque
cuando

horarios
tener que estudiar mucho
profesores bastante simpáticos
buenas / malas notas
la asignatura más fácil / difícil
los exámenes
actividades después de las clases
alumnos con problemas
planes para el futuro
…

APRENDER MEJOR

6 Verbformen besser lernen

Lege für schwierige oder unregelmäßige Verbformen, die du nicht so gut behältst, eine Verbkartei an. Schreibe alle Formen auf, die du schon kennst und überprüfe sie mit Hilfe des Resumen oder des Grammatischen Beiheftes. Auf die Rückseite schreibst du einen Beispielsatz.

Infinitivo: **volver** termina en: **-er** grupo: **o → ue**

Presente:	Imperativo: afirmativo	Imperativo: negativo
(yo) vuelvo		
(tú) vuelves	**vuelve**	
(él, ella, usted) vuelve		
(nosotros/-as) volvemos		
(vosotros/-as) volvéis	**volved**	
(ellos, ellas, ustedes) vuelven		

Pretérito perfecto: **He vuelto**

Pretérito indefinido: **Volví**

REPASO

1 Llegar a Sevilla ▷ RESUMEN 5

Completa las formas del verbo en el pretérito indefinido o en el pretérito perfecto:

Hace tres meses [¿] a Sevilla. [¿] porque prefiero vivir en una ciudad	llegar / yo // venir / yo
grande. Mi familia y mis amigos [¿] en el pueblo, aquí estoy solo,	quedarse
pero no importa. El primer día en Sevilla [¿] el periódico y	comprar / yo
[¿] a buscar trabajo. Ya lo [¿]: soy vendedor en un súpermercado.	empezar / yo // encontrar
Me gusta, y además tengo experiencia porque en mi pueblo el año	
pasado [¿] en la tienda de mis tíos. Hace un mes [¿]: «esto no es	ayudar // pensar / yo
una buena idea», pero ya [¿] a otros jóvenes y así es más divertido.	conocer / yo
[¿] excursiones al Parque Nacional Coto de Doñana y también	hacer / yo
a El Rocío. [¿] a lugares muy interesantes y también los fines de	ir / yo
semana hay mucha marcha por las noches. Sevilla es alucinante.	

2 Trabajar de guía

a *Trabajar en grupos: uno prepara una vuelta para turistas por vuestra ciudad: ¿Qué pueden ver en tres horas? Los demás preparan preguntas sobre vuestra ciudad o región. Utilizar el superlativo y las formas en -ísimo.*

FACULTATIVO ■ FACULTATIVO ■ FACULTATIVO ■ FACULTATIVO

RESUMEN

PARA COMUNICARSE

einen Grund angeben	Por eso …
sagen, dass man sich langweilt /	Me aburro. /
dass einen etwas anstrengt /	Me agobia. /
dass man jemanden vermisst	Te echo de menos.
sagen, dass man etwas toll /	Para mí es alucinante. /
schrecklich findet	¡Fatal!
Hoffnung ausdrücken	¡Ojalá!
ein Beispiel angeben	por ejemplo
seine Meinung äußern	Pienso que … / Creo que … / Me parece que …
jemandem Bescheid sagen	Le doy un toque a (Puri).
einen Geschäftsbrief beginnen …	Estimado Señor (Jaranda) / Estimada Señora (Jaranda)
… und abschließen	(Muy) Atentamente.
einen persönlichen Brief beginnen …	Hola, (Javi,) ¿qué tal? / Querido (Juan). / Querida (Paty).
… und abschließen	Esto es todo por ahora. / Hasta la próxima. / Un abrazo. / Un besito.
Die Welt ist klein (idiom.)	El mundo es un pañuelo.
Was auch immer (idiom.)	Lo que sea.
Umso besser / Glücklicherweise (idiom.)	Menos mal …

GRAMÁTICA

1 El determinante *tanto* · Der Begleiter *tanto*

Sevilla me agobia: **tanta** gente, **tantos** coches.
Hay **tantos** proyectos interesantes.
Hay **tantas** cosas que hacer.

Tanto + Substantiv bedeutet „so viel/e" und richtet sich in Genus und Zahl nach dem Substantiv, das es begleitet.

2 La oración con *que* · Der *dass*-Satz

Pienso **que** / Creo **que** / Me parece **que** | es un barrio muy bonito. / no voy a echar de menos a mis amigos.

3 La oración subordinada · Der Nebensatz

Se queda en su habitación **mientras** los otros van a la playa.	… während …
Aunque los otros van a la playa, él se queda en su habitación.	Obwohl …
Sin embargo no se aburre.	Dennoch …
Como hoy no trabajo, podemos ir a la playa.	Da …
Podemos ir a la playa **porque** hoy no trabajo.	… weil …
Cuando no trabajo, voy a la playa.	(Immer) Wenn …
Es el lugar **donde** trabajo.	… wo …

! **cuando** – **¿cuándo?** | **donde** – **¿dónde?** | **porque** – **¿por qué?**

4 El superlativo absoluto · Der absolute Superlativ

un plato riquísim**o**
una habitación pequeñísim**a**
pueblos pequeñísim**os**
playas bellísim**as**

! ri**c**o – ri**qu**ísimo

5 El uso del pretérito perfecto y del pretérito indefinido · Der Gebrauch des pretérito perfecto und des pretérito indefinido

El año pasado **Hace** poco **Hace** unos meses **La semana pasada** **Ayer** **En** 2002	nos mudamos. llegué a Sevilla. encontré trabajo.
! **Hasta el año pasado**	vivimos en el centro.

Das **pretérito indefinido** bezeichnet abgeschlossene Vorgänge.

Este año / **Esta** semana **Ya** **Aún no** **Todavía no** **Hoy** **Alguna vez** **Nunca** **Siempre**	hemos visto mucho. nos hemos mudado a Sevilla. me he comprado una moto. he estado en México. he vivido aquí.
! **Hasta este año**	han salido doce números.

Reicht die vergangene Handlung in die Gegenwart hinein, verwendet man das **pretérito perfecto**. Zeitangaben helfen bei der Einordnung.

! **Compré** un libro muy interesante.
! **He comprado** un libro muy interesante.

Die Entscheidung, welche Zeit verwendet wird, hängt oft von der Einstellung des Sprechers ab. Ausschlaggebend ist nicht der messbare zeitliche Abstand, sondern ob der Sprecher das Ereignis aus einer zeitlichen Distanz betrachtet oder nicht. Im ersten Fall verwendet er das **indefinido**, im zweiten das **perfecto**.

6 El pretérito indefinido

! **querer**
quise
quisiste
quiso
quisimos
quisisteis
quisieron

POEMAS

Despedida

Si muero,
dejad el balcón abierto.

El niño come naranjas.
(Desde mi balcón lo veo.)

El segador siega el trigo.
(Desde mi balcón lo siento.)

¡Si muero,
dejad el balcón abierto!

Federico García Lorca
Canciones (1921-1925), 1927

No sirves para nada

Cuando yo era pequeño
estaba siempre triste
y mi padre decía
mirándome y moviendo
la cabeza: hijo mío
no sirves para nada.

Después me fui al colegio
con pan y con adioses
pero me acompañaba
la tristeza. El maestro
graznó: pequeño niño
no sirves para nada.

Vino luego la guerra
la muerte – yo la vi –
y cuando hubo pasado
y todos la olvidaron
yo triste seguí oyendo:
no sirves para nada.

Y cuando me pusieron
los pantalones largos
la tristeza enseguida
cambió de pantalones.
mis amigos dijeron:
no sirves para nada.

En la calle en las aulas
odiando y aprendiendo
la injusticia y sus leyes
me perseguía siempre
la triste cantilena:
no sirves para nada.

De tristeza en tristeza
caí por los peldaños
de la vida. Y un día
la muchacha que amo
me dijo y era alegre:
no sirves para nada.

Ahora vivo con ella
voy limpio y bien peinado.
Tenemos una niña
a la que a veces digo
también con alegría:
no sirves para nada.

José Agustín Goytisolo
Salmos al viento

Marinero en tierra

El mar. La mar.
El mar. ¡Sólo la mar!

¿Por qué me trajiste, padre,
a la ciudad?

¿Por qué me desenterraste
del mar?

En sueños, la marejada
Me tira del corazón.
Se lo quisiera llevar.

Padre, ¿por qué me trajiste
Acá?

Rafael Alberti
Marinero en tierra, 1924

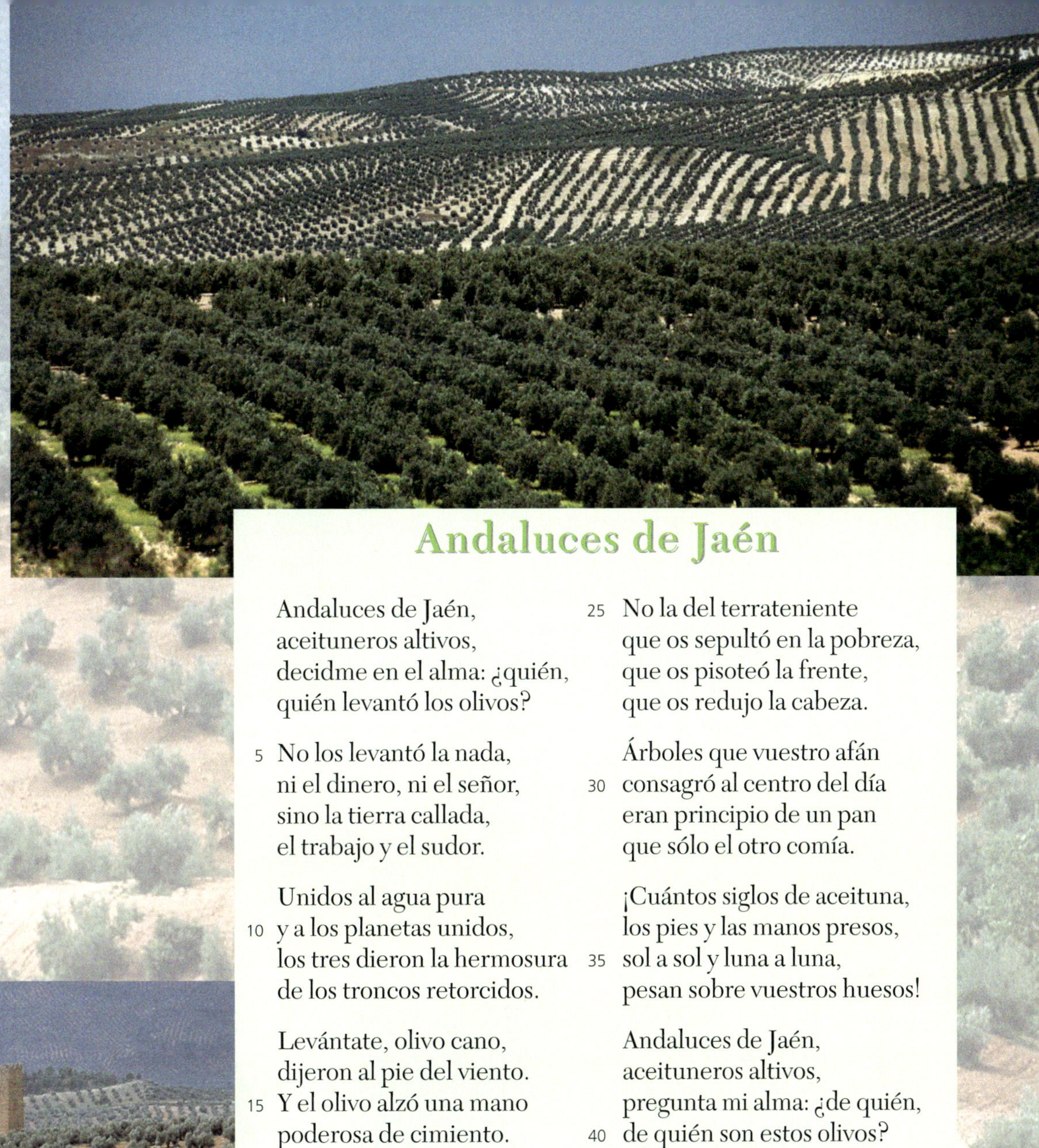

Andaluces de Jaén

Andaluces de Jaén,
aceituneros altivos,
decidme en el alma: ¿quién,
quién levantó los olivos?

No los levantó la nada,
ni el dinero, ni el señor,
sino la tierra callada,
el trabajo y el sudor.

Unidos al agua pura
y a los planetas unidos,
los tres dieron la hermosura
de los troncos retorcidos.

Levántate, olivo cano,
dijeron al pie del viento.
Y el olivo alzó una mano
poderosa de cimiento.

Andaluces de Jaén,
aceituneros altivos,
decidme en el alma: ¿quién
amamantó los olivos?

Vuestra sangre, vuestra vida,
no la del explotador
que se enriqueció en la herida
generosa del sudor.

No la del terrateniente
que os sepultó en la pobreza,
que os pisoteó la frente,
que os redujo la cabeza.

Árboles que vuestro afán
consagró al centro del día
eran principio de un pan
que sólo el otro comía.

¡Cuántos siglos de aceituna,
los pies y las manos presos,
sol a sol y luna a luna,
pesan sobre vuestros huesos!

Andaluces de Jaén,
aceituneros altivos,
pregunta mi alma: ¿de quién,
de quién son estos olivos?

Jaén, levántate brava
sobre tus piedras lunares,
no vayas a ser esclava
con todos tus olivares.

Dentro de la claridad
del aceite y sus aromas,
indican tu libertad
la libertad de tus lomas.

Miguel Hernández, *Viento del pueblo (1936-1937)*

¿Cuál de los poemas prefieres? ¿Cuál te parece triste o alegre?

EN TODO EL MUNDO

A SUEÑOS AMERICANOS

página 134

- Possessivpronomen
- die Bildung der Adverbien auf *-mente*
- der Relativsatz mit *lo que*
- *acabar de* + Infinitiv

B QUIERO SER

página 136

- Der Imperativ (*usted/es*)
- Der verneinte Imperativ (*usted/es*, 2. Person Singular)

C AHORITA VUELVO

página 138

Die indirekte Rede und Frage im Präsens

FACULTATIVO ▪ FACULTATIVO ▪ FACULTATIVO ▪ FACULTATIVO ▪ FACULTATIVO

SUEÑOS AMERICANOS

Acabo de llegar y estoy buscando trabajo. Prácticamente no hablo inglés, pero no importa, en mi barrio todos hablan español. Siempre he soñado con vivir en Nueva York …

Ismael, Santo Domingo

Gloria

Nací aquí y me siento americana y cubana. Esta tienda donde trabajo va a ser mía algún día, ¡seguro!

Ángel, México

Yo quiero ser abogado, quiero ayudar a mi gente, concretamente a las personas mayores que hablan mal inglés: no saben qué hacer ni adónde ir cuando tienen algún problema. Aquí cada uno va a lo suyo.

El número de hispanohablantes en los Estados Unidos llega a los 26 millones (el 10 % de la población) y para el año 2050 probablemente van a ser 80 millones. Tradicionalmente, los puertorriqueños viven en Nueva York, los mexicanos sobre todo en California y Texas y los cubanos en Florida. Viven allí desde hace muchos años o acaban de llegar. Todos quieren trabajar y todos tienen que aprender inglés cuanto antes.

Así nace un fenómeno que se llama «spanglish»: los hispanos tienen que aprender inglés de alguna manera. Unos no aprenden tan rápido ni tan bien como otros, pero al fin y al cabo lo aprenden. Sin embargo, en casa, en la familia, por teléfono, en internet y hasta en las películas prefieren el español. Lo que resulta entonces es una mezcla de palabras inglesas, aquellas que usan cada día, con el español. Dicen que van a «chopinear» al «mol» en «carro», «chopinean unos jeans» y lo pasan «nais». O sea que van de compras al centro comercial en coche (o auto), compran unos vaqueros y lo pasan bien. En la informática pasa lo mismo: sobre todo con los jóvenes que trabajan o se comunican a través del ordenador. Y como los programas son en inglés, casi siempre dicen que «forwardean» un «imail», «downlodean unas güebsais» enteras y después las «printean». Claro, no todos los americanos de origen hispano hablan así pero el spanglish refleja muy bien lo que es una realidad en los Estados Unidos: una sociedad que los jóvenes hispanos ya consideran suya.

COMPRENDER

1 Los hispanos

a *Contesta.*

1. ¿Qué es el spanglish?
2. ¿De dónde es la mayoría de los hispanohablantes de los Estados Unidos?
3. ¿Dónde prefieren hablar español?

b *Busca en el texto las palabras en spanglish:*

the web-site / to shop / to print / nice / to forward / the shopping mall / an e-mail / the car / to download

PRACTICAR

2 Cada uno a lo suyo ▷ RESUMEN 2

Completa el texto con los pronombres posesivos:

Alfredo: Estas fotos, ¿son [¿]?
Jorge: Sí, y ésta también es [¿]. ¿Quieres verla?
Alfredo: ¡Claro! ¿Quiénes son éstos?
Jorge: Éste es mi primo Juan y la familia – la [¿].
Alfredo: Y la chica a la izquierda, es su hermana, ¿verdad?
Jorge: No, es una buena amiga [¿] (= de nosotros) que vive en Alemania.
Alfredo: Y los niños pequeños, ¿son de Juan?
Jorge: No, los [¿] se han quedado en Cáceres.

3 Acabo de ... ▷ RESUMEN 4

Sonia va a Granada para hacer un curso de flamenco. Se va a quedar en casa de Ángel. Contesta sus preguntas y utiliza una forma de ir a … *o* acabar de ….

1. Hola, Sonia, ¿ya estás aquí? ¿Desde cuándo?
2. ¿Quieres cenar con nosotros?
3. ¿Ya has visto a Charo?
4. ¿Cuándo empieza tu curso de flamenco?
5. Y Susanne, ¿está todavía en Madrid?
6. ¿Qué tal está?
7. ¿Dónde vive en Alemania?
8. Bueno, pero Dresden es muy bonito, ¿no?
9. ¿Por qué no le mandamos un e-mail?
10. ¿Y qué escribe?

pero / echar de menos a sus amigos
volver a España cuanto antes
mudarse a Dresden el mes que viene
comer un bocadillo en el bus
llegar
verla mañana
empezar la semana que viene
no sé, llamarla mañana
no, volver a Leipzig
recibir uno de ella

4 ¿Te parece bien lo que dicen? ▷ RESUMEN 3

¿Qué piensas tú? Utiliza:

Me parece bien / interesante / raro / fatal
No entiendo
No estoy de acuerdo con

lo que dice/n [¿] porque [¿]

Prácticamente no hablo inglés, pero no importa: en mi barrio todos hablan español. — Ismael

Todos tienen que aprender inglés porque es el idioma más importante del mundo. — Ángel

En casa hablo español, en el trabajo hablo inglés. Así puedo vivir en dos mundos. — Gloria

El spanglish es peligroso porque muchos niños hablan mal los dos idiomas: el inglés y el español. — Un profesor

El spanglish es muy divertido, me gusta mucho jugar con las palabras. — Un escritor

5 Hablar con una amiga ▷ RESUMEN 1

Utiliza un adverbio. ¿Qué le dices a tu amiga española que …

1. … busca a su compañera?
2. … quiere salir a dar un paseo por la plaza?
3. … te pregunta sobre tus actividades?
4. … quiere saber algo sobre los incas de Perú?
5. … quiere pasar por tu casa esta tarde?
6. … quiere conocer a tus amigos alemanes?

esperar / tranquilo en el bar de al lado.
llover / probable
último / preparar algo para el «Día de la no-violencia»
tradicional / hablar quechua
normal / volver a casa a las cuatro.
práctico / no hablar español.

QUIERO SER

Los hermanos Jorge y Juan viven en las calles de México. No tienen ni familia ni casa. Para ganar un poco de dinero cantan en buses y restaurantes. Nadie los quiere ver, nadie los quiere ayudar. Duermen en la calle y se duchan en secreto en una escuela con agua fría:

Juan: Ay, está requete fría.
Jorge: No seas exagerado, enano, así te voy a quitar los malditos piojos.
Conserje: Pinches chamacos. ¿Otra vez aquí? Lárguense. Lárguense.
Jorge: No te preocupes enano. Tú ya sabes leer y escribir.
Juan: Sí, y hasta sé más.

Pedir dinero en los bares no es fácil. Mientras Jorge canta, Juan va de mesa en mesa. Además tienen que darle una parte del dinero al camarero:

Juan: ¿Me da para la música?
Cliente 1: No.
Juan: ¿Me da para la música?
Cliente 2: No, no hay.
Juan: Es para la música.
Cliente 2: Bueno.
Juan: ¿Me da para la música?
Camarero: Si les chiflo es para que le paren. Entiéndanlo bien. ¿Qué pasa? ¿Cuánto juntaron? – Enséñenme sus bolsillos. Está bien. Vengan la semana que entra.

Los dos lo aguantan todo porque tienen un sueño: comprar cien globos para venderlos. Ahorran cada peso y a veces pasan por la tienda para mirarlos:

Vendedor: ¿Qué pasó? ¿Ya juntaron los cien pesos?
Juan: No, pero se los traemos la semana que entra. Sólo venimos a ver qué globos nos vamos a llevar.
Vendedor: Ándenles. Piénsenlo bien.

Un día Jorge se enamora de una chica que vende helados en la calle. Para invitarla a salir toma una parte del dinero que han ahorrado. Vuelve tarde … y encuentra a Juan que lo espera:

Juan: ¿Dónde estuviste todo el tiempo?
Jorge: No exageres. – ¿Qué … todavía no te has dormido? Se me hizo un poco tarde. ¿Qué tienes?
Juan: Nos robaron veinte pesos.
Jorge: Pero no te preocupes, enano. Vas a ver como vamos a ganar hasta más de veinte pesos.
Juan: Es que no entiendo quién nos habrá podido agarrar dinero, si nomás estamos tú y yo. […] Repartí el dinero. Me quedé con veinte pesos más, porque tú te robaste los otros. Y ahora ya me voy.
Jorge: ¿Qué te pasa, Juanito? Ya sé que cometí un error, Juan. Pero ... vas a ver como recuperamos el dinero. ¡Juan! ¿Adónde piensas ir solo? ¡Juan!
Juan: Prefiero que me traicionen otros y no tú.
Jorge: Juan, espérate por favor. Juan, no te vayas, por favor. ¡Juan! ¡Juan!

20 años más tarde: Un hombre muy pobre canta delante de un bar para ganar un poco de dinero … Un cliente … soñando …… lo mira, paga y se va.

Jorge (canta): Estoy pidiendo demasiado,
se me olvidaba que ya habíamos terminado,
que nunca volverás, que nunca me quisiste.
Se me olvidó otra vez que solo yo te quise.
Camarero: Su cuenta.
Juan: Gracias.

de la película *Quiero ser* (2001)

COMPRENDER

1 Jorge y Juan

a *Resume cada escena:*

1. escuela • • ducharse • • conserje • • echarlos
2. cantar • • bares • • pedir dinero
3. su sueño • • necesitar • • por eso / ir
4. un día • • Jorge / dinero • • Juan descubrir • • irse
5. 20 años más tarde • • Jorge todavía • • mientras Juan • • la cuenta • • el camarero

b *¿Cuál de los dos hermanos es más serio? Busca ejemplos en el texto.*

DESCUBRIR

2 El imperativo negativo ▷ RESUMEN 1

a *Welches sind die Infinitive der folgenden Verben? Wie lautet die erste Person Singular?*

¡No pongas la mesa todavía! / ¡No te vayas! / ¡No seas exagerado! / ¡No exageres! / ¡No hagas tus deberes sola! / ¡No te preocupes! / ¡No abras el libro todavía! / ¡No cojas ese cuaderno, es mío! / ¡No subas, ya bajo yo! / ¡No te comas ese bocadillo, es para tu hermano! / ¡No les digas nada a tus padres! / ¡No te duermas! / ¡No salgas por esa puerta!

Der verneinte Imperativ von **ser** und **ir** ist unregelmäßig!

b *Mache ein Schema in dein Heft und ergänze die Formen aus a. Wie wird der verneinte Imperativ der regelmäßigen Verben auf -ar und -er/-ir gebildet?*

	1. Pers. Sing.	verneinter Imperativ Sing.
-ar	yo tom**o**	no tom**es**

	1. Pers. Sing.	verneinter Imperativ Sing.
-er/-ir	yo salg**o**	no salg**as**

3 El imperativo con *usted* ▷ RESUMEN 1

a *Vergleicht den Imperativ mit ustedes mit dem verneinten Imperativ. Nach welchem Muster wird er gebildet? Schlagt dann die Formen des Singular im* ▷ RESUMEN *nach.*

Entiéndanlo bien. ... Enséñenme los bolsillos. ...Vengan la semana que entra.

b *Hacer los diálogos.*

1. ¿Puedo pasar?
2. ¿Qué va a tomar?
3. ¿Puedo hablar con el señor Bermejo?
4. ¿Está la señora Hernández, por favor?
5. ¿Cuándo sale el avión para Madrid?
6. Por favor, la oficina del señor Molina, ¿no está en este edificio?

Lo siento, todavía no ha llegado. Espere un momento.

Claro que sí, pase, pase.

No, aquí no está. Salga a la calle y siga todo recto hasta la Plaza Mayor.

Sí, soy yo. ¿Dígame?

No se preocupe, todavía tiene tiempo.

Tráigame un vaso de agua, por favor.

PRACTICAR

4 ¡No sigas estos consejos[1]!

Habla con tu compañero/-a y utiliza el imperativo negativo:

¡No les tomes el pelo a tus compañeros!

saludar a los profesores / escribir en tu cuaderno / hablar en clase / abrir el libro / leer el texto / aprobar el examen / traer tus libros / ayudar a tus compañeros / estudiar en casa / hacer los deberes / contestar a las preguntas de los profes

1 el consejo: Rat

ACTIVIDADES

5 La película

Ver la película y comparar después con el texto:

¿Cuántas personas hay en la película?

Hay escenas en la película que no aparecen en el diálogo: ¿cuáles son?

¿Cuál es la parte más interesante / divertida / triste / seria ...?

AHORITA VUELVO … A BERLÍN

Ya hace un mes que vivo en Berlín y no sé si ya tengo una visión general de cómo son los alemanes, pero sí he visto muchas cosas que son diferentes. Por ejemplo, en México nos damos la mano o dos besos cuando nos saludamos o nos despedimos, sonreímos en los supermercados, hacemos amigos más rápido y coqueteamos con las miradas en el metro, algo que no he visto ni sentido en Alemania.

Me pregunto si mucho no se debe a que Alemania y México se encuentran en dos continentes divididos por el gran Océano Atlántico, o porque la sociedad moderna alemana es unos 400 años más vieja que la sociedad moderna mexicana. En Berlín, cuando voy a trabajar, me sorprende que la gente llega o se despide sin darse la mano. Incluso, todos me ven de una forma extraña cuando quiero estrecharle la mano a alguien. Cuando voy de compras, tengo que forjarme una personalidad de hierro para el trato con la gente, porque los empleados me contestan de mala gana, los otros clientes me empujan, todos van muy rápido y las cajeras no me dan tiempo suficiente para recoger mis compras. Es muy diferente a nuestro país donde siempre hay chicos o chicas que dan bolsas de plástico gratis y nos ayudan a guardar todo.

Mi trabajo aquí es hacer viajes por diferentes ciudades. Somos un grupo de diez periodistas y siempre tenemos un guía alemán. Él es muy puntual, yo no, en México no somos así. Jan, nuestro guía, siempre ve el reloj y se enoja cuando nuestro grupo tiene un retraso de cinco minutos. No lo tolera. No entiende que cuando decimos «ahorita voy», no quiere decir «ya» y, claro, todos llegamos tarde a las reuniones y citas. Siempre me pregunta cómo lo hacemos en México.

Yaotzin Botello, México

En México, las personas se ven las unas a las otras, coquetean, hablan con las manos, se tocan, se sonríen y dicen „salud" cuando alguien estornuda. Eso no pasa siempre en Alemania. Pero también hay cosas que me gustaría tener en México: los caminos especiales para bicicletas, o poder cruzar la calle sin tenerles miedo a los autos y poder caminar en las noches sin temor a la inseguridad.

COMPRENDER

1 México y Alemania

Lee el texto y apunta: ¿Qué hacen en México? ¿Qué hacen en Alemania?

En México …	En Alemania …
… se dan …	… no se dan …
… …	

PRACTICAR

2 Ricardo y Paty

▷ RESUMEN 1 + 2

¿Te acuerdas de Ricardo en Motril? Pues, hoy ha recibido un mensaje de Paty.

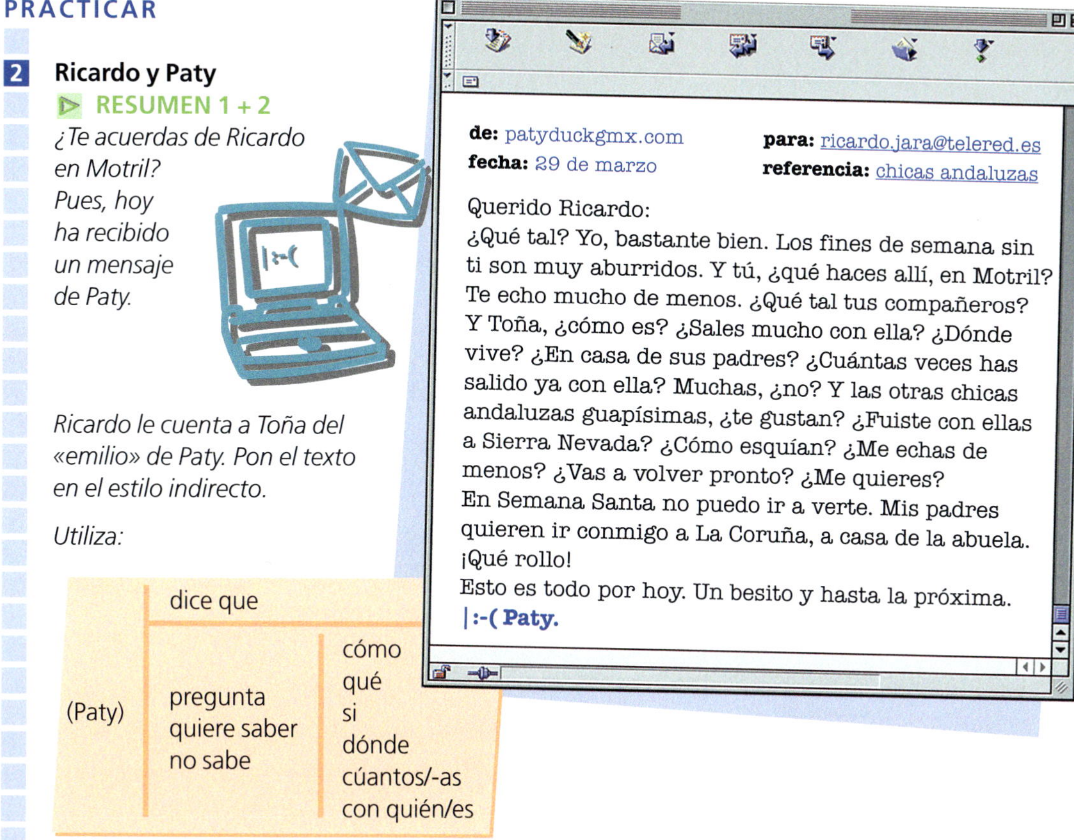

de: patyduckgmx.com
fecha: 29 de marzo
para: ricardo.jara@telered.es
referencia: chicas andaluzas

Querido Ricardo:
¿Qué tal? Yo, bastante bien. Los fines de semana sin ti son muy aburridos. Y tú, ¿qué haces allí, en Motril? Te echo mucho de menos. ¿Qué tal tus compañeros? Y Toña, ¿cómo es? ¿Sales mucho con ella? ¿Dónde vive? ¿En casa de sus padres? ¿Cuántas veces has salido ya con ella? Muchas, ¿no? Y las otras chicas andaluzas guapísimas, ¿te gustan? ¿Fuiste con ellas a Sierra Nevada? ¿Cómo esquían? ¿Me echas de menos? ¿Vas a volver pronto? ¿Me quieres?
En Semana Santa no puedo ir a verte. Mis padres quieren ir conmigo a La Coruña, a casa de la abuela. ¡Qué rollo!
Esto es todo por hoy. Un besito y hasta la próxima.
|:-(Paty.

Ricardo le cuenta a Toña del «emilio» de Paty. Pon el texto en el estilo indirecto.

Utiliza:

(Paty)	dice que	
	pregunta quiere saber no sabe	cómo qué si dónde cúantos/-as con quién/es

ACTIVIDADES

3 Los alemanes son así

¿Qué pensáis de las impresiones[1] y experiencias[2] del periodista Yaotzin Botello en Alemania? Compararlas con vuestras experiencias.

Ejemplo: Yaotzin dice que los alemanes no nos damos la mano. No estoy de acuerdo porque nosotros también nos damos la mano y muchos de nosotros también nos damos dos besos.

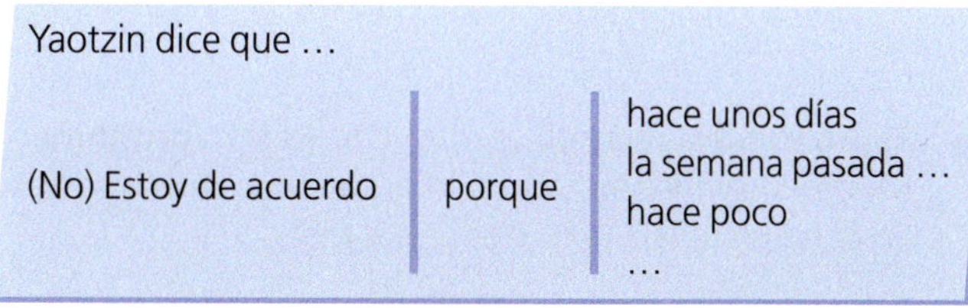

Yaotzin dice que …

(No) Estoy de acuerdo	porque	hace unos días la semana pasada … hace poco …

1 la impresión: Eindruck 2 la experiencia: Erfahrung

4 Cada país tiene sus cosas

¿Qué otros países o regiones conoces?
¿Qué te pareció interesante / bonito / raro / curioso …?

Ejemplo: En Italia no comen tanta pizza.
Eso me llamó la atención.

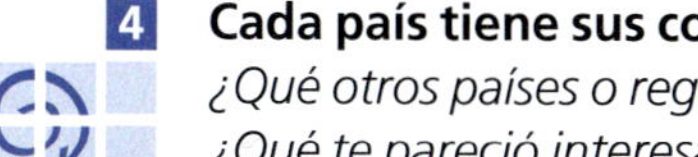

llamar la atención — encantar — (no) gustar — parecer (+ adjetivo)

FACULTATIVO ■ FACULTATIVO ■ FACULTATIVO ■ FACULTATIVO

RESUMEN

A

PARA COMUNICARSE

ein Ergebnis darstellen	Resulta que …
Letztendlich	Al fin y al cabo
Jedoch	Sin embargo …

GRAMÁTICA

1 La formación de los adverbios · Die Bildung der Adverbien

Adjektiv ♂	Adjektiv ♀	Adverb
práctic**o**	práctic**a**	práctica**mente**
tradicional		tradicional**mente**

Adverbien werden aus der femininen Form des entsprechenden Adjektivs abgeleitet.

2 Los pronombres posesivos · Die Possessivpronomen

♂		♀	
el/los	mí**o**/s	la/las	mí**a**/s
	tuy**o**/s		tuy**a**/s
	suy**o**/s		suy**a**/s
	nuestr**o**/s		nuestr**a**/s
	vuestr**o**/s		vuestr**a**/s
	suy**o**/s		suy**a**/s

Es una profesora **mía**. *(… von mir)*
Este cuaderno, ¿es **tuyo**? *(… deines)*
No es **suyo**. He olvidado **el mío** en casa.
(… seines / meines)

Die Possessivpronomen richten sich in Genus und Numerus nach dem Substantiv, auf das sie sich beziehen.

3 El pronombre relativo *lo que* · Das Relativpronomen *lo que*

Muchos hispanos mezclan el inglés y el español. **Lo que** resulta es el spanglish.
El spanglish refleja **lo que** es una realidad.

4 *Acabar de* + infinitivo · *Acabar de* + Infinitiv

Acabo de hablar con ella. *Ich habe gerade mit ihr gesprochen.*

B

PARA COMUNICARSE

Jemanden beruhigen	No te preocupes.
Jemanden bitten da zu bleiben	No te vayas, por favor.
Jemanden fragen, was (mit ihm / ihr) los ist	¿Qué (te) pasa?

GRAMÁTICA

1 El imperativo · Der Imperativ

1. 1 El imperativo con *usted/es* · Die Höflichkeitsformen

Hable/n | más despacio por favor. (usted/es)

Suba/n | por aquí | y síga/nme.

Für die Höflichkeitsformen **usted / ustedes** gibt es besondere Imperativformen.

Infinitiv	Präsens (yo)	Imperativ (usted/es)	
hablar	habl-o	habl-**e**	habl-**en**
poner	pon**g**-o	pon**g**-**a**	pon**g**-**an**
seguir	s**i**g-o	s**i**g-**a**	s**i**g-**an**

! Unregelmäßige Formen:
ir **vaya/n** ser **sea/n**

Sie werden aus dem Stamm der 1. Pers. Sing. Präsens gebildet.
Bei den Verben auf **-ar** lautet die Endung **-e** bzw. **-en**.
Bei den Verben auf **-er** und **-ir** ist die Endung **-a** bzw. **-an**.

1.2 El imperativo negativo · Der verneinte Imperativ

tú	**usted/es**
No te preocup**es**.	No se preocup**e/n**.
No te pong**as** nervioso.	No se pong**a/n** nervioso/s.
No salg**as** por ahí.	No salg**a/n** por ahí.

Auch der verneinte Imperativ wird aus dem Stamm der 1. Pers. Sing. Präsens abgeleitet. Bei den Verben auf **-ar** lautet die Endung der 2. Pers. Sing. (**tú**): **-es**. Bei den Verben auf **-er** und **-ir** ist die Endung **-as**.

C

PARA COMUNICARSE

äußern, was einem auffällt	Me sorprende mucho.
Ungewissheit äußern	Me pregunto si …
Freundschaft schließen	hacer amigos
ungern (idiom.)	de mala gana

GRAMÁTICA

1 El estilo indirecto · Die indirekte Rede

Yaotzin Botello escribe: «Mi trabajo es hacer viajes por diferentes ciudades.»
Escribe **que** su trabajo es hacer viajes por diferentes ciudades.

2 La interrogación indirecta · Die indirekte Frage

¿ Le gusta vivir en Alemania?
¿ Qué cosas le sorprenden?
¿ Cómo son los mexicanos?

El periodista le pregunta | **si** le gusta vivir en Alemania.
| **qué** cosas le sorprenden.
| **cómo** son los mexicanos.

PARA CHARLAR

DESPUÉS DE LA UNIDAD 1

1 Cuatro chicos

Spielt die Szene nach. · Representad la escena.
Javi und Julian treffen Maren und Susana. Susana und Julian kennen sich noch nicht. Die vier begrüßen sich, eine/r schlägt vor, etwas trinken zu gehen …

Javi:
- ist aus Santiago, wohnt in Madrid.
- liest Comics, schaut fern.
- lernt Deutsch.

Julian:
- aus Hamburg (=Hamburgo), wohnt in München (=Múnich).
- Bruder von Maren
- lernt Spanisch in der Schule. Spricht gut Spanisch, findet es manchmal schwer.

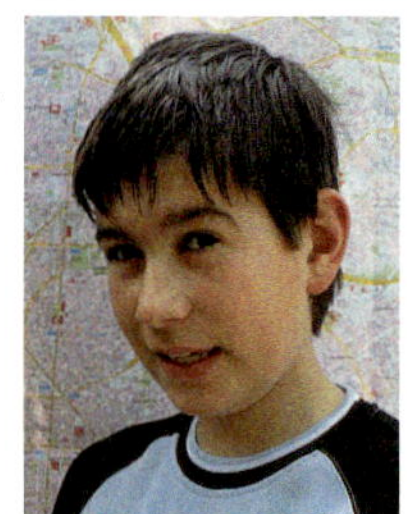

Susana:
- Freundin von Javi
- lernt Deutsch in der Schule, versteht aber nur wenig.
- redet mit allen.

Maren:
- Deutschlehrerin an Susanas Schule
- Schwester von Julian
- Lehrerin von Javi

DESPUÉS DE LA UNIDAD 2

2 Mi familia y yo

Bringt Familienfotos mit (eigene oder aus Zeitungen …) und sammelt sie in einer Kiste. Jeder zieht ein Bild und hat 5 Minuten Zeit, sich Angaben zu «seiner» Familie zu überlegen. Während er sie vorstellt, können die anderen Fragen stellen.

Ésta soy yo y ésta es mi madre. A la derecha de mi madre está mi hermano Moritz …

¿Y quién está a la derecha de tu hermano?

Es mi primo Johannes.

3 Mi casa, mi familia, mi barrio

Eine/r nennt ein Substantiv mit Artikel, der/die Nächste wiederholt es und fügt ein weiteres hinzu usw. Wer bei der Aufzählung etwas vergisst, scheidet aus. Wer am Ende übrig bleibt, gewinnt.

En mi casa, hay una cocina.

En mi casa, hay una cocina y tres habitaciones.

En mi casa, hay una cocina, tres habitaciones y …

DESPUÉS DE LA UNIDAD 3

4 **Al teléfono**

Elegid una situación y preparad el diálogo al teléfono. Representad la escena. · Wählt eine Situation und bereitet das Telefonat vor. Spielt die Szene vor.

Charo y Susanne quieren tomar algo después de las clases. Charo tiene libre el jueves por la tarde, pero Susanne no.

Carmen habla con Roberto: no puede hacer la compra para la cena porque tiene que trabajar hasta muy tarde. Quiere hablar con Nuria, pero ella no quiere ponerse al teléfono.

Juan llama a Susanne en Granada. Quiere saber la dirección y el número de teléfono de la escuela de idiomas.

DESPUÉS DE LA UNIDAD 4

5 **Veo, veo**

Describe a una persona / una cosa que ves. Tu compañero/-a adivina.

Ejemplo:

– Veo, veo … una cosa amarilla.
– No.
– ¿Es la camiseta de Timo?
– ¿Es … ?

6 **Aquella chica**

a *Haz preguntas a tu compañero/-a y apunta las respuestas. Después cambiad los roles.*

dirección | hermanos | ¿Cuántos años? | tiempo libre

b *Presenta a tu compañero/-a en clase. · Stelle der Klasse deine/n Interviewpartner/in vor.*

Ejemplo:

Aquella chica a la derecha de Leon que lleva una camiseta azul es Anna. Vive en …

DESPUÉS DE LA UNIDAD 5

7 **¿Zapatos o zapatillas?**

Preparad y representad el diálogo en la tienda entre el / la vendedor/a, Juan/a y su madre.

Juan/a: Quiere zapatillas y no zapatos. Zapatos NO LE GUSTAN NADA, son muy cursi.

su madre: No le gustan las zapatillas. Y, además, para una fiesta de familia hay que ponerse zapatos.

el / la vendedor/a: Está muy cansado/-a porque ya es tarde. Tiene un par de zapatos muy caros. Las zapatillas son más baratas …

DESPUÉS DE LA UNIDAD 6

8 Vacaciones

Maite y sus amigos hacen planes para las vacaciones. Quieren viajar juntos, pero cada uno tiene ideas diferentes. Discutid y poneos de acuerdo. Utilizad: (No) tengo ganas de …, Sueño con …, Estoy hasta las narices de …, Me gusta / encanta …, ¿Por qué no vamos a … ?

practicar deporte / ir a bailar / hacer un curso de idiomas / de flamenco / de guitarra / descansar / hostal / salir al campo / a la montaña / levantarse temprano / tarde / tener amigos en Málaga, en su casa hay sitio para todos / visitar ciudades / museos / leer mucho / ser activo / hacer excursiones a pie / ir a la playa / casa rural

9 Diálogos creativos

a *Trabajad a tres e imaginad un diálogo. Utilizad las siguientes palabras:*
el instituto – la bronca – la asignatura – aprobar – el mentiroso – estar hasta las narices

b *Los grupos presentan sus diálogos en clase. Después elegid entre todos el diálogo más divertido.*

DESPUÉS DE LA UNIDAD 7

10 ¿En favor o en contra?

a *Entre todos en la clase, elegid un tema:*

¿Un cumpleaños sin regalos? – ¿Vivir sin tener coche? – ¿Vivir en el campo o en la ciudad? – ¿Un colegio sin notas? – ¿Viajar en bici?

b *Formad dos equipos. Un equipo imagina cuatro argumentos en favor, el otro cuatro argumentos en contra del tema.*

c *Los dos equipos discuten. Cuatro alumnos sólo escuchan, apuntan los argumentos y deciden cuál de los dos equipos ha defendido mejor su posición.*

Pues, yo pienso que …
No estoy de acuerdo.
Tienes razón, pero …
Esto no es verdad.
A mi modo de ver …

DESPUÉS DE LA UNIDAD 8

11 Una entrevista en la radio

Un grupo de alumnos da una entrevista en la radio para hablar sobre una de las actividades siguientes:

un viaje a Chile / tres meses de prácticas en Motril / organizar un día de puertas abiertas en el instituto para ayudar a niños en Guatemala

a *Elegid uno de los temas y trabajad en dos grupos: uno prepara las preguntas del / de la periodista[1], el otro imagina qué quiere contar en la radio.*

b *Haced la entrevista en clase. Si hay cosas que no están claras, los demás alumnos pueden hacer preguntas.*

1 **el/la periodista:** Journalist/in

DESPUÉS DE LA UNIDAD 1

1 **Hola, ¿quién eres?**

An einer Haltestelle in Santiago de Compostela kommst du und dein Freund Marcus mit dem spanischen Jungen Luis ins Gespräch. Nur du sprichst spanisch und musst zwischen den beiden dolmetschen.

Luis: Hola, ¿qué tal? ¿Cómo os llamáis?
Du: …
Marcus: Wie heißt er denn?
Du: …
Luis: Me llamo Luis. ¿De dónde sois?
Du: …
Marcus: Aus Deutschland, aus Augsburg. Spricht Luis denn gar kein Deutsch?
Du: …
Luis: No, yo no hablo alemán. Hablo español, claro, y gallego. Y en el instituto aprendo francés e inglés. ¿Qué tal Santiago?
Du: …
Marcus: Ja, Santiago ist super. Bist du aus Santiago?
Du: …
Luis: Sí, sí, soy de aquí. Oye ¿qué música escuchas?
Du: …
Marcus: Na ja, Hip Hop und so ... Frag ihn mal, was er für Musik hört.
Du: …
Luis: Escucho sobre todo música celta[1]. Oye, mañana hay una fiesta en el «Don Juan». ¿Queréis venir?
Du: …
Marcus: Oh ja, gute Idee. Sag ihm, dass wir kommen …

1 keltische Musik

DESPUÉS DE LA UNIDAD 2

2 **América Latina**

Deine Eltern interessieren sich für Lateinamerika.
Zeige ihnen die Seiten 36/37 im Buch und erkläre ihnen:
- *wieviele Leute weltweit spanisch sprechen,*
- *in wie vielen Ländern Lateinamerikas Spanisch gesprochen wird,*
- *in welchen Regionen und Ländern die Incas, Azteken und Mayas vor allem leben.*

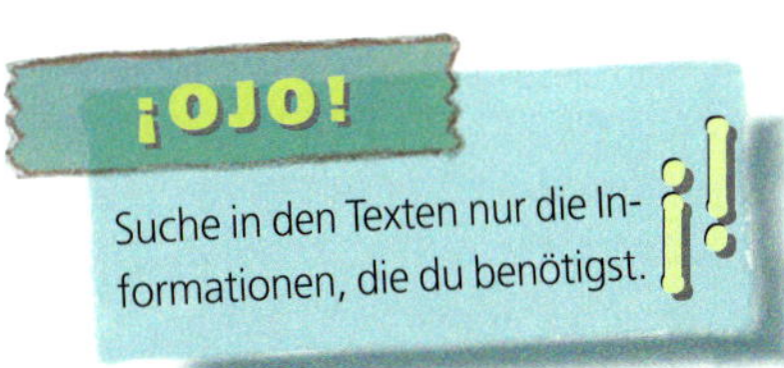

¡OJO!
Suche in den Texten nur die Informationen, die du benötigst.

3 **Un mensaje de Madrid**

Dein spanischer Chatpartner hat dir eine E-Mail geschickt. Beim Mittagessen erzählst du deinen Eltern, was er geschrieben hat.

¡Hola!
¿Qué tal estás?
Mira: ¿No quieres pasar una semana en Madrid, en mi casa? Somos una familia muy divertida. Somos cinco: yo, mis padres y mis hermanos – tengo dos: Julio, de siete años (a veces es un rollo … ya sabes: los hermanos pequeños …), y Blanca, mi hermana mayor. Ya tiene 20 años, pero todavía vive con nosotros. Nuestra casa está en un barrio muy bonito de Madrid que se llama Salamanca.
Haz el favor y escribe que «sí».
¡Hasta pronto!
Manolo

DESPUÉS DE LA UNIDAD 3

4 **El programa en nuestra casa**

Tu amigo/-a español/-a pasa unos días en tu casa. Quiere saber cómo es vuestro horario en la semana.

Weckzeit: 6 Uhr
Frühstück: 6.30 Uhr
Schule: 7.50-13.10 Uhr
Mittagessen: 13.30 Uhr
Abendessen: 18 Uhr
Bettzeit: 22 Uhr

5 **Un curso de español**

a *Dein Bruder möchte einen Sprachkurs in Spanien machen und bittet dich, die Escuela Trinidad in Granada anzurufen.*

Mónica: Dígame.
Du: fragst, ob du mit der Escuela Trinidad in Granada sprichst?
Mónica: Sí, es la Escuela Trinidad, yo me llamo Mónica.
Du: sagst deinen Namen und woher du anrufst. Du benötigst Informationen über Sprachkurse.
Mónica: Muy bien, ¿cuándo quieres venir?
Du: erklärst, dass dein Bruder den Kurs besuchen will. Er möchte für zwei Wochen kommen und will wissen, ob jede Woche ein Kurs beginnt.
Mónica: Sí, por supuesto, cada semana empiezan cursos nuevos, siempre el lunes.
Du: willst außerdem wissen, wo dein Bruder wohnen kann.
Mónica: Mira, puede vivir con otros estudiantes en un piso o en una familia española.

b *Erzähle deinem Bruder, was Mónica gesagt hat. Zeige ihm dann den Prospekt der Schule auf der Seite 40 und erkläre ihm, welcher Kurs für ihn in Frage kommt, wie lange er dauert und wieviel er kostet.*

DESPUÉS DE LA UNIDAD 4

6 **Timo en Granada**

Die spanischen Freunde deiner Eltern besuchen euch und haben ihre Tochter Ana mitgebracht. Du sitzt mit ihr am Computer, als du eine E-Mail von deinem Freund Timo bekommst: er macht gerade Ferien in der Nähe von Granada. Erkläre Ana auf spanisch, was Timo schreibt.

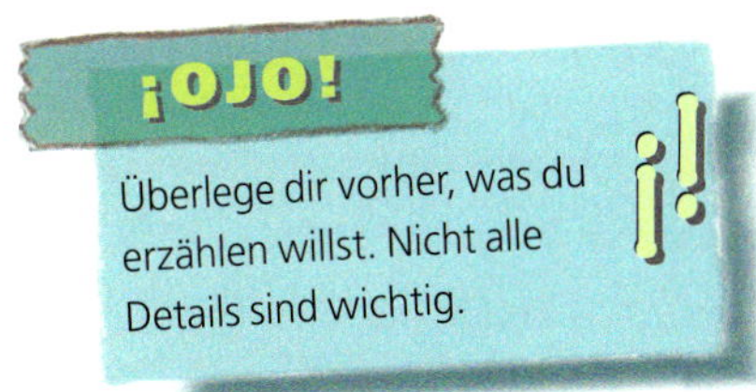

¡OJO!
Überlege dir vorher, was du erzählen willst. Nicht alle Details sind wichtig.

Hola, Sandra, ¿qué tal?
Du siehst, ich kann schon etwas spanisch. Wir sind hier in einem Ferienhaus, einer Casa rural: es liegt in den Bergen und ist ziemlich klein. Um einzukaufen, muss man ins Dorf fahren, und das ist weit.
Im Haus nebenan wohnen Susanne, ein deutsches Mädchen, und ihre spanischen Freunde. Morgen abend machen sie ein großes Fest, weil Susanne nächste Woche zurück nach Deutschland fährt. Heute fahren wir zusammen ins Dorf, um Brot, Käse und Schinken einzukaufen. Danach bereiten wir alles vor. Mir gefällt alles hier: das Wetter, die Leute von der Sprachschule. Aber nächste Woche muss ich auch zurück nach Deutschland. Na ja, ich finde es auch schön, euch alle wieder zu sehen.

Hasta pronto, Timo

DESPUÉS DE LA UNIDAD 6

7 **Estudiar es muy duro …**

Explica en alemán a un/a compañero/-a que no habla español: ¿Qué problema tiene Tomás? Resume después la respuesta en alemán.

Me cuesta mucho ponerme a estudiar. Durante las vacaciones de verano, no he abierto ni un libro … y ahora me arrepiento. ¿Podrías darme algún consejo aunque ya sea algo tarde?
Tomás, 15 años

Después de las vacaciones has perdido la costumbre de estudiar. Lo primero que debes hacer es reservar un tiempo todos los días para estudiar. Al principio, con media hora puede bastar, después ya un poco más, si es necesario. Durante este tiempo no haces otra cosa, por nada de nada. Un consejo: cada vez que consigas hacer tu tarea, haz algo agradable: sal con tus amigos, ve algún programa interesante en la tele etc.

DESPUÉS DE LA UNIDAD 7

8 **Charlas entre amigos**

1. *Lee el texto: ¿Qué significan las palabras subrayadas?*
2. *Explica las ventajas y las desventajas de los chats a un amigo que no habla español.*

Chatear permite ampliar el círculo de amigos.
E incluso iniciar nuevas relaciones en la vida real. Gracias al correo electrónico instantáneo, como MSN, por ejemplo, los compañeros se pueden reunir después de las clases y comentar los asuntos del día. Y eso ¡sin bloquear el teléfono fijo o agotar las tarjetas del móvil!

¡Cuidado con los límites!
En los chats, la gente se esconde tras un seudónimo. Una conversación iniciada en un foro se puede continuar de forma más privada en MSN ... ¡con alguien totalmente desconocido! Si la discusión toma una cariz desagradable, es necesario desconectar de inmediato. Y, por supuesto, no hay que dar nunca los datos personales ni citarse a ciegas. Es como abrir la puerta a cualquiera estando solo en casa: ¡puede ser muy peligroso!

DESPUÉS DE LA UNIDAD 8

9 **Jamón con tomate**

cocinayhogar.com — Casas · Decoración · Mascotas · Plantas · Bricolaje — Grupo facilisimo.com — encontrar casa, disfrutar un hogar

Foro
Mapa del sitio
Recetas
Envía tus recetas

DIETA SANA
- Celiacos
- Diabéticos
- Dietas
- Niños
- Salud
- Vegetarianos

PARA TI
- Alimentos
- Bebidas
- Buenas maneras
- Cocina internacional
- Comer en España
- Especiales
- Ferias y eventos
- Glosario de términos
- Libros recomendados
- Tablas calóricas
- Enlaces de interés

ESTÁS EN: Recetas > Jamón con pan tomaca (pa amb tomàquet) — PUBLICIDAD

Jamón con pan tomaca (pa amb tomàquet)

Ingredientes:
- pan gallego o chapata, 1 rebanada
- aceite de oliva,
- tomate maduro, 1 unidad
- jamón serrano, 1 loncha
- sal, al gusto

Elaboración
Tostar la rebanada. Partir el tomate por la mitad y restregar por la tostada, añadir un chorrito de aceite de oliva y una pizca de sal. Colocar la loncha de jamón encima.

Otros Datos:
Calorías: MEDIA
Comensales:

a *Lies dir das Rezept durch:*

1. *Was benötigst du für «Jamón con pan tomaca»?*
2. *Was sind die einzelnen Arbeitsschritte?*

b *Was verstehst du noch?*

ANEXO

EL ALFABETO · Das Alfabet

a [ɑ]	e [e]	j [xota]	n [ene]	r [erre]	w [uβe doble]
b [be]	f [efe]	k [ka]	ñ [eɲe]	s [ese]	x [ekis]
c [θe]	g [xe]	l [ele]	o [o]	t [te]	y [iɣrjeɣa]
ch [tʃe]	h [atʃe]	ll [eʎe]	p [pe]	u [u]	z [θeta]
d [de]	i [i]	m [eme]	q [ku]	v [uβe]	

LOS SIGNOS DE PUNTUACIÓN · Die Zeichen im Satz

´	el acento ortográfico o la tilde	:	los dos puntos	¿ ?	los signos de interrogación
~	la tilde	( )	los paréntesis	–	el guión largo
.	el punto	« »	las comillas	-	el guión
,	la coma	…	los puntos suspensivos		la minúscula
;	el punto y coma	¡ !	los signos de exclamación		LA MAYÚSCULA

LA PRONUNCIACIÓN · Die Aussprache

Las consonantes · Die Konsonanten

[β] be**b**er, vol**v**er, agrada**b**le
[b] **b**eber, **v**olver, **v**er
[θ] **c**ero, **z**umo, ve**z**
[tʃ] mu**ch**o
[d] **d**uro, **d**iez
[ð] invita**d**o, universi**d**a**d**
[f] **f**iesta, **f**in
[x] re**g**ión, ma**j**o
[g] **g**allego, len**g**ua
[ɣ] galle**g**o
[j] a**y**er
[ʎ] Casti**ll**a, **ll**over
[k] **k**ilo, **qu**eso, **c**olor
[l] **l**eche
[m] ca**m**a
[n] pregu**n**ta
[ŋ] i**n**glés
[ɲ] a**ñ**o, ni**ñ**o
[p] **p**osible
[r] pe**r**o
[rr] **r**osa, abu**rr**ido
[s] **s**ol, ca**s**a, palabra**s**
[t] **t**ranquilo
[(k)s] e**x**amen

Las vocales · Die Vokale

[a] p**a**n
[e] **e**mp**e**zar
[i] b**i**c**i**cleta, mu**y**
[o] car**o**
[u] z**u**mo

Der Vokal -u- *wird nicht gesprochen nach* q *sowie zwischen* g *und* e *bzw.* i: **qu**e, **qu**ien, se**gu**ir, **gu**erra

Los diptongos · Die Gleitlaute

[ei] r**ei**no
[eu] **Eu**ropa
[ai] **ai**re
[au] rest**au**rante
[oi] v**oy**
[j] b**i**en, Aleman**i**a, barr**i**o, c**i**udad
[w] ag**u**a, j**u**eves, antig**u**o, c**u**idado

LOS NÚMEROS EN ESPAÑOL · Die spanischen Zahlen

Los números cardinales · Die Grundzahlen

0	cero	40	cuarenta
1	uno, una, un	50	cincuenta
2	dos	60	**ses**enta
3	tres	70	**set**enta
4	cuatro	80	ochenta
5	cinco	90	**nov**enta
6	seis	100	ciento, cien
7	siete	101	ciento uno/**-a**, un
8	ocho	135	ciento treinta y cinco
9	nueve	200	doscientos/-as
10	diez	300	trescientos/-as
11	once	400	cuatrocientos/-as
12	doce	500	**quinientos/-as**
13	trece	600	seiscientos/-as
14	catorce	700	**set**ecientos/-as
15	quince	800	ochocientos/-as
16	dieciséis	900	**nov**ecientos/-as
17	diecisiete	1.000	mil
18	dieciocho	2.000	dos mil
19	diecinueve	10.000	diez mil
20	veinte	100.000	cien mil
21	veintiuno/**-a**, -ún	200.000	doscientos/-as mil
22	veintidós	500.000	**quinientos/-as** mil
23	veintitrés	1 000.000	un millón
26	veintiséis	2 000.000	dos millones
30	treinta		
31	treinta y uno/**-a**, y un		
32	treinta y dos		
33	treinta y tres		

Los números ordinales · Die Ordnungszahlen

1°	el primero	1ª	la primera	! el **primer** piso
2°	el segundo	2ª	la segunda	
3°	el tercero	3ª	la tercera	! el **tercer** piso
4°	el cuarto	4ª	la cuarta	
5°	el quinto	5ª	la quinta	
6°	el sexto	6ª	la sexta	
7°	el séptimo	7ª	la séptima	
8°	el octavo	8ª	la octava	
9°	el noveno	9ª	la novena	
10°	el décimo	10ª	la décima	

INDICACIONES PARA LOS EJERCICIOS · Übungsanweisungen

A veces más de una solución es posible.	*Manchmal sind mehrere Lösungen möglich.*
Adivina.	*Rate.*
A jugar:	*Spielt:*
Apunta las palabras / expresiones / los argumentos en tu cuaderno.	*Notiere die Wörter / die Ausdrücke / die Argumente in deinem Heft.*
Busca ejemplos en el texto / las parejas / los verbos / las palabras / la información / los argumentos.	*Suche Beispiele im Text / die Paare / die Verben / die Wörter / die Information / die Argumente.*
Busca las diferentes partes del texto.	*Suche die verschiedenen Teile des Textes.*
Busca un título para cada parte.	*Suche eine Überschrift für jeden Teil.*
Combina.	*Verbinde.*
Comenta …	*Kommentiere …*
Compara y utiliza …	*Vergleiche und verwende …*
… como en el ejemplo.	*… wie das Beispiel.*
Completa las frases / con …	*Ergänze die Sätze / mit …*
Contesta la(s) pregunta(s).	*Beantworte die Frage(n).*
Continúa. / Continuar.	*Fahre fort. / Fahrt fort.*
Corregir (las frases).	*Korrigiert (die Sätze).*
Corrige las frases.	*Korrigiere die (folgenden) Sätze.*
Cuenta tú.	*Erzähle.*
Describe …	*Beschreibe …*
Discutir en grupos.	*Diskutiert in Gruppen.*
Elige … / Elegir …	*Wähle … aus. / Wählt … aus.*
Escribe frases / (un texto) en tu cuaderno.	*Schreibe Sätze / (einen Text) in dein Heft.*
Escucha.	*Höre zu.*
Hacer un diálogo.	*Erstellt einen Dialog.*
Haz frases.	*Bilde Sätze.*
Haz / hacer preguntas … y contestar.	*Stelle / stellt Fragen … und antwortet.*
Haz una encuesta en clase.	*Mache eine Umfrage in der Klasse.*
Haz propuestas / una lista en tu cuaderno.	*Mache Vorschläge / eine Liste in dein Heft.*
Imagina las preguntas / un titular para cada párrafo.	*Denk dir Fragen / eine Überschrift für jeden Absatz aus.*
Imagina (dos) situaciones más.	*Stell dir noch (zwei) Situationen vor.*
Imagina y apunta.	*Denk dir aus und notiere.*
Lee el texto otra vez y contesta / y escribe en tu cuaderno.	*Lies den Text noch einmal und antworte / schreibe in dein Heft.*
Mira el texto / el mapa / el plano / las frases.	*Schau dir den Text / die Karte / den Plan / die Sätze an.*
Ordena las frases / los verbos.	*Ordne die Sätze / die Verben.*
Por ejemplo.	*Zum Beispiel.*
Pregúntale a tu compañero/-a.	*Frage deine/n Mitschüler/in.*
Pregunta y apunta / contesta.	*Stelle Fragen und notiere / antworte.*
Preguntar y contestar (como en el ejemplo).	*Fragt euch gegenseitig (wie im Beispiel).*
Presenta los apuntes / en clase.	*Berichte anhand deiner Notizen / in der Klasse.*
Resume el texto.	*Fasse den Text zusammen.*
Trabajar en dos grupos.	*Arbeitet in zwei Gruppen.*
Traduce las frases siguientes.	*Übersetze die folgenden Sätze.*
Utiliza … y escribe un texto.	*Verwende … und schreibe einen Text.*

EL ESPAÑOL EN LA CLASE · Spanisch im Unterricht

Hilfe erbitten/anbieten:

¿Puedo ayudarte?	*Kann ich dir helfen?*
¿Puedes ayudarme?	*Kannst du mir helfen?*
Tengo problemas con _____ . ¿Qué puedo hacer?	*Ich habe Probleme mit ____, was soll ich tun?*
¿Tienes un boli / lápiz?	*Hast du einen Kuli / Bleistift?*

Um Wiederholung bitten:

Perdone, ¿puede hablar más despacio, por favor?	*Entschuldigen Sie, können Sie bitte langsamer sprechen?*
Perdón, (yo) no lo entiendo.	*Entschuldigung, ich verstehe das nicht.*
¿Puede explicarlo otra vez?	*Können Sie das noch einmal erklären?*
¿Puede repetirlo otra vez, por favor?	*Können Sie das bitte wiederholen?*

Um Hinweise oder Erklärungen bitten:

¿Cuánto tiempo tenemos?	*Wie viel Zeit haben wir?*
Tengo una pregunta.	*Ich habe (noch) eine Frage.*
¿Puede explicar ____ ?	*Können Sie ___ erklären?*
(Yo) no he entendido el / los ejercicio/s.	*Ich habe die Aufgabe/n nicht verstanden.*
No entiendo la palabra / frase «___».	*Ich verstehe das Wort / den Satz „ ____ " nicht.*
¿Cómo se dice « ____ » en alemán / en español?	*Was heißt „ ____ " auf Deutsch / auf Spanisch?*
¿Se puede decir también « ____ » ?	*Kann man auch „ ____ " sagen?*
¿Qué significa / quiere decir « ____ »?	*Was bedeutet „ ____ "?*
¿Cómo se pronuncia « ____ »?	*Wie spricht man „ ____ " aus?*
¿Cómo se llama esto en español?	*Wie heißt das auf Spanisch?*
¿Qué? ¿Cómo?	*Was? / Wie bitte?*
¿Puede poner un ejemplo, por favor?	*Können Sie bitte ein Beispiel nennen?*
¿Cómo se escribe « ____ »?	*Wie schreibt man „ ____ "?*
¿Se escribe « ____ » con / sin «s»?	*Schreibt man „ ___ " mit / ohne „s"?*
¿Qué es eso?	*Was ist das?*
¿En qué página está?	*Auf welcher Seite steht das?*
¿Es correcto / falso?	*Ist das richtig / falsch?*

Vorschläge erbitten / machen:

¿Sigo?	*Soll ich weitermachen?*
¿Qué hacemos ahora?	*Was machen wir jetzt?*
Empezamos desde el principio.	*Wir fangen von vorne an.*
Ahora te toca a ti. Después le toca a él / ella.	*Jetzt bist du dran. Danach ist er / sie dran.*
Leed el texto por turno / haciendo cada uno un papel.	*Lest den Text abwechselnd / mit verteilten Rollen.*

Sich entschuldigen:

Lo siento, no lo he hecho a propósito.	*Tut mir leid, das habe ich nicht mit Absicht getan.*
Lo siento, (no) es culpa mía.	*Tut mir leid, das ist (nicht) meine Schuld.*

LOS VERBOS · Die Verben

1 Verbos auxiliares

infinitivo	**ser**	**estar**	**haber**	
modo indicativo presente	**soy**	**estoy**	**he**	
	eres	estás	**has**	
	es	está	**ha**	! **hay**
	somos	estamos	**hemos**	
	sois	estáis	habéis	
	son	están	**han**	
imperativo	**sé**			
gerundio	**siendo**	estando	habiendo	
participio	**sido**	estado	habido	
pretérito imperfecto	**era**	estaba	había	! **había**
	eras			
	era			
	éramos			
	erais			
	eran			
pretérito indefinido	**fui**	**estuve**		
	fuiste	**estuviste**		
	fue	**estuvo**		! **hubo**
	fuimos	**estuvimos**		
	fuisteis	**estuvisteis**		
	fueron	**estuvieron**		

2 Los verbos regulares en *-ar*/*-er*/*-ir*

infinitivo	**charlar**	**comprender**	**vivir**
modo indicativo presente	charl**o**	comprend**o**	viv**o**
	charl**as**	comprend**es**	viv**es**
	charl**a**	comprend**e**	viv**e**
	charl**amos**	comprend**emos**	viv**imos**
	charl**áis**	comprend**éis**	viv**ís**
	charl**an**	comprend**en**	viv**en**
gerundio	charl**ando**	comprend**iendo**	viv**iendo**
participio	charl**ado**	comprend**ido**	viv**ido**
pretérito imperfecto	charl**aba**	comprend**ía**	viv**ía**
pretérito indefinido	charl**é**	comprend**í**	viv**í**
modo indicativo presente		! *coger*: co**j**o, coges …	! *salir*: sal**g**o, sales …
imperativo			! **sal**
gerundio		! *creer*: cre**y**endo ! *leer*: le**y**endo	
participio			! *abrir*: **abierto** ! *escribir*: **escrito** ! *descubrir*: **descubierto**
pretérito indefinido	! *-car*: bus**qu**é, buscaste … ! *-gar*: lle**gu**é, llegaste … ! *-zar*: organi**c**é, organizaste …	! *creer*: cre**y**ó, cre**y**eron ! *leer*: le**y**ó, le**y**eron	

3 Grupos de verbos

3.1 Verbos con diptongación: *e → ie*

infinitivo	**pensar**	**perder**
modo indicativo presente	p**ie**nso	p**ie**rdo
	p**ie**nsas	**pierdes**
	p**ie**nsa	p**ie**rde
	pensamos	**perdemos**
	pensáis	perdéis
	p**ie**nsan	p**ie**rden
gerundio	pensando	perdiendo
participio	pensado	perdido
pretérito imperfecto	pensaba	perdía
pretérito indefinido	pensé	perdí

también: *cerrar*, *empezar*, *entender*, *preferir*, *querer*, *sentir*, *tener*

! *tener*:
presente: **tengo**, tienes …
imperativo: **ten**
indefinido: **tuve**, **tuv**iste, **tuv**o …

! *empezar*:
indefinido: empe**c**é, empezaste …

! *querer*:
indefinido: **quise**, **quis**iste, **quiso** …

! *sentir*:
gerundio: s**i**ntiendo
indefinido: s**i**ntió, s**i**ntieron

3.2 Verbos con diptongación: *o → ue*

infinitivo	**encontrar**	**volver**
modo indicativo presente	enc**ue**ntro	v**ue**lvo
	enc**ue**ntras	v**ue**lves
	enc**ue**ntra	v**ue**lve
	encontramos	volvemos
	encontráis	volvéis
	enc**ue**ntran	v**ue**lven
gerundio	encontrando	volviendo
participio	encontrado	**vuelto**
pretérito imperfecto	encontraba	volvía
pretérito indefinido	encontré	volví

también: *aprobar*, *contar*, *acordarse*, *dormir*, *llover*, *poder*, *soñar*

! *poder*:
gerundio: p**u**diendo
indefinido: **pude**, **pu**diste, **pudo** …

! *dormir*:
gerundio: d**u**rmiendo
indefinido: d**u**rmió, d**u**rmieron

! *jugar*:
presente: j**ue**go, j**ue**gas …

3.3 Verbos con debilitación vocálica: *e* → *i*

infinitivo	**pedir**
modo indicativo presente	p**i**do p**i**des p**i**de pedimos pedís p**i**den
gerundio	p**i**diendo
participio	pedido
pretérito imperfecto	pedía
pretérito indefinido	pedí pediste **pidió** pedimos pedisteis **pidieron**

! *seguir*: s**i**go, s**i**gues …

3.4 Verbos del tipo *conocer*

infinitivo	**conocer**
modo indicativo presente	cono**zc**o conoces conoce conocemos conocéis conocen
gerundio	conociendo
participio	conocido
préterito imperfecto	conocía
préterito indefinido	conocí

también: *nacer*, *ofrecer*, *parecer*, *aparecer*

4 Verbos irregulares

infinitivo	**dar**	**decir**	**hacer**
modo indicativo presente	**doy** das da damos dais dan	**digo** **dices** **dice** decimos decís **dicen**	**hago** haces hace hacemos hacéis hacen
imperativo		**di**	**haz**
gerundio	dando	d**i**ciendo	haciendo
participio	dado	**dicho**	**hecho**
préterito imperfecto	daba	decía	hacía
pretérito indefinido	**di** **diste** **dio** **dimos** **disteis** **dieron**	**dije** **dijiste** **dijo** **dijimos** **dijisteis** **dijeron**	**hice** **hiciste** ! **hizo** **hicimos** **hicisteis** **hicieron**

infinitivo	**ir**	**poner**	**saber**
modo indicativo presente	**voy** **vas** **va** **vamos** **vais** **van**	**pongo** pones pone ponemos ponéis ponen	**sé** sabes sabe sabemos sabéis saben
imperativo	**ve**	**pon**	
gerundio	**yendo**	poniendo	sabiendo
participio	**ido**	**puesto**	sabido
préterito imperfecto	**iba** **ibas** **iba** ! **íbamos** **ibais** **iban**	ponía	sabía
pretérito indefinido	**fui** **fuiste** **fue** **fuimos** **fuisteis** **fueron**	**puse** **pusiste** **puso** **pusimos** **pusisteis** **pusieron**	**supe** **supiste** **supo** **supimos** **supisteis** **supieron**

infinitivo	**traer**	**venir**	**ver**
modo indicativo presente	**traigo** traes trae traemos traéis traen	**vengo** **vienes** **viene** **venimos** venís **vienen**	veo **ves** **ve** **vemos** **veis** **ven**
gerundio	**trayendo**	viniendo	**viendo**
participio	**traído**	venido	**visto**
préterito imperfecto	traía	venía	veía
pretérito indefinido	**traje** **trajiste** **trajo** **trajimos** **trajisteis** **trajeron**	**vine** **viniste** **vino** **vinimos** **vinisteis** **vinieron**	**vi** **viste** **vio** **vimos** **visteis** **vieron**
imperativo		**ven**	

PEQUEÑO DICCIONARIO DE CULTURA Y CIVILIZACIÓN

Kleines landeskundliches Wörterbuch

SPANIEN

ORTE

ALBACETE *135 000 Einwohner*
Hauptstadt der gleichnamigen Provinz in der Ebene der Mancha, im Süden der Region Castilla – La Mancha. Der Name geht auf das arabische *al-Basîta* (= die Ebene) zurück.

ALCALÁ DE HENARES *170 000 Einwohner*
30 km östlich von Madrid gelegene Universitätsstadt, die in 25 Minuten mit dem Vorortzug vom Madrider Bahnhof Atocha zu erreichen ist. Alcalá ist auch der Geburtsort des Dichters Miguel de Cervantes. Die Ende des 15. Jahrhunderts gegründete Universität gehörte zu den berühmtesten Europas. 1836 wurde sie nach Madrid verlegt. 1977 erfolgte die Neugründung der Universität, die heute wieder zu den größten Spaniens gehört.

LA ALHAMBRA *(Granada)*
Der ehemalige, im 14. Jahrhundert erbaute Palast der maurischen Nasridendynastie überragt auf einem Hügel die Altstadt von Granada. Das Ensemble von turmbewehrten Mauern, Säulenhallen, zahlreichen Innenhöfen und Gartenanlagen zeichnet sich vor allem durch die Mosaik- und Stuckdekorationen aus und gehört zu den Höhepunkten maurischer Baukunst. 1492 erobert, verfiel die Alhambra später, ist aber inzwischen restauriert und zur Haupttouristenattraktion Granadas geworden.

ANDALUCÍA *7,3 Mio. Einwohner, 87 368 km²*
Autonome Region im Süden Spaniens mit der Hauptstadt Sevilla. Ehemals ein armes, von wenigen Großgrundbesitzern dominiertes Agrarland, hat Andalusien in den letzten Jahrzehnten durch den Tourismus einen wirtschaftlichen Aufschwung erlebt, ohne dass die krassen sozialen Gegensätze beseitigt wären. Die Region ist landschaftlich sowohl durch Küste, als auch durch Hochgebirge, Steppe und Tiefland gekennzeichnet. Wie sonst nirgends in Spanien sind hier die kulturellen Einflüsse der Araber (Architektur) und der *gitanos* (Flamenco) sichtbar.

ARGÜELLES *(Madrid)*
U-Bahn-Station und westlich der Madrider Altstadt gelegener Stadtteil, vielbesuchtes und wohlhabendes Geschäfts- und Ausgehviertel, in unmittelbarer Nachbarschaft zahlreicher Regierungsgebäude, des Palacio Real im Süden, der Universität Complutense und großzügiger Parkanlagen.

ATOCHA *(Madrid)*
U-Bahn-Station, Fernbahnstation und Stadtteil im Süden der Innenstadt, südlich des Parque del Retiro. Von dem Fernbahnhof Estación de Atocha, dem größten in Madrid, fahren Züge vor allem in Richtung Süden und Westen ab.

ÁVILA *45 000 Einwohner*
Die höchst gelegene Provinzhauptstadt Spaniens, im Süden der Region Castilla y León. Geburtsort der Nationalheiligen Teresa de Ávila und berühmter Wallfahrtsort mit vollständig erhaltenen mittelalterlichen Stadtmauern.

AZCA *(Madrid)*
Abgekürzt für *Asociación Zona Comercial ‚A'*, das im Norden Madrids gelegene, zwischen 1954 und 1964 entstandene, 204 ha große Banken- und Geschäftsviertel. Wegen seiner modernen Hochhausarchitektur wird es auch als „Manhattan" Madrids bezeichnet. Eines der prominentesten Gebäude des Viertels ist der über 150 m hohe Torre Picasso.

BARAJAS *(Madrid)*
Einziger internationaler Flughafen Madrids, 15 km östlich der Stadt gelegen.

BARCELONA *2,3 Mio., mit Umland 4,7 Einwohner*
Hauptstadt der gleichnamigen Provinz und der autonomen Region *Cataluña*, größte Hafenstadt und nach Madrid zweitgrößte Wirtschafts- und Kulturmetropole Spaniens. Wie keine Stadt Spaniens war Barcelona Heimat oder Wirkungsstätte zahlreicher Künstler und Architekten der Moderne wie Antoni Gaudí, Pablo Picasso und Joan Miró.

BILBAO *370 000, mit Umland 850 000 Einwohner*
Im Norden Spaniens gelegene Hauptstadt der baskischen Provinz Vizcaya (Bizkaia), eine der wichtigsten Industrie- und Hafenstädte des Landes. Mit dem 1997 fertig gestellten Guggenheim-Museum für moderne Kunst hat die Stadt ein neues Wahrzeichen erhalten.

BURGOS *170 000 Einwohner*
Hauptstadt der gleichnamigen Provinz im Norden der Region Castilla y León, berühmt durch die im 13. Jahrhundert begonnene und im 16. Jahrhundert vollendete gotische Kathedrale, in der die kastilischen Könige gekrönt wurden. Burgos ist auch Heimat des spanischen Nationalhelden El Cid, dem ein großes Denkmal gewidmet ist.

CÁCERES *72 000 Einwohner*
Hauptstadt der gleichnamigen Provinz im Norden der Region Extremadura, nahe der Grenze zu Portugal. Die gesamte Altstadt aus dem 15. und 16. Jahrhundert gehört zum Weltkulturerbe der UNESCO.

CÁDIZ *160 000 Einwohner*
Am Atlantik gelegene Hafenstadt in Andalusien, wurde als

älteste Stadt der iberischen Halbinsel 1100 v. Chr. von Phöniziern gegründet.

EL CAMINO DE SANTIAGO
Der *camino de Santiago*, im Deutschen als „Jakobsweg" bekannt, ist seit dem Mittelalter die Pilgerroute von Mitteleuropa zum Grab des Apostels Jakob in der galicischen Hauptstadt Santiago de Compostela. Auf spanischem Gebiet erstreckt er sich über ca. 800 km von den Pyrenäen über Pamplona, Logroño, Burgos, León bis nach Santiago.

CARTAGENA *190 000 Einwohner*
In der Region Murcia gelegener Hauptmarinehafen Spaniens und bedeutender Handelshafen am Mittelmeer.

CASA DE CAMPO *(Madrid)*
Ehemaliges königliches Jagdgelände im Osten Madrids, seit 1931 der Öffentlichkeit zugänglicher und mit 1747 ha größter Park Madrids. In dem weitläufigen Gelände befinden sich u. a. Sportanlagen, ein Zoo und zahlreiche Gartenlokale.

CASTILLA
Bezeichnet landschaftlich das zentrale Hochland Spaniens, historisch das alte Königtum Castilla, das seit dem 8. Jahrhundert bestand und den Kern des späteren spanischen Nationalstaats bildet. Auch das Spanische als Sprache hat sich aus dem Kastilischen entwickelt. Man unterscheidet zwischen „Altkastilien", zu dem die Regionen Castilla y León, Cantabria und La Rioja gehören und „Neukastilien" mit den Regionen Madrid und Castilla-La Mancha.

CATALUÑA, CATALUNYA *6,2 Mio. Einwohner, 31 930 km²*
Autonome Region im Nordosten Spaniens mit der Hauptstadt Barcelona. Siedlungszentrum ist das zwischen dem katalanischen Gebirge und der Küste gelegene katalanische Längstal. *Cataluña* ist das bedeutendste Industriegebiet und eine der dichtbesiedeltsten und wohlhabendsten Regionen Spaniens. Aufgrund der eigenen Sprache *(Català)* hat Katalonien neben dem Baskenland immer eine besonders aktive Rolle im Kampf um regionale Eigenständigkeit gespielt und sich kulturell und wirtschaftlich immer von der Zentralmacht in Madrid abgegrenzt.

CENTRO DE ARTE REINA SOFÍA *(Madrid)*
Am Bahnhof Atocha gelegenes Museum der zeitgenössischen Kunst, das sich in den Gebäuden des aus dem 18. Jahrhundert stammenden Hospitals San Carlos und einem modernen Neubau befindet. Ausgestellt sind u. a. Werke von Álvaro Delgado, Salvador Dalí, Juan Gris, Joan Miró und Pablo Picasso, dessen berühmtes Bürgerkriegsgemälde El Guernica einen besonders prominenten Platz einnimmt.

CIUDAD REAL *61 000 Einwohner*
Hauptstadt der gleichnamigen Provinz im Süden der Region Castilla-La Mancha. Die „königliche Stadt" wurde im 13. Jahrhundert von Alfons X. als Grenzstadt und Festung gegen die Mauren angelegt und ist heute Ausgangspunkt zu Ausflügen in die Mancha, zu den Schauplätzen des Romans *El Quijote* von Miguel de Cervantes.

CÓRDOBA *300 000 Einwohner*
Hauptstadt der gleichnamigen andalusischen Provinz, am Fluss Guadalquivir gelegen. Die Stadt ist heute noch architektonisch von der maurischen Herrschaft geprägt, unter der sie vom 8. bis zum 13. Jahrhundert ihre Blütezeit, u.a. als Sitz des Kalifats, erlebte. Architektonisches Glanzstück der Stadt ist die ehemalige Omaijaden-Moschee La Mezquita.

COTO DE DOÑANA
Der größte, 1969 im Mündungsdelta des Guadalquivir gegründete Nationalpark Spaniens. Er folgt in seiner Anlage der Route der Zugvögel nach Afrika und besteht aus drei verschiedenen ökologischen Zonen: dem Feuchtgebiet (Doñana húmedo), einem Trockengebiet (Doñana seco) und dem Dünengürtel. Das Ökosystem des Nationalparks ist allerdings gefährdet, weil durch Obstplantagen und Tourismus ständig Wasser abgezogen wird.

CUENCA *46 000 Einwohner*
Hauptstadt der gleichnamigen Provinz im Osten der Region Castilla – La Mancha. Auf einem steilen Felsen erbaut, ist die Stadt vor allem bekannt durch die in den Fels gehauenen *casas colgadas*, die „hängenden Häuser", deren Balkone direkt über dem Abgrund schweben. Die von steilen Treppen durchzogene Altstadt hat ihren mittelalterlichen Charakter bewahrt.

EXTREMADURA *1,1 Mio. Einwohner, 41 602 km²*
Die autonome Region im Südwesten Spaniens, an der Grenze zu Portugal, umfasst die Provinzen Cáceres und Badajoz und zählt zu den am dünnsten besiedelten und ärmsten Regionen Spaniens. Hauptstadt ist Mérida. Die Extremadura ist bis heute ein Auswanderungsland geblieben. Viele der berühmtesten spanischen *conquistadores* des 16. Jahrhunderts stammen aus dieser Region.

FERIA DE ABRIL *(Sevilla)*
Das sechstägige weltliche Hauptfest Sevillas, das seit 1846 gefeiert wird und sich ursprünglich aus dem Viehmarkt der Stadt entwickelt hat. Es findet jedes Jahr im April etwa zwei Wochen nach der *Semana Santa* statt.

GALICIA *2,8 Mio. Einwohner, 294 434 km²*
Autonome Region im äußersten Nordwesten des Landes mit einer eigenen Sprache, dem *gallego*. Wichtige Städte sind La Coruña, Vigo und Santiago de Compostela.

GERONA *(Girona) 75 000 Einwohner*
Nahe den Pyrenäen und der Costa Brava gelegene Hauptstadt der gleichnamigen katalanischen Provinz.

LA GRAN VÍA *(Madrid)*
Die Avenida La Gran Vía ist die ehemalige Prachtstraße und heutige Hauptgeschäftsstraße Madrids. Sie erstreckt

sich nördlich der Altstadt von der Mündung der Calle de Alcalá in nordwestlicher Richtung bis zur Plaza de España. In ihrem südöstlichen Teil von der Architektur des 19. Jahrhunderts geprägt, stehen auf dem jüngeren, nordwestlichen Teil zahlreiche Kinopaläste im amerikanischen Stil.

GRANADA *275 000 Einwohner*
Hauptstadt der gleichnamigen andalusischen Provinz und eine der am stärksten von arabischer Geschichte und Kultur geprägten spanischen Städte. Seit 1238 Hauptstadt des maurischen Staates Granada fiel es erst 1492 als letzter arabischer Besitz an Kastilien. Wichtigstes Denkmal der maurischen Zeit ist der Alhambrapalast. Granada beherbergt aber auch zahlreiche Baudenkmäler der christlichen Zeit, wie den Palast Karls V. oder die Renaissancekathedrale Santa María, in deren Capilla Real die *Reyes Católicos* Fernando de Aragón und Isabel de Castilla bestattet sind.

GUADALAJARA *60 000 Einwohner*
Hauptstadt der gleichnamigen Provinz im Norden der Region Castilla – La Mancha und östlich der Region Madrid gelegen. Die Stadt am linken Ufer des Rio Henares ist vor allem bekannt durch den aus dem 15. Jahrhundert stammenden Palacio del Infantado, in dem heute zahlreiche Museen untergebracht sind.

GUADALQUIVIR
Mit 560 km Länge der fünftgrößte Fluss Spaniens, durchquert Andalusien von Ost nach West und fließt dabei u. a. durch Córdoba und Sevilla. Ab dort ist er bis zu seiner Mündung im Golf von Cádiz schiffbar. Im Mündungsdelta des Guadalquivir befindet sich der Nationalpark Coto de Doñana.

HUESCA *44 000 Einwohner*
Hauptstadt der gleichnamigen Provinz im Norden der Region Aragón und ehemaliger Sitz der Könige von Aragón, von denen einige in der Kirche San Pedro el Viejo bestattet sind.

JAÉN *100 000 Einwohner*
Im Norden der Region *Andalucía* gelegene Hauptstadt der gleichnamigen Provinz, spielte eine bedeutende Rolle bei der *Reconquista,* der christlichen Rückeroberung Spaniens.

LANZAROTE *100 000 Einwohner*
795 km² große und östlichste der zur Region *Canarias* gehörigen Inseln, beliebtes Ferienziel. Die 684 m über dem Meeresspiegel gelegene Insel ist von Vulkangestein geprägt. Hauptort ist Arrecife.

MADRID *3,1 Mio., mit Umgebung 5,2 Mio. Einw.*
Seit 1561 Hauptstadt Spaniens und Zentrum der gleichnamigen autonomen Region, in der kastilischen Hochebene auf 655 m Höhe in der Mitte des Landes gelegen. Sitz aller wichtigen nationalen Behörden, Wirtschafts- und Kunstzentrum des Landes. Internationale Ausstrahlung durch weltberühmte Museen (Museo del Prado), aber auch durch die Sportszene (Real Madrid). Madrid ist heute eine europäisch ausgerichtete Metropole mit starken kulturellen Verbindungen nach Lateinamerika.

MÁLAGA *580 000 Einwohner*
Hauptstadt der gleichnamigen andalusischen Provinz, eine der ältesten, von den Phöniziern gegründete Mittelmeerstädte. Die Geburtsstadt des Malers Pablo Picasso ist berühmt für die hier produzierten Weine. Durch seinen Flughafen ist Málaga eine Drehscheibe des Tourismus geworden. Wie in Sevilla, so ist auch hier die Semana Santa, die prunkvollen und farbenfrohen religiösen Prozessionen der Osterwoche, eine der Hauptattraktionen.

LA MEZQUITA *(Córdoba)*
Die einstige Hauptmoschee Córdobas, die als das wichtigste Zeugnis islamischer Baukunst in Spanien gilt. Sie entstand zwischen dem 8. und 10. Jahrhundert auf den Resten einer ehemaligen westgotischen Kirche. Nach der Eroberung der Stadt durch die kastillanischen Könige baute man eine Kathedrale mitten in den Innenraum der Moschee. Herzstück der ehemaligen Moschee ist der berühmte Betsaal mit seinen 856 frei stehenden Säulen.

MOTRIL
110 km östlich von Málaga gelegene Kleinstadt. Das Stadtbild Motrils ist geprägt von Bauwerken aus der arabischen Zeit.

MULHACÉN
Der im Naturpark Sierra Nevada im Süden Spaniens gelegene Cerro de Mulhacén ist mit 3481 m einer der höchsten Berge des Landes. An klaren Tagen kann man vom Gipfel bis zur afrikanischen Küste sehen.

NAVARRA *537 000 Einwohner, 10 421 km²*
Autonome Region im Norden Spaniens, die historisch im alten Königreich Navarra wurzelt. Sie grenzt im Westen an die Region *País Vasco* und wird von den baskischen Nationalisten teilweise mit beansprucht. Im Süden bildet der Ebro, im Nordwesten der Pyrenäenkamm die Grenze. Hauptstadt ist Pamplona. Durch Navarra führt die Pilgerroute Camino de Santiago und hier befindet sich auch der Puerto de Roncevalles, der berühmteste Pyrenäenpass des Mittelalters, an dem 778 ein einheimisches Heer die Franken besiegte.

PAÍS VASCO /EUSKADI *2,1 Mio. Einw., 7261 km²*
Die hauptsächlich von Basken bewohnte, autonome Region im Norden Spaniens, in der das Baskische *(vasco)* auch als offizielle Sprache anerkannt ist. Hauptstadt ist Vitoria/Gasteiz, die größten Städte sind Bilbao/Bilbo und San Sebastián/Donostia. Die Provinz ist wirtschaftlich von der Schifffahrts- und Schwerindustrie geprägt. Hier liegt auch das Zentrum und Hauptaktionsfeld der baskischen Unabhängigkeitsbewegung, die in der ETA ihren radikalen, militanten Flügel hat.

PARQUE / PARC GÜELL *(Barcelona)*
Der von dem Architekten Antoni Gaudí zwischen 1900 und 1914 an einem Hügel im Stadtteil Vallcarca angelegte Park gehört zu den bekanntesten Sehenswürdigkeiten Barcelonas. Er enthält zahlreiche, bunte, bizarre und z. T. mythologische Gebäude, Figuren und Formelemente aus Stein oder Keramik, die in die Natur integriert sind. In den 20er Jahren wurde der Park der Öffentlichkeit zugänglich gemacht.

LA PLAZA MAYOR *(Madrid)*
120 mal 94 m großer, architektonisch kunstvoll ausgestalteter und in typisch kastilischem Stil angelegter Platz im Zentrum Madrids, diente seit seiner offiziellen Einweihung 1620 als Ort öffentlicher Veranstaltungen wie Volksfeste, Stierkämpfe und Inquisitionstribunale.

EL PRADO *(Madrid)*
Spanisches Nationalmuseum und berühmtestes Museum Madrids, mit einer der bedeutendsten europäischen Kunstsammlungen. Es wurde 1819 als „Museum der Königlichen Gemäldesammlung" eröffnet und ist im Besitz von über 5 000 Gemälden, von denen nur etwa die Hälfte ausgestellt werden, darunter Werke von Hieronymus Bosch (El Bosco), El Greco, Velázquez und Goya.

LOS PUEBLOS BLANCOS
Die „weißen Dörfer" in Andalusien lagen zu Zeiten der *Reconquista* an der Grenze zwischen maurischen und christlichen Territorium und sollten der Bevölkerung Schutz bieten.

LA PUERTA DEL SOL *(Madrid)*
Halbrunder Platz im Herzen Madrids, benannt nach dem ehemaligen östlichen Stadttor, gilt als geographischer Mittelpunkt Spaniens. Historisch bedeutsamer politischer Versammlungsplatz, Ort des traditionellen, landesweit übertragenen Neujahrsläutens und Sitz der Regierung der autonomen Region Madrid.

EL RETIRO *(Madrid)*
Westlich der Altstadt gelegener, 130 ha großer Park. Der Parque del Retiro wurde 1632 als Schlossgarten des Palacio del Buen Retiro an Philipp IV. übergeben. Seit 1869 im Besitz der Stadt Madrid, ist er heute eines der beliebtesten städtischen Erholungsgebiete mit zahlreichen Cafés, Denkmälern, kunstvoll gestalteten Brunnen, einem Bootsteich und dem 1887 errichteten Palacio de Cristal.

LA RIOJA *270 000 Einwohner, 5034 km²*
Eine der kleinsten Regionen Spaniens, südlich des Baskenlandes und östlich der Region Castilla y León gelegen, und nur aus einer einzigen Provinz bestehend. Die früher unter dem Namen Logroño bekannte Provinz hat sich vor allem als Weingegend einen Namen gemacht.

SEMANA SANTA
Die während der „Heiligen Woche", der Karwoche veranstalteten Umzüge gehören zu den wichtigsten und bekanntesten religiösen Festen Spaniens und werden in vielen Städten aufwändig gefeiert. Besonders bekannt ist die *Semana Santa* in Sevilla, wo sie zu den Haupttouristenattraktionen gehört. Sie beginnt am Palmsonntag mit Umzügen aus verschiedenen Stadtvierteln, in denen in Büßergewänderrn gekleideten „Bruderschaften" *(cofradías)* reich geschmückte Heiligenfiguren *(pasos)* vor sich her tragen. In der Nacht vom Karfreitag zum Karsamstag findet jeweils die Hauptprozession statt.

SAN SEBASTIÁN *(Donostia) 175 000 Einwohner*
Hauptstadt der baskischen Provinz Guipúzcoa, eines der klassischen spanischen Seebäder am Golf von Biscaya. Zentrum der Fischerei und des Schiffbaus, dessen Geschichte in dem bekannten Museo Naval dargestellt wird.

EL SANTIAGO BERNABEU *(Madrid)*
Im Norden Madrids Stadt gelegene U-Bahn-Station und Name des Stadions des Fußballklubs Real Madrid, benannt nach Santiago Bernabeu, der den Club als 10. Präsident von 1943 bis 1975 führte.

SANTIAGO DE COMPOSTELA *94 000 Einwohner*
Im Nordwesten Spaniens gelegene Hauptstadt der autonomen Region *Galicia* und berühmtester Wallfahrtsort Spaniens. Hier endet der *Camino de Santiago,* die im Deutschen als „Jakobsweg" bekannte Pilgerroute zum Grab des Apostels Jakob.

SEGOVIA *60 000 Einwohner*
Hauptstadt der gleichnamigen Provinz im Südosten der Region Castilla y León, wegen ihrer malerischen Lage auf der kastilischen Hochebene, seiner zahlreichen antiken Baudenkmäler (römisches Aquädukt) und seines Rufs als kulinarisches Zentrum ein beliebtes Reiseziel.

SEVILLA *720 000 Einwohner*
Hauptstadt Andalusiens und viertgrößte Stadt Spaniens, geprägt durch die Mischung aus maurischer und christlicher Baukunst (Kathedrale, Alcázar). Die Geburtsstadt des Malers Diego Velázquez ist berühmt wegen ihrer Festumzüge, z. B. der sechstägigen *Feria de Abril* und der Osterprozession *(Semana Santa).*

SIERRA NEVADA
110 km lange Gebirgskette südöstlich von Granada in Andalusien und eines der bekanntesten Wintersportgebiete Spaniens. In ihr liegen zwei der höchsten Berge des Landes, der Cerro de Mulhacén (3481 m) und der Pico de Veleta (3428 m).

EL TAJO
Mit 1120 km, davon 910 km in Spanien, der längste Fluss der iberischen Halbinsel. Er entspringt ca. 200 km östlich von Madrid, durchfließt in westlicher Richtung u. a. Toledo, den Norden der Region Extremadura und mündet als „Tejo" nahe der portugiesischen Hauptstadt Lissabon in den Atlantik.

TOLEDO *64 000 Einwohner*
Hauptstadt der gleichnamigen Provinz, südwestlich von Madrid in der Region Castilla – La Mancha gelegen. U. a. wegen ihrer großen historischen Bedeutung gehört die Stadt zum Weltkulturerbe der UNESCO. Toledo war Hauptstadt der Westgoten, maurische Residenzstadt und alte Hauptstadt der Könige von Kastilien. Die Stadt war auch Zentrum der „Sepharden", der spanischen Juden, mit der einstmals größten jüdischen Gemeinde der iberischen Halbinsel, und beherbergte im frühen Mittelalter eine berühmte Übersetzerschule. In Toledo lebte von 1577 bis zu seinem Tod 1624 der Maler El Greco, dem ein berühmtes Museum gewidmet ist.

VALENCIA *764 000, mit Umland 2,2 Mio. Einw.*
Am Mittelmeer gelegene Hauptstadt der gleichnamigen Region, drittgrößte Stadt Spaniens mit dem zweitgrößten Hafen des Landes. Berühmt ist das im März stattfindende Frühlingsfest mit den ausgestellten und danach verbrannten Stoff- und Pappfiguren (Fallas).

PERSONEN

RAFAEL ALBERTI *(1902–1999)*
In Südspanien geborener Dichter. Alberti gilt als einer der bedeutendsten Dichter der spanischen Literatur des 20. Jahrhunderts, Verfasser volkstümlicher, später surrealistischer Gedichte und Dramen und Mitbegründer der einflußreichen „Generation von 1927". Als überzeugter Kommunist lebte Alberti während der Franco-Diktatur im französischen Exil. Seine wichtigsten Werke sind *Marinero en tierra* (1924), *Sobre los ángeles* (1927–1928), *Cal y canto* (1929) und *Romancero general de la guerra española* (1944).

ANTONIO BANDERAS *(geb. 1960)*
In Málaga geborener spanischer Schauspieler und Filmregisseur. Bekannt und erfolgreich wurde er durch seine Rollen in europäischen Filmen insbesondere des Regisseurs Pedro Almodóvar. In dem Film *Frida*, der das Leben der mexikanischen Malerin Frida Kahlo behandelt, spielte er in der Rolle des „*David Siqueiros*" an der Seite von Salma Hayek.

MIGUEL DE CERVANTES *(1547–1616)*
Ein Hauptvertreter des *Siglo de Oro* der spanischen Literatur, gilt bis heute als der bedeutendste spanische Schriftsteller. Die Niederschrift seines Hauptwerks *El Quijote* (1605) begann er im Gefängnis von Sevilla, wo er wegen Schulden einsaß. Mit dieser Satire auf die zeitgenössischen Ritterromane, die zahlreiche Nachahmer fand, beginnt die Geschichte des europäischen Romans.

CRISTÓBAL COLÓN *(1451–1506)*
als Cristoforo Colombo geborener Seefahrer aus Genua, der die *Reyes Católicos* dafür gewann, seine Expedition zu finanzieren, mit der er einen Seeweg nach Indien entdecken wollte. Die erste von insgesamt vier Expeditionen umfasste 88 Mann sowie die drei Schiffe La Pinta, La Niña und La Santa María. Auf dieser, vom 3. 8. 1492 bis zum 15. 3. 1493 dauerndèn Fahrt, nahm er mehrere karibische Inseln, darunter *Cuba* und *Hispaniola,* für Spanien in Besitz. Er legte damit den Grundstein für das spanische Kolonialreich und machte den Europäern die Existenz des amerikanischen Kontinents bekannt.

HERNÁN CORTÉS *(1485–1547)*
aus Medellín (Extremadura) stammender Eroberer Mexikos. Cortés begann 1519 von *Cuba* aus seine Expedition und führte nach seiner Landung in Mexiko einen grausamen Vernichtungskrieg gegen die Azteken, die sich erbittert zur Wehr setzten. Nach der Eroberung 1521 wurde er zunächst Statthalter der neuen Kolonie „Neuspanien". Er starb, nachdem er zwischenzeitlich nach Spanien und dann wieder nach Mexiko zurückgekehrt war, 1547 im andalusischen Castilleja de la Cuesta.

FEDERICO GARCÍA LORCA *(1898–1936)*
Aus Andalusien stammender Lyriker und Dramatiker und einer der bedeutendsten Vertreter der spanischen Literatur im 20. Jahrhundert. Lorca gehörte der Autorengruppe *Generación del 27* an und verband Einflüsse des Surrealismus mit traditionellen Mythen. Ebenso verknüpfte er die kultivierte Hochsprache mit der Volkssprache. Besonders großen Raum nimmt in seinem Werk die Welt der *gitanos,* der spanischen Zigeuner ein. Zu seinen Hauptwerken zählen der Gedichtband *Romancero Gitano* (1928) sowie die Dramen *Bodas de sangre* (1933), *Yerma* (1934) und *La casa de Bernarda Alba* (1936). Lorca wurde am Beginn des spanischen Bürgerkriegs von den Anhängern des faschistischen Generals Franco erschossen.

MIGUEL HERNÁNDEZ *(1910–1942)*
Der spanische Dichter und überzeugte Republikaner geriet wegen seiner progressiven Gedanken in Widerspruch zum franquistischen Regime und starb im Gefängnis. Seine wichtigsten Werke sind *Perito en lunas* (1936), *El rayo que no cesa* (1936), *Viento del pueblo* (1937) und *Cancionero y romancero de ausencias* (1968, im Gefängnis geschrieben und nach seinem Tod veröffentlicht).

JARABE DE PALO *(geb. 1960)*
Hinter diesem Bandnamen verbirgt sich der spanische Sänger und Liedermacher Pau Donés, der 1997 durch seine CD Duca2Music und vor allem durch die Singleauskopplung *La Flaca* bekannt wurde.

MANU CHAO *(geb. 1961)*
Als Sohn spanischer Eltern in Paris geborener Sänger und Liedermacher, singt in Spanisch, Französisch und Englisch und verbindet in seiner Musik europäische, afrikanische und lateinamerikanische Elemente. 1998 erschien sein bisher bekanntestes Album *Clandestino.*

JUAN MARSÉ *(geb. 1933)*
Einer der wichtigsten spanischen Schriftsteller der zweiten Hälfte des 20. Jahrhunderts. In Barcelona geboren, veröf-

fentlichte Marsé seine erste Erzählung 1958 in der Madrider Zeitschrift *Ínsula*. Seinen experimentellen Erzählstil entwickelte er in zahlreichen Romanen, darunter *Últimas tardes con Teresa* (1964), *Si te dicen que caí* (1974) und *El embrujo de Shanghai* (1993). Marsé erhielt auch mehrere hochdotierte Literaturpreise wie den *Premio Europa de Literatura* (1994) und den *Premio Nacional de Narrativa* (2001) für seinen Roman *Rabos de lagartija* (2000).

ANTONIO NEBRIJA *(1444–1522)*
Der bedeutendste spanische Humanist wurde in Lebrija in der Provinz Sevilla geboren, studierte in Bologna und Salamanca, wo er seit 1475 an der dortigen Universität Grammatik und Rhetorik lehrte. Berühmt ist er vor allem dadurch, dass er die erste lateinische Grammatik in Spanien publizierte, die er später auch ins Spanische übersetzte. Zu seinen Werken gehört auch ein lateinisch-spanisches Wörterbuch.

PABLO PICASSO *(1881–1973)*
Spanischer Maler, Graphiker, Bildhauer, Keramiker und Dichter, einer der Väter der modernen abstrakten Malerei. In Málaga geboren wurde Picasso in Barcelona und Madrid ausgebildet, siedelte 1904 aber nach Paris um. Sowohl künstlerisch als auch politisch ein Revolutionär, hat er in seinen verschiedenen Schaffensphasen viele wichtige Kunstrichtungen des 20. Jahrhunderts, darunter den Kubismus und den Surrealismus, beeinflusst. Besonders berühmt ist seine Darstellung der Bombardierung der baskischen Stadt Guernica, das sich im Centro de Arte Reina Sofia in Madrid befindet.

REYES CATÓLICOS
Bezeichnung für das Königspaar Fernando de Aragón (1452–1516) und Isabel de Castilla (1451–1504), die mit ihrer Heirat 1469 und der Vereinigung ihrer Territorien den Grundstein zum spanischen Nationalstaat und zur absoluten Monarchie in Spanien legten. In ihre Regierungszeit fällt auch das Ende der maurischen Herrschaft in Spanien durch den Fall Granadas 1492.

PEDRO DE VALDIVIA *(1500–1553)*
Einer der berühmten spanischen *conquistadores,* wurde 1500 in La Serena in der Provinz Extremadura geboren, kam 1535 als Offizier nach Südamerika und gilt als Eroberer Chiles. ·Gründete am 12.2.1541 die spätere Hauptstadt Santiago und 1543, als zweite spanische Gründung auf chilenischem Boden, La Serena, benannt nach seiner Heimatstadt.

SPRACHEN

CATALÁN *(Català)*
Eine westromanische Sprache mit eigener Literatur, die von ca. 6 Mio. Menschen in den Regionen Cataluña, Valencia, Baleares, in Andorra, aber auch teilweise in Südfrankreich und Sardinien gesprochen wird. Mit der Sprache des *català* verbindet sich die seit Jahrhunderten aktive katalanische Autonomiebewegung. Durch ein 1997 verabschiedetes Sprachengesetz hat das katalanische Regionalparlament in Barcelona die Benutzung des català im öffentlichen Leben auch gesetzlich festgeschrieben.

GALLEGO *(Galego)*
Eine dem Portugiesischen nahestehende romanische Sprache, die von ca. 2,4 Mio. Menschen vor allem in der autonomen Region *Galicia* gesprochen wird. Im Mittelalter, und dann wieder seit dem 19. Jahrhundert hat sich das Gallego auch als Literatursprache ausgeprägt.

VALENCIANO *(Valencià)*
Eine vor allem in der autonomen Region Valencia gesprochene Variante des Katalanischen (català / catalán).

VASCO *(Euskera)*
Eine von ca. 500 000 Menschen im spanischen und französischen Baskenland gesprochene Sprache, die als eine der wenigen europäischen Sprachen nicht zur indogermanischen Sprachengruppe gehört und in der autonomen Region *País Vasco* als offizielle Sprache anerkannt ist. Wie das Katalanische, so spielt auch das Baskische eine große Rolle bei dem Kampf um regionale und nationale Autonomie. *Vasco* oder baskisch *Euskera* wird allerdings in Spanien nur von einem Viertel der baskischen Bevölkerung gesprochen.

SONSTIGES

AVE
Der von der spanischen Eisenbahngesellschaft RENFE entwickelte Hochgeschwindigkeitszug *(Alta Velocidad),* der dem französischen TGV und dem deutschen ICE entspricht und von der Madrider Station Atocha u. a. nach Sevilla, aber auch über Barcelona zur französischen Grenze fährt.

EL INSTITUTO CERVANTES
Eine 1991 von der spanischen Regierung gegründete und nach dem Nationaldichter Miguel de Cervantes (1547–1616) benannte Organisation, die das Ziel hat, die spanische Sprache und Kultur im Ausland zu verbreiten und zu präsentieren. Inzwischen gibt es mehr als 30 Einrichtungen des *Instituto Cervantes* in aller Welt.

FLAMENCO
Ein durch einen strengen Grundrhytmus, aber eine variable Melodik geprägter, von der Gitarre und Kastagnetten begleiteter Tanz, der vor etwa 200 Jahren von *gitanos* in Andalusien begründet wurde, aber auch arabische Einflüsse zeigt. In den 20er Jahren des 20. Jahrhunderts verbreitete er sich auch außerhalb Andalusiens und gilt heute als eine typisch spanische Kunstform.

EL QUIJOTE
1605 erschienenes Hauptwerk von Miguel de Cervantes (1547–1616), der bis heute als der bedeutendste spanische Schriftsteller gilt. Das Buch ist eine Satire auf die

damals beliebten Ritterromane. Die gleichnamige Hauptfigur, ein verarmter Adliger aus der La Mancha, besteht als „Ritter von der traurigen Gestalt“ mit seinem bauernschlauen Diener Sancho Pansa zahlreiche reale und eingebildete Abenteuer.

EL REAL MADRID
Eigentlich: Real Madrid Club de Fútbol, der 1902 gegründete, legendäre und erfolgreichste Fußballklub Spaniens, mehrmaliger spanischer Meister, Europapokal- und Weltpokalsieger. Spielt im Stadion Santiago Bernabeu im Norden der Stadt.

LA RECONQUISTA
Prozess der als „Rückeroberung“ bezeichneten gewaltsamen Christianisierung der maurischen, d. h. islamisch beherrschten Gebiete Spaniens. Die *Reconquista* verlief von Norden nach Süden, beginnend mit dem Sieg der Asturier über die Mauren in der Schlacht von Covadonga 722 und endete mit der Eroberung des Emirats Granada 1492.

LATEINAMERIKA

ORTE

LOS ANDES
Die Anden durchziehen als Hochgebirge den Westen Südamerikas in Nord-Süd-Richtung. Sie erstrecken sich über 7500 km von der Karibikküste bis nach Feuerland im Süden. Der höchste Berg ist der in Argentinien gelegene Aconcagua mit 6959 m Höhe.

LAS ANTILLAS
Inselgruppe in der Karibik, umfasst die Grandes Antillas mit Cuba, Jamaica, Hispaniola (Haiti und Dominikanische Republik) und Puerto Rico; sowie die Pequeñas Antillas, die sich als Islas de Barlovento von Norden nach Süden erstrecken (u. a. mit Antigua, Guadeloupe, Martinique, Dominica, Grenada) und als Islas de Sotavento der Nordküste Venezuelas vorgelagert sind.

ANTOFAGASTA *218 000 Einwohner*
Hauptstadt der Nord Provinz Chiles. Die Stadt wurde 1870 gegründet, um die Nitratvorkommen in der Atacama Wüste zu erkunden. Antofagasta hängt noch heute hauptsächlich vom Nitrat- und Kupferexport ab.

LAGO ATITLÁN *(Guatemala)*
128 km² großer See im zentralen Hochland Guatemalas, liegt 394 m über dem Meeresspiegel zu Füßen des 3534 m hohen Vulkans Atitlán und zählt zu den besuchtesten Ausflugs- und Feriengebieten in Guatemala.

BOGOTÁ *7,5 Mio. Einwohner*
Auf 2650 m Höhe gelegene Hauptstadt Kolumbiens, 1538 von Spaniern als Santa Fé de Bogotá gegründet und später Hauptstadt des Vizekönigtums Granada.

BUENOS AIRES *3 Mio., mit Umgebung 12 Mio. Einw.*
1536 gegründete, am Río de la Plata gelegene Hauptstadt Argentiniens, Wirtschafts- und Kulturzentrum des Landes mit dem größten Hafen Südamerikas. Als Wiege der Stadt gilt das Hafenviertel La Boca, Heimat des Tangos und des Fußballclubs Boca Juniors.

CHILE *ca. 15,2 Mio Einwohner, 756 626 km²*
Staat im Südwesten Südamerikas, der sich zwischen Pazifikküste und Anden 4300 km in Nord-Süd-Richtung erstreckt. Hauptstadt ist Santiago de Chile.

COLOMBIA *41 Mio. Einwohner, 1 138 914 km²*
Staat im Nordwesten Südamerikas, hat Anteil sowohl an den Anden, am Amazonastiefland, als auch an der Pazifik- und Karibikküste. Hauptstadt ist Bogotá.

COPIAPÓ *101 300 Einwohner*
Hauptstadt der chilenischen Region Atacama. In der Region um Copiapó werden hauptsächlich Trauben mit sehr hohem Zuckergehalt produziert, die zu dem alkoholischen Nationalgetränk Pisco verarbeitet werden.

CUBA *11,2 Mio. Einwohner, 110 860 km²*
Staat in der Karibik und größte Insel der Großen Antillen. Als letzte spanische Kolonie in Amerika wurde das Land 1898 unabhängig, geriet aber unter eine wirtschaftliche und politische Abhängigkeit von den USA. Durch die seit der Machtübernahme Fidel Castros 1959 im Namen des Sozialismus durchgeführten gesellschaftlichen Veränderungen hat das Land bis heute eine politische Sonderstellung in Lateinamerika. Hauptstadt ist La Habana.

ECUADOR *13 Mio. Einwohner, 28 356 km²*
Staat im Nordwesten Südamerikas, gehört zu den Andenstaaten mit hohem indianischen Bevölkerungsanteil. Hauptstadt ist Quito.

GUATEMALA *ca. 13 Mio. Einwohner, 109 000 km²*
Gebirgiger Staat in Mittelamerika, südlich von Mexiko, erstreckt sich von der Pazifikküste im Westen bis zum Golf von Honduras im Osten und hat im Norden Anteil an der Halbinsel Yucatán. Mehr als die Hälfte der Einwohner sind Nachfahren der Mayas. Die politische und wirtschaftliche Abhängigkeit von den USA ist groß.

LIMA *5 Mio., mit Umgebung 7,5 Mio. Einwohner*
Hauptstadt von Peru, 1535 von F. Pizarro als Ciudad de los Reyes gegründet und später Hauptstadt des Vizekönigreichs Peru. Hat die älteste, 1551 von Dominikanern gegründete Universität Südamerikas.

MACHU PICCHU
Einer der wichtigsten Zeugnisse der präkolumbischen Inka-Hochkultur. Die Ruinen der auf ca. 2900 m Höhe, 110 km nordwestlich von Cuzco in den peruanischen Anden gelegenen historischen Inkastadt wurden erst 1911 entdeckt. Sie geben Einblick in Tempel- und Wohnanlagen, aber auch in die Landwirtschafts- und Bewässerungstechniken der Inkas.

MÉXICO *100,5 Mio. Einwohner, 1 958 201 km²*
Föderaler Staat, grenzt im Süden an die mittelamerikanischen Staaten und im Norden an die USA. War bis zur spanischen Eroberung Zentrum des indianischen Azteken-Reiches. Das ehemalige Vize-Königreich Neu-Spanien wurde 1821 unabhängig und erlebte 1910 eine „nationale Revolution" (Verstaatlichung von Grundbesitz und Bodenschätzen), auf die sich noch heute das politische System im Land beruft. Hauptstadt ist Ciudad de México, das mit Ballungsraum ca. 20 Mio. Einwohner hat und zu den bevölkerungsreichsten Städten der Erde gehört.

PERÚ *26 Mio. Einwohner, 1 285 215 km²*
Staat an der Pazifikküste Südamerikas, größtenteils von den Anden, aber auch vom Amazonastiefland geprägt. In Peru lag das Zentrum der indianischen Inka-Hochkultur mit ihrer auf 3416 m Höhe gelegenen Hauptstadt Cuzco. Hauptstadt Perus ist Lima.

LA SERENA *107 000 Einwohner*
460 km nördlich von Santiago de Chile gelegene, zweitälteste spanische Gründung in Chile, mit einer im spanisch-kolonialen Stil erhaltenen Altstadt.

SANTIAGO *(de Chile) 4,6 Mio. Einwohner*
Die 1541 im kolonialen Schachbrettmuster gegründete Hauptstadt Chiles ist geographischer, politischer, wirtschaftlicher und kultureller Mittelpunkt des Landes. Mehr als die Hälfte der chilenischen Industriegüter werden dort erzeugt. Santiago war häufig Opfer von Erdbeben und Überschwemmungen und hat heute mit den Folgen starker Umweltverschmutzung und der Ausbreitung von Elendsvierteln zu kämpfen.

SANTIAGO *(de Cuba) 545 000 Einwohner*
Die 1514 gegründete, an der Südküste gelegene zweitgrößte Stadt Kubas war im 16. Jahrhundert für kurze Zeit Hauptstadt des Landes und ist heute als Industrie-, Universitätsstadt und Erzbischofssitz von Bedeutung.

SANTIAGO DEL SURCO *245 000 Einwohner*
Ein 45 km² großer Distrikt der peruanischen Hauptstadt Lima, südöstlich der Innenstadt gelegen, mit einem eigenen historischen Zentrum.

TIKAL
Im 19. Jahrhundert wiederentdeckte Stadt der präkolumbischen Maya-Kultur im Norden Guatemalas. Die 1956–1969 freigelegte Anlage umfasst fünf große Tempelpyramiden – darunter der mit 65 m höchste bekannte Turm der Mayas –, Palastanlagen und zahlreich andere, auf insgesamt 16 km² verstreute Gebäude, die in der Zeit zwischen 6000 v. Chr. und 900 n. Chr. entstanden sind.

EL VALLE DEL ELQUI *(Chile)*
Das ungefähr 90 km südlich von der Stadt La Serena gelegene fruchtbare Tal ist Heimatstadt der Dichterin und Nobelpreisträgerin Gabriela Mistral.

VIÑA DEL MAR *320 000 Einwohner*
In Mittelchile, am Pazifik gelegenes Seebad und Sommerresidenz des chilenischen Präsidenten. Bildet mit der Nachbarstadt Valparaiso eine zusammenhängende städtische Agglomeration.

PERSONEN

SIMÓN BOLIVAR *(1783–1830)*
Bedeutendster General und Politiker Lateinamerikas des frühen 19. Jahrhunderts. Im Anschluss an die Venezolanische Revolution von 1810/11 führte er 1819 die späteren nördlichen Andenstaaten Colombia, Venezuela, Ecuador und Panama zur Unabhängigkeit von Spanien. In dieser vereinigten Republik „Groß-Kolumbien" bekleidete er zunächst auch das Amt des Staatspräsidenten. 1823 gewann er zusätzlich die Herrschaft in Peru, 1824/26 wurde er Präsident von Bolivia, das nach ihm benannt ist. Seine Versuche, alle befreiten Länder zu einem Staat zu vereinen, scheiterten.

CELIA CRUZ *(1920–2003)*
Die kubanische „Salsa-Königin" verließ 1960 Kuba nach der Revolution und setzte in den USA ihre Karriere fort. Sie nahm mehr als 70 Alben auf und trat mit den bekanntesten Bandleadern, aber auch mit jüngeren Stars (Shakira, Wyclef Jean u. a.) auf.

GABRIEL GARCÍA MÁRQUEZ *(geb. 1928)*
Am 6. März 1928 im nordkolumbianischen Aracataca geborener Schriftsteller. Als einer der bedeutendsten zeitgenössischen Autoren Lateinamerikas und Hauptverteter des „magischen Realismus" erhielt Márquez 1982 den Nobelpreis für Literatur. Kennzeichnend für sein Werk ist die untrennbare Verknüpfung von Vergangenheit und Gegenwart sowie von natürlichen und übernatürlichen Vorgängen. Die wichtigsten seiner Erzählungen und Romane, wie *Cien años de soledad* (1967), *Crónica de una muerta anunciada* (1981) und *El amor en los tiempos del cólera* (1985) spielen in seiner engeren Heimat, an der kolumbianischen Karibikküste.

SALMA HAYEK
Am 2. 9. 1968 geborene mexikanische Filmschauspielerin. Sie wurde durch die Besetzung prominenter weiblicher Filmrollen bekannt, so als Esmeralda in *Der Glöckner von Notre Dame* oder als Julia in *El coronel no tiene quien le escriba,* der Verfilmung des gleichnamigen Romans von Gabriel García Márquez. In mehreren Filmen spielte sie zusammen mit Antonio Banderas, so in *Desperado* und zuletzt in *Frida*, wo sie als Frida Kahlo die Hauptrolle besetzte.

FRIDA KAHLO *(1907–1954)*
Mexikanische Künstlerin, die dem Surrealismus nahe stand und sich politisch für den Sozialismus und die mexikanische Revolution engagierte. Vor allem aufgrund

ihrer zahlreichen symbolischen Selbstporträts gilt sie als eine der wichtigsten Malerinnen des 20. Jahrhunderts. Aufgrund einer frühen Kinderlähmung und eines Unfalls wurde sie ihr Leben lang durch Krankheiten und körperliche Missbildungen beeinträchtigt. Großes Aufsehen erregte auch ihre stürmische Beziehung mit dem Revolutionsmaler Diego Rivera.

MAPUCHE
Name einer indianischen Bevölkerung, Sprache und Kultur in den südlichen Anden, die vor allem in Chile, aber auch in Argentinien verbreitet ist. Die Mapuche gehören zur ethnischen Gruppe der *Araukaner,* die in Chile ein Zehntel der Bevölkerung, also etwa 1,4 Mio. Menschen, ausmachen. Sie widersetzten sich erfolgreich gegen ihre Eroberung durch die Inkas, aber auch bis ins späte 19. Jahrhundert gegen die spanische Herrschaft. Zunächst in Reservate abgeschoben, wurden diese 1962 von der chilenischen Regierung abgeschafft. Der Kampf der Mapuche um ihre kulturellen Rechte und ihr Land dauert aber bis heute an.

RIGOBERTA MENCHÚ
1959 geborene Bürgerrechtlerin aus Guatemala, gehört zum Stamm der Quiché-Indianer und setzt sich vor allem für die Rechte und sozialen Belange der indianischen Bevölkerung ein. 1981 musste sie zeitweise nach Mexiko ins Exil. 1983 wurde sie Mitglied der Menschenrechtskommission der Vereinten Nationen, 1992 erhielt sie den Friedensnobelpreis.

GABRIELA MISTRAL *(1889–1957)*
Eine der bedeutendsten lateinamerikanischen Autorinnen des 20. Jahrhunderts. Am 7. 4. 1889 wurde sie unter dem Namen Lucila Godoy Alcayaga in Vicuña/Chile geboren. Sie arbeitete zunächst als Lehrerin und später im diplomatischen Dienst, so als chilenische Konsulin in Madrid, Lissabon und Los Angeles. Hauptthema ihrer Gedichte ist die Liebe. 1914 wurde sie in Santiago für ihren Gedichtband *Los Sonetos de la Muerte* ausgezeichnet. 1945 erhielt sie als erste lateinamerikanische Autorin den Nobelpreis für Literatur. Sie starb 1957 in Hampstead im US-Bundesstaat New York.

PÁNICO
Diese chilenische Gruppe definiert ihre Musik als „eine Mischung aus lateinamerikanischen Elementen mit *Indio-Rock.*" Sie experimentieren mit unterschiedlichen Musikrichtungen wie z. B. Rock, *hip-hop salsa, lounge* und sogar Punk und provozieren durch ihre Texte.

ANTONIO SKÁRMETA *(geb. 1940)*
In Antofagasta geborener chilenischer Schriftsteller, Film- und Theaterregisseur lebte von 1973 bis 1989 im Exil in der Bundesrepublik Deutschland. Einige seiner bekanntesten Werke sind: *Soñé que la nieve ardía, No pasó nada* und *La composición.* Sein Roman *El cartero de Neruda (Ardiente paciencia),* inspiriert von einer Episode aus dem Leben des chilenischen Dichters Pablo Neruda, wurde 1995 verfilmt und mehrfach mit Preisen ausgezeichnet. Antonio Skármeta war von 2000 bis 2003 Botschafter Chiles in Deutschland.

JOSÉ DE SAN MARTÍN *(1778–1850)*
General spanischer Herkunft und neben Simón Bolivar der wichtigste südamerikanische Freiheitsheld des frühen 19. Jahrhunderts. Er befehligte die argentinischen Truppen im Kampf gegen Spanien, befreite 1817 Chile und 1821 Peru. Dort traf er mit Bolivar zusammen, mit dem er sich aber nicht einigen konnte. 1824 ging er deshalb wieder nach Europa ins Exil.

SONSTIGES

CIEN AÑOS DE SOLEDAD
1967 erschienener Roman und eines der Hauptwerke des kolumbianischen Literaturnobelpreisträgers Gabriel García Márquez. Das Buch legte mit seiner Vermischung realistischer und fantastischer Begebenheiten den Grundstein für den Weltruhm des Autors und trug entscheidend zur weltweiten Popularität des „magischen Realismus" und der lateinamerikanischen Literatur insgesamt bei. Der Roman ist als eine über sieben Generationen sich erstreckende Familienchronik angelegt und spielt in *Macondo,* das große Ähnlichkeit mit Aracataca, dem Geburtsort des Autors nahe der kolumbianischen Karibikküste, hat.

DOCE CUENTOS PEREGRINOS
Im Jahr 2000 erschienenes Buch des kolumbianischen Literaturnobelpreisträgers Gabriel García Márquez, das zwölf innerhalb von achtzehn Jahren entstandene Kurzgeschichten enthält.

FLORIAN GALLENBERGER *(geb. 1972)*
In München geborener Filmregisseur. Gallenberger studierte von 1992 bis 1999 an der Hochschule für Fernsehen und Film München. Sein Abschlussfilm *Quiero ser* gewann im Jahr 2000 den Oscar für den besten Kurzfilm.

EL TANGO
Tanz im $^2/_4$ Takt, häufig von einem Bandoneón begleitet, entstand um 1880 in den Bars des Hafenviertels von Buenos Aires. Dieses Milieu, sowie die eng umschlungene Tanzhaltung, bei der auch Männer miteinander tanzten, verliehen dem Tango zunächst einen etwas zweifelhaften Ruf, bevor er im 20. Jahrhundert in Argentinien zu einer nationalen Institution wurde.

VOCABULARIO

LISTA CRONOLÓGICA

Symbole und Abkürzungen

~ bezeichnet die Lücke, in die das neue Wort einzusetzen ist
= bezeichnet Wörter und Wendungen mit gleicher oder ähnlicher Bedeutung
≠ bezeichnet Wörter und Wendungen mit gegensätzlicher Bedeutung
1 bezeichnet ein Wort, das angeglichen werden muss. Die richtige Form steht am Ende des Kapitels.

Grundschrift = obligatorischer Wortschatz *kursiv* = fakultativer Wortschatz

adj.:	adjetivo, Adjektiv	*inf.:*	infinitivo, Infinitiv
Adj.:	Adjektiv	*Inf.:*	Infinitiv
adv.:	adverbio, Adverb	*ing.:*	inglés, englisch
Adv.:	Adverb	*interj.:*	interjección, Interjektion
alg.:	alguien, jemand/en/-m/-s	*jd.:*	jemand
a/c:	alguna cosa, algo, etwas	*jdm.:*	jemandem
best. /	bestimmter /	*jdn.:*	jemanden
unbest. Art.:	unbestimmter Artikel	*lat.:*	latín, lateinisch
(c → zc)	Verb mit Stammwechsel	*lat.am.:*	latinoamericano, lateinamerikanisch
cf.:	confer (compara, vergleicht)	*m.:*	masculino, Maskulin
conj.:	conjunción, Konjunktion	(o → ue)	Verb mit Stammwechsel
Dim.:	Diminutiv	*pl.:*	plural, Plural
(e → i)	Verb mit Stammwechsel	*Pl.:*	Plural
(e → ie)	Verb mit Stammwechsel	*prep.:*	preposición, Präposition
etw.:	etwas	*s.:*	sustantivo, Substantiv
f.:	femenino, Femininum	*S.:*	Substantiv
fam.:	familiar, umgangssprachlich	*sg.:*	singular, Singular
fran.:	francés, französisch	*Sg.:*	Singular
Imp.:	Imperativ	*ugs.:*	umgangssprachlich

¡Buenos días!	Guten Morgen!, Guten Tag!	
¡Hola!	Hallo!	
el chico / la chica	der Junge / das Mädchen	
¿Qué tal?	Wie geht's?	¡Hola chicos! ~
bien *adv.*	gut	
y	und	
tú	du	
¿Y tú?	*hier:* und dir?	
yo	ich	
yo soy	ich bin	
de	von, aus	Soy ~ España, ~ Madrid.
España *f. sg.*	Spanien	*fran.:* Espagne, *ing.:* Spain
¿cómo?	wie?	
te llamas	du heißt	
¿Cómo te llamas?	Wie heißt du?	¿~? – Me llamo Susanne.
me llamo	ich heiße	
¡Adiós!	Tschüss!, Auf Wiedersehen!	≠ ¡Hola!
hasta	bis	
mañana *adv.*	morgen	
¡Hasta mañana!	Bis morgen!	*cf.* ¡Adiós!
luego	nachher, später	
¡Hasta luego!	Bis nachher!, Auf Wiedersehen!	*cf.* ¡Adiós!
la fiesta	das Fest, die Party	
la playa	der Strand	

1 A

el amigo / la amiga	der / die Freund/in	*fran.:* l'ami/e *(m., f.)*, *lat.:* amicus/-a Amigos ~ Madrid.
en	in, auf, an	
los / las	die *best. Art. Pl.*	
charlar	plaudern	Susanne y Sonia~[1].
un / una	ein/e *unbest. Art. Sg.*	
la plaza	der Platz	Los amigos charlan en una ~. *fran.:* la place, *ing.:* place
¡eh! *interj.*	he!, was?, wie?	
llegar	(an)kommen	Los amigos ~[2] a Madrid.
tarde *adv.*	spät	Sonia llega ~.
se llama	er / sie heißt *hier:* sie heißt	~ Sonia y es amiga de Susanne.
es	er / sie ist *hier:* sie ist	Sonia ~ de España, ~ de Madrid.
Alemania *f. sg.*	Deutschland	*fran.:* l'Allemagne, *f.*
el hermano / la hermana	der Bruder / die Schwester	Susanne es la ~[3] de Kathrin.
los hermanos *m. pl.*	die Brüder, Geschwister	
tomar a/c	etw. nehmen *hier:* trinken	Susanne y Sonia ~[4] algo en la plaza.
algo	etwas	
sí	ja	
vale	einverstanden	
¡Oye!	Hör mal! *Imp.*	~, Sonia, ¿quién es Kathrin?
¿quién?	wer?	
la	die *best. Art. F. Sg.*	
el profesor / la profesora	Lehrer/in	Kathrin es ~[5].
el alemán	Deutsch *hier: Sprache*	Es de Alemania y habla ~.
la profesora de alemán	die Deutschlehrerin	Kathrin es ~ en España.
trabajar	arbeiten	
aquí	hier	
el	der *best. Art. M. Sg.*	
el instituto	das (staatliche) Gymnasium	
hablar	sprechen	*cf.* charlar
el español	Spanisch *hier: Sprache*	Vive en España y habla ~.
un poco *adv.*	etwas, ein bisschen, ein wenig	*fran.:* un peu
muy *adv.*	sehr	Susanne habla español ~ bien.
hay (= haber)	es gibt, es ist, es sind	¡Oye!, mañana ~ una fiesta.
la fiesta	das Fest, die Party	En la plaza hay una ~. *fran.:* la fête
¡ah! *interj.*	Ach!	
entonces	dann, also	~ ¡Hasta mañana!
el inglés	Englisch *hier: Sprache*	
el francés	Französisch *hier: Sprache*	
el portugués	Portugiesisch *hier: Sprache*	
el ruso	Russisch *hier: Sprache*	
el polaco	Polnisch *hier: Sprache*	
el italiano	Italienisch *hier: Sprache*	
el turco	Türkisch *hier: Sprache*	

1 B

¿qué?	was?	– ¿~ hablas? – Alemán, yo soy de Alemania.
¿Qué hay?	Was gibt's?	*cf.* ¡Hola!, ¿qué tal?
¡bah! *interj.*	naja	
¡Regular!	*hier:* es geht	– ¿Qué tal? – ¡Bah!, ~.
como	wie	Kathrin se llama ~ Susanne. Son hermanas.
siempre	immer	*lat.:* semper
el concierto	das Konzert	Hay un ~ en la plaza. *fran.:* le concert, *ing.:* concert

1B	*rin, rin*	*Klingelton*	
	el móvil, los móviles *pl.*	das Mobiltelefon, Handy	
	ver a/c	etw. sehen	– ¿Qué ~[6]? – El móvil
	el mensaje	die Nachricht, die Botschaft	– ¿Qué ves en el móvil? – Veo un ~. *fran.:* le message, *ing.:* message
	¿no?	*hier:* Nicht wahr?	Tú hablas alemán, ¿~?
	pues *interj.*	na, also	
	sólo *adv.*	nur	Roberto ~ habla español.
	¡Mira!	Schau mal!, Sieh mal! *Befehlsform*	*cf.* ¡Oye!
	mirar a/c	etw. (an)schauen, (an)sehen	= ver a/c
	comprender a/c	etw. verstehen	*fran.:* comprendre
	esto	dieses hier, das hier	¿Comprendes ~?
	a ver	Mal sehen!	~ … Es un mensaje de Kathrin.
	no	*hier:* nein	– ¿Comprendes esto? – ~, yo no hablo alemán.
	en alemán	auf Deutsch	Es un mensaje ~.
	¡No sé!	Ich weiß nicht!	
	veo, veo	*etwa: Ich sehe was, was Du nicht siehst.*	
	leer a/c	etw. lesen	Susanne ~[7] en alemán y en español.
	son	sie sind	~ Juan y Maite ~ amigos.
	la palabra	das Wort	
	el rato	die Weile	
	después (de a/c) *adv./prep.*	nach, danach *zeitlich*	un rato ~
	bailar	tanzen	Los chicos ~[8] en la fiesta y en el concierto.
	¡Fenomenal!	fabelhaft!, super!	= muy bien / Hola Susanne, ¿qué tal? ~ ¿Y tú?
	ya	schon	
	bastante *adv.*	ziemlich viel	Ya comprendo ~.
	el cómic, los cómics *pl.*	der Comic	*ing.:* comic(s)
	la tele = *la televisión*	das Fernsehen	*fran.:* la télé, *ing.:* television
	con	mit	
	todo el mundo	jedermann, alle	*fran.:* tout le monde
	con todo el mundo	mit allen	
	¡Estupendo! *adv.*	hervorragend	
	¡Ni fu ni fa! *adv.*	so lala, einigermaßen, weder … noch	
	¡Tirando!	*hier:* es geht, (so) einigermaßen	
	¡Mal! *adv.*	*hier:* schlecht	
	¡Fatal! *adv.*	furchtbar, fatal	
	¡Estoy hecho/-a polvo!	ich bin ganz kaputt, müde, fertig	
1 C	no sólo	nicht nur	Susanne ~ habla alemán, ella también habla español.
	escribir a/c	etw. schreiben	≠ leer / Roberto ~[9] mensajes en el móvil.
	todavía	noch, immer noch	¿~ escribes mensajes en alemán?
	la carta	der Brief	Yo no escribo una ~, escribo un mensaje en el móvil.
	hoy	heute	≠ mañana
	la red, las redes *pl.*	das Netz, Internet	
	¿quiénes? / ¿quién?	wer?	¿ ~ hablan alemán?
	ser (yo soy)	sein	Yo ~[10] Juan y ella ~[11] Susanne.
	aprender a/c	etw. lernen	*fran.:* apprendre
	interesante	interessant	*fran.:* intéressant, *ing.:* interesting

1C

pero	aber	
a veces	manchmal	
difícil	schwer, schwierig	*fran.:* difficile, *ing.:* difficult
preguntar a/c	etw. fragen	
también	auch	
¿dónde?	wo?	– ¿ ~ vives? – En Madrid.
vivir	leben, wohnen	*fran.:* vivre, *lat.:* vivere
¿de dónde?	woher?	– ¿ ~ sois vosotros? – Somos de Perú.
no	*hier:* nicht	~ vivimos en España, vivimos en Alemania.
ahora	jetzt	*cf.* luego
el pueblo	das Dorf, das Volk	
cerca (de a/c) *adv./prep.*	*hier:* in der Nähe von	Vivimos en un pueblo ~ Santiago.
¿Verdad?	*hier:* Stimmt's?	Tú eres de Santiago, ¿~?
el gallego	Galicisch *hier: Sprache*	En España, en Santiago hablan ~.
¡Qué va!	Ganz und gar nicht!	¿Yo? ~ Yo no soy de Galicia, soy de América Latina.
América Latina	Lateinamerika	*fran.:* Amérique Latine
qué + *s.*	Was für ein/e …, wie … *Ausruf*	
¡Qué pena!	Wie schade!	
por	*hier:* durch	Entonces hablamos sólo ~ la red.
la música	die Musik	*fran.:* la musique, *ing.:* music
escuchar a/c	etw. hören	
sobre todo	*hier:* vor allem	Escucho ~ los Red Hot Chili Peppers.
el vasco	Baskisch *hier:* Sprache	
en casa (de alg.)	(bei jdm.) zu Hause.	~ de Roberto hay una fiesta.

¡BUENOS DÍAS!

¿Qué tal?

Bien, ¿y tú?
Regular.
Fenomenal.
¡Estupendo!
¡Ni fu ni fa!

¡Tirando!
¡Mal!
¡Fatal!
¡Estoy hecho/-a polvo!

¡Buenos días!
¡Buenas tardes!
*¡Buenas noches!**

¡Adiós!
¡Hasta mañana!
¡Hasta luego!

* Guten Abend!, Gute Nacht!
Begrüßung und Verabschiedung

1 charlan 2 llegan 3 hermana 4 toman 5 profesora 6 ves 7 lee 8 bailan 9 escribe 10 soy 11 es

2

a	nach, zu	
éstos/-as son *pron.*	diese sind, das sind	Mira, ~[1] mis amigos.
mi, mis *pl.*	mein, meine	
el abuelo, la abuela	der Großvater, die Großmutter	
los abuelos	die Großeltern	Los ~ son los padres de mis padres.
los padres	die Eltern	Los ~ son la madre y el padre.
el padre	der Vater	
la familia	die Familie	*fran.:* la famille, *ing.:* family
la madre	die Mutter	
el aeropuerto	der Flughafen	
la empresa	die Firma	
el tío, la tía, los tíos	der Onkel, die Tante, Tante und Onkel	La ~[2] es la hermana de mi madre o de mi padre.

2	**el primo, la prima, los primos**	der / die Cousin/e, die Cousins *Pl.*	El ~[3] es el hijo de los tíos.
	el hijo, la hija	der Sohn, die Tochter	
	los hijos	die Söhne, *auch* die Kinder	

LA FAMILIA

el padre	la madre	los padres
el hijo	la hija	los hijos
el hermano	la hermana	los hermanos
el tío	la tía	los tíos
el primo	la prima	los primos
el abuelo	la abuela	los abuelos

los / las dos	die beiden, beide	
estudiar a/c	etw. studieren, lernen	*cf.* aprender a/c, *fran.:* étudier, *ing.:* to study, *lat.:* studere
éste/-a es	diese/r ist, das ist	~[4] mi hermana Nuria.
claro	klar	
éste soy yo	das bin ich	

la ciudad, las ciudades *pl.*	die Stadt	≠ el pueblo / *ing.:* city
bonito/-a	schön, hübsch	La Serena es una ciudad muy ~[5].
allí	dort	≠ aquí
el barrio	das Stadtviertel	Rándal vive en un ~ de La Serena.
moderno/-a	modern	*fran.:* moderne, *ing.:* modern
su	sein/e, ihr/e	Este es Roberto con ~ familia
grande	groß	*fran.:* grand/e
tranquilo/-a	ruhig	*fran.:* tranquille
simpático/-a	sympathisch	*fran.:* sympathique
tener a/c, yo tengo	etw. haben	
el año	das Jahr	*fran.:* l'année
tener … años	… Jahre alt sein	Randal ~[6] 17 años.
querer a/c (e → ie, yo quiero)	etw. wollen, *auch:* etw., jdn. lieben	Nuria ~[7] hablar con su hermano.
pasar	vergehen, *hier:* verbringen *Zeit*	Quiero ~ un año en Europa.
Europa	Europa	≠ América Latina
saber a/c (yo sé)	etw. wissen	Nuria, ¿qué ~[8] de España?
hacer a/c (yo hago)	etw. machen, tun	Oye Rándal, ¿qué ~[9]?
o	oder	≠ y
primero	*hier:* zuerst	*cf.* después
el e-mail, los e-mails *pl.*	die E-mail	
mayor	*hier:* groß, älter *Geschwister*	Sus hermanos ~[10] ya estudian y trabajan.
pequeño/-a	klein	Su hermana ~[11] se llama Pati.
entender a/c (e → ie, yo entiendo)	etw. verstehen	= comprender a/c
favorito/-a	Lieblings-	Pati es mi hermana ~[12].
curioso/-a	neugierig, *auch:* merkwürdig	Pati es muy ~[13].
¿cuánto/-a?, ¿cuántos/-as? *pl.*	wie viel/e?	¿~[14] palabras en español conoces?
¿cuántos años tiene?	wie alt ist er / sie?	
tu, tus *pl.*	dein/e	
caro/-a	teuer	Un año en España es ~[15].
el tiempo	die Zeit, *auch:* das Wetter	
todo *adv.*	alles	Queremos tener tiempo para ~.
para + *inf.*	um zu + *Inf.*	Tenemos tiempo ~ preparar una fiesta.

2A

preparar a/c	etw. vorbereiten	*fran.:* préparer, *ing.:* to prepare
para + *s.*	für + *S.*	
la casa	das Haus, die Wohnung	
en nuestra casa	*hier:* bei uns (zu Hause)	*cf.* en casa (de alg.)

2 B

estar, yo estoy	sein	Soy de Chile y ~[16] en Madrid.
¡Mirad!	Seht mal! *Imp.*	*cf.* mirar a/c
al	*a + el*	Llegan ~ aeropuerto.
la foto = *la fotografía*	das Foto	
el / la invitado/-a	*hier:* Gast	Los amigos en la fiesta son los ~[17].
¿Cómo estás?	Wie geht es Dir?	= ¿Qué tal?
el viaje	die Reise	
el piso	die Wohnung, *auch:* das Stockwerk	El ~ de Roberto es muy grande.
el salón	das Wohnzimmer	
la cocina	die Küche	*fran.:* la cuisine
el baño	das Bad	*fran.:* le bain
la habitación, las habitaciones *pl.*	das Zimmer	
los deberes *pl.*	die Hausaufgaben	Nuria hace ~ en la habitación de Roberto.
hacer el favor	einen Gefallen tun	
el favor, los favores *pl.*	der Gefallen	
¡Haz el favor!	Tu mir den Gefallen!	
el libro	das Buch	*fran.:* le livre
tener cuidado (con a/c)	aufpassen mit	
¡Ten cuidado!	Pass auf!	
la silla	der Stuhl	
la lámpara	die Lampe	*fran.:* lampe, *ing.:* lamp
¡uf! *interj.*	Uff!	
ser un rollo	lästig, unangenehm sein	Las hermanas pequeñas ~[18].
pasar de a/c	jdm. etw. egal oder lästig sein	Los invitados son muy aburridos, ¡yo ~[19] de la fiesta!
aburrido/-a	langweilig	≠ interesante
¡Tranquilo!	*hier:* immer mit der Ruhe!	Pero Roberto, ~ … tu hermana es una chica súper simpática.
¡tío!	*hier:* Mensch! *Ausruf*	
¡Ya está bien!	*hier:* Das reicht!	
el rincón, los rincones *pl.*	die Ecke *Zimmer*	Es el ~ favorito de mi padre.
la estantería	das Regal	
debajo (de a/c) *adv./prep.*	darunter, unter	Los cds están ~ la estantería.
del	*de + el*	Está debajo ~ armario.
el cd, los cds *pl.* = *disco compacto*	die CD	
al lado (de a/c) *adv./prep.*	neben	
el armario	der Schrank	*fran.:* l'armoire *f.*
el escritorio	der Schreibtisch	*cf.* escribir
el ordenador	der Computer	*fran.:* l'ordinateur
encima (de a/c) adv./prep.	darauf, auf	– ¿Donde está el regalo? – Está ~ la cama.
la cama	das Bett	
el regalo	das Geschenk	
para ti	für dich	Es un regalo ~.
para mí	für mich	*cf.* para ti
¡Gracias!	Danke!	
el chándal	der Jogginganzug	El regalo para Rándal es un ~.

2B

SER Y ESTAR

Él **es** Rándal, **es** chileno y **está** en Madrid.
Kathrin **es** alemana y **está** en España.
Susanne y Maite **son** amigas y **están** en una fiesta.

Él **es** Roberto y **es** el hermano de Nuria.
Pati **es** su hermana favorita, pero **es** muy curiosa.

2 C

nuevo/-a	neu	
mandar un «emilio»	eine E-Mail schicken *ugs.*	
mandar a/c	etw. senden, verschicken	Rándal ~[20] emilios y cartas a Chile.
divertido/-a	lustig, unterhaltsam	≠ aburrido
empezar a/c (e → ie, yo empiezo)	etw. anfangen	Hoy yo ~[21] las clases.
enfrente (de a/c) *adv./prep.*	gegenüber	*ing.:* in front of
el hotel	das Hotel	
el metro	die U-Bahn *auch: der Meter*	
detrás (de a/c) *adv./prep.*	hinter	
el parque	der Park	*fran.:* le parc, *ing.:* park
la terraza	die Terrasse	

EL PISO

el salón — el baño — la cocina — la habitación — la terraza

entre	zwischen	*fran.:* entre
salir (yo salgo)	ausgehen, weggehen	Aquí ~[22] yo del instituto.
por aquí cerca	hier in der Nähe	El instituto está ~.
tradicional	traditionell	≠ moderno
guay *fam.*	toll, super	= muy bien / Para Nuria, estudiar es ~.
a la derecha (de a/c) *adv./prep.*	rechts (von)	
a la izquierda (de a/c) *adv./prep.*	links (von)	
la vida	das Leben	*cf.* vivir, *fran.:* la vie
la calle	die Straße	
impresionante	beeindruckend	*cf.* interesante
después de *adv./prep.*	nach *zeitlich*	
el trabajo	die Arbeit	*cf.* trabajar, *fran.:* le travail
la clase	die Klasse, *hier:* der Unterricht	
todos/-as	alle	*cf.* todo el mundo
a casa	nach Hause	*cf.* en casa
la gente *sg.*	die Leute *Pl.*	*fran.:* les gens / Aquí, ~ sale mucho.
hacer la compra	einkaufen gehen	
la compra	der Kauf, der Einkauf	
importante	wichtig	*fran.:* important, *ing.:* important
el / la estudiante	der / die Student/in, der / die ältere Schüler/in	*fran.:* l'étudiant/e *(m., f.)*, *ing.:* student
la universidad	die Universität	
internacional	international	*fran.:* international, *ing.:* international
delante (de a/c) *adv./prep.*	davor, vor *örtlich*	
uno/-a	einer / eine	
el estadio	das Stadion	*fran.:* le stade, *ing.:* stadium
tener de todo	alles haben	Madrid ~[23] pero no hay mar.
el mar, los mares *pl.*	das Meer	

2C

¿DÓNDE?

encima de	enfrente de	delante de	a la derecha de	entre
debajo de	al lado de	detrás de	a la izquierda de	

1 éstos son 2 tía 3 primo 4 ésta es 5 bonita 6 tiene 7 quiere 8 sabes 9 haces 10 mayores 11 pequeña 12 favorita 13 curiosa 14 cuántas 15 caro 16 estoy 17 invitados 18 son un rollo 19 paso 20 manda 21 empiezo 22 salgo 23 tiene de todo

Opción 1

Das Vokabular der **Opciones** ist fakultativ und enthält keine Kontextualisierungsbeispiele.

el país	das Land
la lengua	die Sprache
la población	die Bevölkerung
el mundo	die Welt
náhuatl	Nahuatl *hier: Sprache*
indígena adj.	*hier:* indianisch
el aguacate	die Avocado
muchos	viele
el origen	die Herkunft
desde	seit
el azúcar	der Zucker
la altura	die Höhe
el inca	Inka *hier: Sprache*
el quechua	Quechua *hier: Sprache*
el aymará	Aymara *hier: Sprache*
el guaraní	Guaraní *hier: Sprache*
andino/-a	aus den Anden
famoso/-a	berühmt
el charango	*lateinamerikanisches Musikinstrument*
el / la primero/-a	der / die erste
ahí	dort
la canoa	Kanu
caribeño/-a	karibisch
casi	fast
la mitad	die Hälfte
la primavera	der Frühling

3

el curso	der Kurs	~ de español en Granada.
la estación, las estaciones *pl.*	der Bahnhof	*ing.:* train station
el tren	der Zug	*fran.:* le train, *ing.:* train
buscar a/c	etw. suchen	
la dirección, las direcciones *pl.*	die Adresse, *auch:* die Richtung	Mi ~ es: …
apuntar a/c	etw. aufschreiben	*cf.* escribir a/c
el número	die Nummer, die Zahl	*fran.:* le numéro, *ing.:* number
el teléfono	das Telefon, *hier:* Telefonnummer	Mi ~ es el 6677100.
¡ya está!	Das wär's! *Ausruf*	
pronto	bald	

el viernes	der Freitag	
por la mañana *adv.*	morgens	*cf.* ¡Hasta mañana!
la mañana	der Vormittag	*cf.* mañana *adv.*
la tarde	der Nachmittag, der frühe Abend	≠ la mañana
pasar por	vorbeikommen *Ort*	Por la tarde ~[1] tu casa ¿vale?
la escuela	die Schule	*fran.:* l'école, *ing.:* school, *lat.:* schola
el idioma	die Sprache	
la escuela de idiomas	die Sprachschule	Susanne hace un curso en ~.
poder a/c (o → ue, yo puedo)	etw. können, dürfen	Susanne no ~[2] salir hoy.
pasar	*hier:* hereinkommen	– ¿Puedo ~ ?
¡pasa, pasa!	Komm 'rein!	
el curso de español	der Spanischkurs	
el lunes	der Montag	
el apellido	der Nachname	El ~ de Susanne es Rösner.
¿Cómo se escribe?	Wie schreibt man das?	

3A

con puntitos	*hier:* mit Umlaut	
tener clase	Unterricht haben	
la semana	die Woche	~ tiene siete días.
de … a …	*hier:* von … bis … *Zeitraum*	~ lunes ~ viernes.
desde	*hier:* von *Uhrzeit*	~ las diez de la mañana hasta la una.
las diez	*hier:* zehn Uhr	
la una	*hier:* ein Uhr	
el martes	der Dienstag	
la excursión, las excursiones *pl.*	der Ausflug	Por la tarde hay una ~ a un pueblo.
medio/-a	halb *hier: Uhrzeit*	4:30 = Son las cuatro y ~[3].
cuarto	viertel *hier: Uhrzeit*	3:15 = Son las tres y ~.
el miércoles	der Mittwoch	
libre	frei	
tener libre	frei haben	El miércoles Nuria ~[4] por la tarde.
el jueves	der Donnerstag	
la noche	die Nacht	≠ el día
el cine	das Kino	El jueves por la noche hay ~.
el sábado	der Samstag	
los domingos	*hier:* sonntags *Adv.*	
el domingo	der Sonntag	
el programa	das Programm	Puedes leer todo en el ~.
más	mehr	
más despacio	langsamer	
despacio	langsam	Más ~, ¡por favor!
por favor	bitte	*cf.* gracias
usted, ustedes *Pl.*	*Sie Anrede*	
rápido/-a	schnell	≠ despacio *adv.*
otra vez	noch einmal	Entonces, ~: tus clases son …
otro/-a	ein/e andere/r, noch eine/r	
la vez, las veces *pl.*	das Mal	

LOS DÍAS DE LA SEMANA

el lunes	el miércoles	el viernes	el domingo
el martes	el jueves	el sábado	

3 B

el rollo	die Schwierigkeit *ugs.*	Me levanto a las 7:00 y ya empieza ~.
levantarse	aufstehen	
temprano	früh	≠ tarde
a eso de …	*hier:* gegen … Uhr, ungefähr um … *Uhrzeit*	Por las mañanas me levanto ~ las ocho.
a las …	*hier:* um … Uhr, *Uhrzeit*	
ducharse	sich duschen	
desayunar a/c	etw. frühstücken	
bueno	*hier:* na gut, nun gut	… pero por la mañana … ~, ya sabes.
¿Qué hora es?	Wie spät ist es?	¿ ~ ? – Son las ocho y media.
sin	ohne	≠ con, *fran.:* sans, *lat.:* sine
tener que *(+ infinitivo)*	müssen	Carlos y yo ~[5] salir de casa a las ocho.
ir (a, yo voy)	gehen (zu, in, …)	Nosotros ~[6] al cine.
comer a/c	etw. essen	
llamar	rufen *hier:* anrufen, telefonieren	
el jefe	der Chef	
el cliente	der Kunde	*fran.:* le client, *ing.:* client
irse	gehen, weggehen	*cf.* ir (a)

quedarse	bleiben	
la cafetería	das Café	
la hora	die Stunde	*fran.:* l'heure, *ing.:* hour, *lat.:* hora
el día	der Tag	≠ la noche
todavía no	noch nicht	
tampoco	auch nicht	≠ también
por fin	endlich	
solo/-a	allein	Nuria está ~[7] en casa.
por lo menos	wenigstens, mindestens	
volver (o → ue, yo vuelvo)	zurückkommen	Por la tarde Roberto ~[8] a casa.
cenar a/c	etw. zu Abend essen	*cf.* comer
terminar a/c	etw. beenden	≠ empezar a/c
descansar	sich ausruhen	
el problema	das Problem	
la mamá	die Mama	*cf.* la madre
¿cuándo?	wann?	
¿A qué hora?	Um wie viel Uhr?	Mamá, ¿~ vuelves a casa?
poner a/c (yo pongo)	etw. stellen, setzen, legen	
la pizza	die Pizza	
el microondas	die Mikrowelle	
la mesa	der Tisch	Nuria pone ~ para cenar.
poner la mesa	den Tisch decken	

¿QUÉ HAY EN CASA?

el armario	el ordenador	la silla	la estantería
el escritorio	la cama	la lámpara	la mesa

¿adónde?	wohin?	*cf.* ¿dónde?
llevar *(+ tiempo)*	*hier:* sich aufhalten, sein, *zeitlich*	Carlos ~[9] tres semanas en Córdoba.
interesarse por a/c	sich für etw. interessieren	*cf.* interesante
mucho *adv.*	viel	≠ poco
el / la compañero/-a	Mitschüler/in, Kollege/-in	Ángel es un ~[10] de Susanne.
la facultad	die Fakultät, Universität	
¡Diga!	Ja, bitte! *Telefon, Anrede*	*cf.* ¡Oye!, ¡Mira!
¿De parte de quién?	Wer spricht dort, bitte? *Telefon*	
el momento	der Moment	*cf.* el rato
ponerse (al teléfono)	ans Telefon kommen	¿Charo?, Sí, claro un momento, ahora ~[11] al teléfono.
guapo/-a	hübsch, gut aussehend	Carmen es muy ~[12].
la suerte	das Glück	
es que …	da, weil …	
el plan	der Plan	
nada especial	nichts Besonderes	
¿por qué?	warum?	¿~ no quires ir al cine?
porque	weil	
poco/-a	wenig/e	≠ mucho/-a
la película	der Film	*cf.* cine
además	außerdem	
el centro	das Zentrum	~ de la ciudad
mucho/-a	viel/e	≠ poco/-a
la marcha	*hier:* Spaß, Stimmung, Atmosphäre	
el fin de semana	das Wochenende	El sábado y el domingo son ~.
el fin	das Ende	*fran.:* la fin

3C

el grupo	die Gruppe	
el teatro	das Theater	
quedar	*hier:* sich treffen, sich verabreden	¿Dónde y cúando ~[13]?
chao	Tschüss	*cf.* ¡Adiós!
esperar a/c, a alg.	warten auf, *auch:* erwarten, hoffen	
con nosotros	*hier:* mit uns	¿Quieres tomar algo ~?
alguien	jemand	

1 paso por 2 puede 3 media 4 tiene libre 5 tenemos que 6 vamos 7 sola 8 vuelve 9 lleva 10 compañero 11 se pone 12 guapa 13 quedamos

4

la moda	die Mode	
me	mir, *auch:* mich	
gustar a alg.	jdm. gefallen	Me ~[1] aprender español.
el avión, los aviones *pl.*	das Flugzeug	*cf.* el aeropuerto
viajar	reisen	*cf.* el viaje
el viento	der Wind	
soñar (con)	träumen (von)	
el rock	der Rock *Musik*	
el flamenco	der Flamenco *Musik*	
clásico/-a	klassisch	≠ moderno/-a
la película de amor	der Liebesfilm	El sábado vemos una ~en el cine.
el amor	die Liebe	*fran.:* l'amour
el horror	der Horror, der Schrecken	
la comedia	die Komödie	
activo/-a	aktiv	Javi es muy ~[2].
eso	das	~ me gusta mucho.
navegar (en)	*hier:* surfen *Internet*	
el internet	das Internet	*cf.* la red
la cosa	die Sache	
ir a tomar algo	etw. trinken gehen	
el campo	das Feld, *hier:* das Land	Yo quiero vivir en ~ y no en la ciudad. *fran.:* la campagne, *lat.:* campus
practicar deporte	Sport treiben	
practicar a/c	trainieren, etw. üben	
el deporte	der Sport	
por ejemplo	zum Beispiel	*fran.:* par exemple, *ing.:* for example
el ejemplo	das Beispiel	*fran.:* l'exemple, *ing.:* example
el fútbol	der Fußball	*ing.:* football

4 A

a tope	*hier:* sehr laut *ugs.*	Siempre pone la música ~.
el examen, los exámenes *pl.*	die Prüfung	*ing.:* exam
marchoso/-a	stimmungsvoll, spaßig	*cf.* la marcha
el ritmo	der Rhythmus	
parecer a alg. (c → zc)	scheinen, finden *Meinung*	Esta música me ~[3] muy buena.
la letra	der Buchstabe *auch:* der Text eines Liedes	
mal *adv.*	schlecht	≠ bien
encantar a alg.	sehr gut gefallen, bezaubern	¡Me ~[4] las películas de amor!
la canción, las canciones *pl.*	das Lied	
duro/-a	hart	
no ... nada	*hier:* gar nicht	
parecido/-a	ähnlich	«Pánico» es un grupo ~[5] a «Jarabe».

4A

bajar a/c	*hier:* etw. leiser stellen	¿Puedes ~ la música, por favor?
demasiado	zu viel, zu + *Adjektiv*	*cf.* bastante, muy
alto/-a	hoch, *hier:* laut	*cf.* a tope
¡Es verdad!	*hier:* Das stimmt!	*cf.* ¿verdad?
el / la joven, los jóvenes *pl.*	der / die Jugendliche	
el tema	das Thema	*ing.:* theme
fuerte	stark	
de una vez	endlich mal	
realmente *adv.*	wirklich	
pasarse	*hier:* zu weit gehen	¡como te ~[6]!
¡No es para tanto!	So schlimm ist es auch wieder nicht!	*cf.* ¡tranquilo!
los / las demás	die anderen	
importar a alg.	jdm. wichtig sein	*cf.* importante, ¡Y a ti no te ~[7] nada!
pensar en a/c, alg. (e → ie, yo pienso)	denken (an)	Y tú ¿qué ~[8]?
perdonar a alg.	jdn. entschuldigen, jdm. verzeihen	– ¡Oye, ~[9] ! – ¡Bueno!
irse a la cama	schlafen gehen	≠ levantarse por la mañana.
¡Esto es demasiado!	*hier:* Das geht zu weit!	*cf.* pasarse
estar harto/-a de a/c	etw. satthaben	Esto es demasiado … ~[10] … ¡me voy!

4 B

la marca	die Marke	
la revista	die Zeitschrift	*cf.* el libro
la página	die Seite	*fran.:* la page, *ing.:* page
actual	aktuell	*cf.* moderno/-a
sobre	über	La revista habla ~ los jóvenes.
comprar a/c	etw. kaufen	
comprarse a/c	sich etwas kaufen	Pocos jóvenes ~[11] la ropa con su dinero.
la ropa	die Kleidung	
el dinero	das Geld	
en general	normalerweise	
ponerse a/c	*hier:* etw. anziehen	¿Por qué no ~[12] los vaqueros nuevos?
bueno/-a	gut	Roberto y Maite son ~[13] amigos.
el gusto	der Geschmack	*cf.* gustar, Ella tiene buen ~
la opinión, las opiniones *pl.*	die Meinung	*fran.:* l'opinion, *ing.:* opinion
llevar a/c	etw. tragen	*cf.* ponerse a/c
los vaqueros *pl.*	die Jeans	
cómodo/-a	bequem	Los vaqueros son ~[14].
ir bien con a/c	gut passen zu	¡Los vaqueros ~[15] todo!
la camiseta	das T-Shirt	
sencillo/-a	einfach	Me gusta la ropa ~[16].
las zapatillas de deporte	die Sportschuhe	
la chaqueta	die Jacke	
elegante	elegant	≠ sencillo/-a
el zapato	der Schuh	*cf.* las zapatillas de deporte
la falda	der Rock	
cursi	kitschig	≠ de buen gusto
tener buen gusto	einen guten Geschmack haben	
malo/-a	schlecht	≠ bueno/-a
lo mismo	dasselbe	
el / la profe = *el / la profesor/a*	der / die Lehrer/in	
negro/-a	schwarz	
el estilo	der Stil	
el pantalón, los pantalones *pl.*	die Hose	*cf.* los vaqueros
la sudadera	das Sweatshirt, der Pullover	*cf.* el jersey

4B

combinar a/c	etw. kombinieren	*cf.* ir bien con a/c
el color	die Farbe	*fran.:* la couleur, *ing.:* colour
la idea	die Idee	*fran.:* la idée, *ing.:* idea
azul	blau	
el jersey	der Pullover	*cf.* la sudadera
naranja *adj. + s. f.*	orange, die Orange	
rojo/-a	rot	
verde	grün	
interesar a alg.	jdn. interessieren	*cf.* interesarse por a/c.
de todo	alles Mögliche	No me interesa la moda. Yo me pongo ~.
diferente	unterschiedlich	*fran.:* différent, *ing.:* different
necesitar a/c	etw. brauchen	Yo soy yo y no ~[17] marcas.
el logo	das Logo	*cf.* la marca
ganar a/c	etw. verdienen, *auch:* gewinnen	
la combinación, las combinaciones *pl.*	die Kombination	
blanco/-a	weiß	≠ negro
la camisa	das Hemd	*cf.* la camiseta
amarillo/-a	gelb	
marrón	braun	
el vestido	das Kleid	
rosa	*hier:* pink *Farbe*	
violeta	violett	

LA ROPA Y LOS COLORES

los vaqueros	la sudadera	los zapatos	negro	naranja	verde
la camiseta	la camisa	los pantalones	blanco	violeta	marrón
las zapatillas	la falda	el jersey	amarillo	rosa	
la chaqueta	el vestido		rojo	azul	

4 C

el fin de curso	der Kursabschluss	*cf.* el fin de semana
la montaña	der Berg, *auch:* die Berge	*fran.:* la montagne, *ing.:* mountain
la casa rural	*hier:* ländliches Anwesen	
rural	ländlich	*cf.* el campo, *fran.:* rural, *ing.:* rural
ofrecer a/c (c → zc, yo ofrezco)	etw. anbieten	Nosotros en la fiesta ~[18] bocadillos.
la actividad	die Aktivität	
ideal	ideal	*cf.* la idea, *fran.:* idéal(e), *ing.:* ideal
cada vez	jedes Mal	
cada vez hay más	immer mehr	
el tipo	*hier:* die Art	
el turismo	der Tourismus	*fran.:* le tourisme, *ing.:* tourism
celebrar a/c	feiern, festlich begehen	*cf.* la fiesta, la marcha
la lista de la compra	der Einkaufszettel	
la lista	die Liste	
la botella	die Flasche	*fran.:* la bouteille, *ing.:* bottle
este/-a	dieser / diese *Begleiter*	Mira ~[19] libro.
el zumo	der Saft	
ése/-a	dieser / diese dort, jener / jene *Pronomen*	¿Quieres este libro? – No, ~[20].
tres cuartos (de a/c)	750 Gramm, *eig.:* drei Viertel	
el kilo	das Kilo	Quiero medio ~ de queso.
el jamón, los jamones *pl.*	der Schinken	

4C

el queso	der Käse	
¿Algo más?	Noch etwas? *Einkaufen*	
¿Cuánto es?	Wie viel kostet / macht das?	¿ ~ ? – Son tres euros.
el euro	der Euro	*cf.* el dinero
la moto = *la motocicleta*	das Motorrad, Moped	
casi	fast	
a tiempo	rechtzeitig	
el bocadillo	das belegte Brötchen	Hay ~[21] de queso y de jamón.
la tienda	der Laden	
contento/-a	glücklich, froh, zufrieden	En la fiesta Susanne está ~[22].
buen tiempo	schönes Wetter	*fran.:* le beau temps
el ambiente	die Umgebung	
aquel/aquella	jene/r dort	¿Ves ~[23] chica?
ese/-a	diese/r dort / hier *Begleiter*	¿Véis ~[24] casas?
precioso/-a	wunderschön	= muy bonito
¿cuál?, ¿cuáles? *pl.*	welche?	¿~ camiseta quieres? ¿La roja, o la blanca?
éste/-a	dieser / diese *Pronomen*	¿Y esta chaqueta? – Si, ~[25] me encanta.

1 gusta 2 activo 3 parece 4 encantan 5 parecido 6 pasas 7 importa 8 piensas 9 perdona 10 estoy harto 11 se compran 12 te pones 13 buenos 14 cómodos 15 van bien con 16 sencilla 17 necesito 18 ofrecemos 19 este 20 ése 21 bocadillos 22 contenta 23 aquella 24 aquellas 25 ésta

Opción 2

Das Vokabular der **Opciones** ist fakultativ und enthält keine Kontextualisierungsbeispiele.

gitano/-a	Zigeuner…
judío/-a	jüdisch
serio/-a	ernst
el cante	der Gesang *Flamenco*
andaluces *adj., m., pl.*	andalusisch
el siglo	das Jahrhundert
cantar a/c	etw. singen
el éxito	der Erfolg
andar	gehen, laufen
No sé lo que voy a hacer	Ich weiß nicht, was ich tun soll
me duele, duelen	mir tut, tun weh …
la pierna	das Bein
el brazo	der Arm
el ojo	das Auge
la mano	die Hand
el nombre	der Name
nacer	geboren werden, entstehen
a finales del siglo XIX	Ende des 19. Jahrhunderts
pobre	arm
al principio	am Anfang
el bandoneón	das Bandoneon *Musikinstrument*
el arrabal	die Vorstadt
la salsa	Salsa *lat.am. Musik*
el / la hispanohablante	Spanischsprechende/r
el son	Son *lat.am. Musik*
ha hecho	hat gemacht
el merengue	Merengue *lat.am. Musik*
la fama	die Berühmtheit

5

matar a alg.	jdn. töten	
justo	*hier:* genau	Madrid está ~ en el centro de España.
la capital	die Hauptstadt	*fran.:* la capitale, *ing.:* capital
el millón, los millones *pl.*	die Million	Madrid tiene cuatro ~[1] de habitantes.
el / la habitante	der Einwohner	El ~ es el que vive en una ciudad o pueblo.
el / la más grande *superlativo*	der / die größte *Superlativ*	
el país, los países *pl.*	das Land	*fran.:* le pays
famoso/-a	berühmt	*ing.:* famous
la literatura	die Literatur	*fran.:* la littérature, *ing.:* literature
el señor, la señora	der Herr, die Dame	
el kilómetro	der Kilometer	

5	largo/-a	lang	La Calle de Alcalá es la más ~[2] de Madrid.
	buscarse la vida	*etwa:* sich durchschlagen	
	la realidad	die Realität, die Wirklichkeit	*fran.:* la réalité
	el / la peor *superlativo*	der / die schlimmste *Superlativ*	
	el edificio	das Gebäude	La Torre Picasso es el ~ más alto de Madrid.
	la torre	der Turm	*fran.:* la tour
	el museo	das Museum	El Prado es el ~ más grande de Madrid.
	el / la mejor *superlativo*	der / die beste *Superlativ*	El Prado es ~[3] museo de España.
	más de …	mehr als + *Zahlen*	El Prado es el museo más grande, con ~ 3000 obras.
	la obra	das Werk	Muchas ~[4] de Picasso están en el museo.
	popular	populär	*fran.:* populaire, *ing.:* popular
	mil, miles *pl.*	tausend	= 1000
	el bar	die Kneipe	Roberto y Maite van a tomar algo al ~ de al lado.
	la discoteca	die Diskothek	Esta noche vamos a bailar a una ~ .
	la tapa	*hier:* Vorspeise, kleine Portion	
	el / la mayor *superlativo*	der / die größte *Superlativ*	
	el calor	die Hitze	
	el verano	der Sommer	
	¡Te mata!	Das bringt dich um!	El mayor problema es el calor en verano, ¡ ~ !

5 A

tan … como …	genauso … wie …	Madrid no es ~ caro ~ Nueva York.
Nueva York	New York	
el montón (de), los montones *pl.*	der Haufen, die Menge	*cf.* mucho/-a
el sitio	der Ort, der Platz	
pedir a/c (e → i, yo pido)	etw. bestellen, um etw. bitten	En el bar nosotros ~[5] tapas.
el plano	der Stadtplan	
el chocolate	die Schokolade	*fran.:* le chocolat, *ing.:* chocolate
el churro	*in Fett ausgebackener Teig*	En Madrid siempre desayunamos chocolate con ~[6].
visitar a/c, a alg.	etw. besichtigen, jdn. besuchen	*cf.* la visita
durante	während	Nos gusta hacer excursiones ~ el verano.
el ayuntamiento	das Rathaus	
organizar a/c	etw. organisieren	El ayuntamiento ~ visitas por Madrid.
la visita	der Besuch	*cf.* visitar
a pie	zu Fuß	La plaza está cerca, puedes ir ~.
el pie	der Fuß	
gratis	kostenlos, umsonst	¡Las visitas son a pie y ~!
menos … que …	weniger … als *Komparativ*	Madrid es ~ caro ~ París.
céntrico/-a	zentral	
más … que …	mehr … als *Komparativ*	La Casa de Campo es ~ grande ~ el Retiro.
el teleférico	die Seilbahn	
la cultura	die Kultur	*fran.:* la culture, *ing.:* culture
la entrada	der Eingang, *hier:* die Eintrittskarte	
barato/-a	billig	≠ caro/-a
el resto	der Rest	

5A

el cine al aire libre	das Freiluftkino	*cf.* el cine
el aire	die Luft	*fran.:* l'air, *ing.:* air
el centro de arte	die Kunstsammlung	*cf.* el museo
el arte	die Kunst	*fran.:* l'art, *ing.:* art
el calamar	Tintenfisch	
variado/-a	gemischt	
la tortilla	*spanisches Omelett mit Kartoffeln*	
el chorizo	*spanische Paprikawurst*	
rico/-a	reich *hier:* schmackhaft	
el agua *f. sing.,* las aguas *pl.*	das Wasser	*lat.:* aqua
el / la camarero/-a	der / die Kellner/in	El ~[7] trabaja en un bar.
el pan	das Brot	
cobrar a/c	etw. kassieren, *Geld einnehmen*	
la fiesta de barrio	das Straßenfest	*cf.* la fiesta
en vivo	live	
muchas veces	oft	*cf.* siempre
la comida	das Essen	
la bebida	das Getränk	

COMIDAS Y BEBIDAS

el zumo, el calamar, el chocolate, el jamón, el agua, la tortilla, el churro, el bocadillo, la tapa, el chorizo, el queso, el pan

5B

coger a/c (yo cojo)	etw. nehmen	Tú ~[8] la línea roja para ir a Lavapiés.
la línea	die Linie *hier:* die U-Bahn	*cf.* el metro
inteligente	intelligent	
quizás	vielleicht	
serio/-a	ernst	
conocer a/c (c → zc, yo conozco)	etw. kennen, kennen lernen	
la pregunta	die Frage	≠ la respuesta
cuando	wenn, als	
decir a/c a alg. (yo digo)	jdm. etw. sagen	*cf.* hablar
la respuesta	die Antwort	≠ la pregunta
la historia	die Geschichte	*fran.:* l'histoire, *ing.:* history
subir	hochkommen, hochgehen, einsteigen	
invitar a alg.	jdn. einladen	*cf.* los invitados
estupendo/-a	fabelhaft	*cf.* ¡fenomenal!
unos días después	ein paar Tage später	
explicar a/c a alg	jdm. etw. erklären	
cambiar de	*hier:* umsteigen	Coges la línea uno y después ~[9] línea y coges la dos.
subir(se)	einsteigen	*cf.* subir, ≠ bajar(se)
bajar(se)	aussteigen	*cf.* bajar, ≠ subir(se)
sobre	*hier:* gegen *zeitlich*	Llegan ~ las ocho.
el / la turista	der / die Tourist/in	*cf.* el turismo
el minuto	die Minute	Una hora tiene sesenta ~[10].
el / la guía	der / die Reiseführer/in	~[11] va con los turistas por la ciudad.
todo recto	(immer) geradeaus	
recto/-a	gerade	
el / la segundo/-a	der / die zweite	
el / la primero/-a	der / die erste	*cf.* segundo

5 C

dicho y hecho	gesagt, getan	
el cuaderno	das Heft	En la clase tú escribes en tu ~.
haber	haben *Hilfsverb*	

HABEN

tener *Vollverb*	haber *Hilfsverb (pretérito perfecto)*
Yo **tengo** el libro.	Yo **he** visitado Madrid.
Ellos no **tienen** tiempo.	Ellos no **han** estado en Granada.
Tenemos muchos amigos en Chile.	Tú ya **has** escuchado el cd de Jarabe.

el hostal	einfaches Hotel, Pension	Un ~ es más barato que un hotel.
la sorpresa	die Überraschung	
reservar a/c	etw. reservieren	
la habitación doble	das Doppelzimmer	Una ~ es una habitación para dos.
el / la recepcionista	der / die Angestellte an der Rezeption	El ~ trabaja en un hotel.
la reserva	die Reservierung	*cf.* reservar
completo/-a	*hier:* ausgebucht	¡El hotel está~ 12 !
¡Lo siento!	Es tut mir leid!	
así que	sodass	
lleno/-a	voll	*cf.* completo/-a
encontrar a/c (o → ue, yo encuentro)	etw. finden	¿Dónde está mi libro? – Yo no lo ~ 13. ≠ buscar
el albergue juvenil	der Jugendherberge	*cf.* el hostal, el hotel
seguir (e → i, yo sigo)	weitermachen	¿Qué hacemos ahora? – ¿~ 14, o no?
la oficina de turismo	das Fremdenverkehrsamt	
perderse (e → ie, yo me pierdo)	sich verlaufen	En Madrid sin un plano yo ~ 15.
la postal	die Postkarte	
aún no	noch nicht	
el / la europeo/-a	der / die Europäer/in	Un habitante de Europa es un ~ 16.
el partido de fútbol	das Fußballspiel	~ es en el estadio Santiago Bernabeu.
perder a/c (e → ie, yo pierdo)	etw. verlieren	*cf.* perderse / ¡Tú siempre ~ 17 tu dinero!
contestar a/c	etw. antworten	≠ preguntar a/c
el plano del metro	der U-Bahn-Plan	*cf.* el plano
el / la último/-a	der / die letzte	≠ el / la primero/-a
el bus = *el autobús*	der Bus	*cf.* la moto = la motocicleta
cansado/-a	müde	Marta ha estudiado mucho y ahora está ~ 18.
fatal	furchtbar, fatal	
seguro que …	sicherlich …	
ligarse a alg.	mit jdm. flirten	Charo quiere ~ Ángel, el chico guapo de la clase.
el / la madridista	*Anhänger von Real Madrid*	*cf.* Madrid

el / la	estudiante turista	madridista habitante	guía recepcionista	joven

meterse	sich begeben *Ort*	
¿Dónde te has metido?	Wo steckst du?	Te he buscado todo el día, ¿ ~ ?
imaginarse a/c	sich etw. vorstellen	
pasar a/c a alg.	jdm. etw. passieren	

1 millones 2 larga 3 el mejor 4 obras 5 pedimos 6 churros 7 camarero 8 coges 9 cambias de 10 minutos 11 el guía, *auch* la guía 12 completo 13 encuentro 14 seguimos 15 me pierdo 16 europeo 17 pierdes 18 cansada

el sueño	der Traum	*cf.* la realidad
el cole = *el colegio*	die Schule	Anita y Juanito empiezan en ~.
¡Qué ilusión!	Wie schön!	
desde hace	seit	son amigos ~ muchos años.
juntos	zusammen	Anita y Juanito van ~ a la guardería.
la guardería	der Kindergarten	*cf.* la escuela
ESO = Educación Secundaria Obligatoria	*vierjährige Mittelstufe, Schule*	
la mayoría	die Mehrheit	
el bachillerato	das Abitur	
la selectividad	*Zulassungsprüfung zum Studium*	
¡Qué palo!	Wie hart!	≠ ¡Qué ilusión!
preferir a/c (e → ie, yo prefiero)	etw. bevorzugen	Juan ~[1] hacer dos años de FP.
FP = la Formación Profesional	*Berufsausbildung, Fachschulausbildung*	
soñar con a/c, alg. (o → ue, yo sueño)	von etw., jdm. träumen	Juan ~[2] con vivir en un pueblo. *cf.* el sueño
trabajar de a/c	*hier:* als etw. arbeiten *Beruf*	Juan quiere ~ carpintero en un pueblo.
el / la carpintero/-a	der Tischler	
el / la novio/-a	der / die (feste) Freund/in, der / die Verlobte	Juan tiene una ~[3] en el pueblo.
el título	der Titel	*ing.:* title
el técnico superior	*Abschluss einer Fachschul-/ Berufsausbildung*	
entrar	eintreten	
entrar en la universidad	zur Uni gehen, Studium beginnen	Con el técnico superior también puedes ~.
la educación primaria	*Grundschule*	*cf.* la escuela

el horario	der Stundenplan, der Zeitplan	En el ~ apuntas las horas de clase.
las matemáticas	Mathematik *Schulfach*	*ing.:* mathematics
lengua y literatura	(span.) Sprache + Literatur *Schulfach*	
la lengua	die Sprache	*cf.* el idioma, *lat.* lingua
el recreo	die Pause	El ~ es el tiempo libre en la escuela.
el inglés	Englisch	
plástica y visual	Kunstunterricht *Schulfach*	
la optativa	das Wahlfach *Schule*	
biología y geología	Biologie und Geologie *Schulfach*	
la biología	die Biologie	
la geología	die Geologie	
la educación física	Sportunterricht *Schulfach*	*cf.* hacer deporte
el francés	Französisch	

el español	=	*Sprache*	**el español / la española**	=	der / die Spanier/in
el inglés	=	*Sprache*	**el inglés / la inglesa**	=	der / die Engländer/in
el francés	=	*Sprache*	**el francés / la francesa**	=	der / die Franzose/-zösin
el alemán	=	*Sprache*	**el alemán / la alemana**	=	der / die Deutsche

la geografía	die Geographie	
e	«y» *vor Vokalen bzw. vor* «hi»	geografía ~ historia
geografía e historia	Geographie und Geschichte *Schulfach*	
física y química	Physik und Chemie *Schulfach*	
la física	die Physik	
la química	die Chemie	
la tutoría	Tutorium *Schulfach*	

6A

la tecnología	die Technologie	*ing.:* technology
la informática	die Informatik *Schulfach*	
la religión	die Religion	*ing.:* religion
la cultura clásica	alte Geschichte *Schulfach*	
el taller, *pl.:* talleres	die Werkstatt *hier:* Arbeitsgruppe	Por la tarde Maite tiene ~ de mates.
planes para el futuro	Zukunftspläne *Schulfach*	
nacer (c → zc, yo nazco)	geboren werden, *hier:* entstehen	¡La vida ~[4] en el mar!
¡Cuidado!	Vorsicht! *Ausruf*	
peligroso/-a	gefährlich	El mar puede ser ~[5].
el / la salvavidas	der / die Lebensretter/in	
todo el día	den ganzen Tag lang	El salvavidas trabaja ~ en la playa.
la playa	der Strand	*cf.* el mar, *fran.:* la plage
majo/-a	nett	*cf.* simpático/-a
mejor	*hier:* lieber	No quiero trabajar como carpintero, ~ como salvavidas.
el / la biólogo/-a	der / die Biologe/-in	*cf.* la biología
marino/-a	Meeres…	*cf.* el mar
hay que + *inf.*	man muss	Para ser biólogo marino ~ estudiar mucho.
aprobar a/c (o → ue, yo apruebo)	etw. bestehen *Prüfung*	Tengo que estudiar bastante para ~ los exámenes.
funcionar	funktionieren	¿cómo ~[6] el HTML? *ing.:* to function
tener hambre / sed	Hunger / Durst haben	
el hambre *f.*	der Hunger	Cuando quieres comer algo tienes ~.
la sed	der Durst	Cuando quieres beber algo tienes ~.
cool	cool	*cf.* guay
el futuro	die Zukunft	*fran.:* le futur, *ing.:* future
ya no	(jetzt) nicht mehr	
la oficina	das Büro	*ing.:* office
el / la diseñador/a	der / die Designer/in	*ing.:* designer
la página web	die Webseite	*cf.* una página en la red
me gustaría + *inf.*	Ich würde gern	*cf.* gustar
la oposición, las oposiciones *pl.*	*staatl. Prüfung f. best. Berufe*	
el / la niño/-a	das Kind	*cf.* el / la chico/-a
dormir (o → ue, yo duermo)	schlafen	Maite siempre ~[7] en clase.
el paso	der Schritt	
paso a paso	Schritt für Schritt	
París	Paris	
Londres	London	
el / la modelo	das Model	*cf.* moda, *ing.:* model
tener ganas de a/c	Lust haben auf etw.	Maite no ~[8] vivir en el campo.
todo/-a	alle	
salvar a/c, a alg.	etw., jdn. retten	*cf.* salvavidas
el / la abogado/-a	der/die Rechtsanwalt/-wältin	
el spot publicitario	der Werbespot	

LA ESCUELA

matemáticas	plástica y visual	lengua y literatura	la tecnología
biología y geología	religión	geografía e historia	la optativa
física y química	educación física	informática	la tutoría
inglés	cultura clásica	francés	el recreo

animarse	sich motivieren	Oye Quique: ~[9] a trabajar en el taller?
contigo	mit dir	Tú y yo vamos al cine. = Yo voy al cine ~.
traer a/c a alg. (yo traigo)	(mit-, her-)bringen	≠ llevar, Quiero un bocadillo. Y tú: ¿te ~[10] algo?
el vaso	das Glas	
llevar a/c a alg.	(hin-)bringen, mitnehmen	≠ traer

LLEVAR ≠ TRAER

– Yo voy al centro. ¿Te **llevo** los libros de español **a** la biblioteca?
– Puedes **llevar** las bebidas **a** la cocina y **traer** los bocadillos **aquí**, ¡por favor!
– Sí, y **tráeme** los de francés, porque tengo que estudiar.
– No, Maite está en la cocina. Ella **trae** los bocadillos y yo **llevo** las bebidas al salón.

mientras	während	Maite y Laura estudian durante tres horas. Escuchan música ~ estudian.
pagar a/c	etw. bezahlen	≠ cobrar
dar a/c a alg. (yo doy)	jdm. etw. geben	Tú compras las bebidas y yo te ~[11] el dinero.
la hamburguesa	der Hamburger *Essen*	*ing.:* hamburger
las patatas fritas	die Pommes frites	*fran.:* pommes frites
la patata	die Kartoffel	
darse cuenta de a/c	etw. merken	Siempre hay conciertos el fin de semana, pero yo nunca voy, yo nunca ~[12].
preguntar por alg.	nach jdm. fragen	
venir (yo vengo)	kommen	≠ ir
el / la mentiroso/-a	der / die Lügner/in	
(no …) nadie	niemand	Los martes no hay ~ en casa y yo escucho la música a tope.
el nombre	der (Vor-)Name	*cf.* el apellido
estar detrás de alg.	hinter jdm. her sein	*cf.* interesarse por alg.
¡Anda!	Los!	
mates = *las matemáticas*	Mathe *ugs.*	
sentirse (e → ie, yo me siento)	sich fühlen	He dormido bastante y esta mañana ~[13] muy bien.
la croqueta sorda	*Schüler/in, der / die überhaupt nichts versteht ugs.*	
dar pánico a alg.	jdm. Angst machen	Las películas de horror me ~[14].
el pánico	*hier:* die Angst	
el próximo/-a	der / die nächste	
el suspenso	*ungenügend, nicht bestanden Schulnote*	~ es no aprobar un examen.
el trimestre	das Trimester	Tres meses en la escuela son un ~.
la nota	die Note, die Zensur *Schule*	Un suspenso es una mala ~.
menos	*hier:* außer	Yo tengo siempre buenas notas ~ en mates.
la bronca	der Ärger, der Krach	Con un suspenso en mates tengo ~ en casa.
¿para qué?	wozu?	¿~ necesitas mates?
estar hasta las narices de a/c	etw. satthaben *ugs.*	*cf.* estar harto
la nariz	die Nase	*cf.* estar hasta las narices
tener que ver con a/c	etw. zu tun haben mit	¡Mates no ~[15] mi vida!
conmigo	mit mir	*cf.* contigo
nada de nada	ganz und gar nicht	*cf.* ¡Que va!

6B	sobresaliente	sehr gut *Schulnote*	≠ suspenso, Un ~ es una muy buena nota.
	la asignatura	das Schulfach	Mates es la ~ más difícil.
	el pesimismo	der Pessimismus	
	notable	gut *Schulnote*	*cf.* sobresaliente, suspenso
	basta de chorradas	Es reicht mit dem Unsinn! *ugs.*	
	día de la no-violencia	Tag der Gewaltlosigkeit	
	la violencia	die Gewalt	
	tan + *adj.*	so + *Adj.*	¡Tú siempre tienes ideas ~ buenas!
	la tarjeta	die Karte	En el fútbol hay ~[16] amarillas y rojas.
	enseñar a/c	etw. zeigen	Laura ~[17] las fotos de las vacaciones.
	por cierto	übrigens	
	(no ...) nunca	nie, niemals	*cf.* nadie
6 C	la solidaridad	die Solidarität	
	no ... ni	weder ... noch	
	la pizarra	die Tafel	El profesor escribe en la ~.
	la tiza	die Kreide	escribe en la pizarra con la ~.
	alguno/-a	irgendeine(r) *Pl.:* einige	
	ningún + *s. m. sg.*	kein	En la escuela de Enma ~ chico tiene libros.
	ninguno/-a	keine(r)	
	el / la alumno/-a	der / die Schüler/in	*cf.* el / la estudiante
	ayudar a alg.	jdm. helfen	Quique no puede con mates y Maite lo ~[18] a estudiar.
	menor	*hier:* jünger	≠ mayor
	gracias a a/c, alg.	dank	
	más o menos	mehr oder weniger	
	recibir a/c	etw. bekommen, empfangen	≠ dar, Enma ~[19] cartas y regalos de sus amigos.
	la paga	die Bezahlung, *hier:* das Taschengeld	*cf.* pagar
	varios/-as	einige, verschiedene	*cf.* alguno/-a
	el / la tercero/-a	der / die dritte	*cf.* primero/-a, segundo/-a
	vender a/c	etw. verkaufen	≠ comprar
	la mano *f.*	die Hand	Los alumnos venden cds de segunda ~.
	el día de puertas abiertas	Tag der offenen Tür	
	la puerta	die Tür	
	abierto/-a	offen	
	solamente *adv.*	nur	*cf.* sólo
	el insti = *el instituto*	Gymnasium	*cf.* el cole = el colegio
	cuanto antes	sofort, baldmöglichst	
	el lápiz, los lápices *pl.*	der Bleistift	
	el bolígrafo	der Kugelschreiber	
	la goma de borrar	der Radiergummi	
	borrar a/c	etw. wegwischen, radieren	
	la región, las regiones *pl.*	die Region	*cf.* la ciudad, el país
	el / la director/a	der / die Direktor/in	El jefe de la escuela es el ~.

SER:

profesor/a	estudiante	diseñador/a	alumno/-a
director/a	modelo	abogado/-a	biólogo/-a

6C

EN LA CLASE:

la pizarra	la tiza	el bolígrafo (el boli)	el libro
el lápiz	la goma de borrar	el cuaderno	el horario

1 prefiere 2 sueña 3 novia 4 nace 5 peligroso 6 funciona 7 duerme 8 tiene ganas de
9 te animas 10 traigo 11 doy 12 me doy cuenta 13 me siento 14 dan pánico 15 tiene que ver con
16 tarjetas 17 enseña 18 ayuda 19 recibe

Opción 3

Das Vokabular der **Opciones** ist fakultativ und enthält keine Kontextualisierungsbeispiele.

jocoso/-a	lustig
arduamente	schwer *Adv.*
el progreso	der Fortschritt
creciente	wachsend, steigend
comprobarás	du wirst feststellen
mover a/c	etw. bewegen
el compás	der Takt *Musik*
entrañable	innig
el repertorio	das Repertoire
el son	Son *lat.am. Musik*
la salsa	Salsa *lat.am. Musik*
el ceceo ibérico	*die in Spanien übliche Aussprache von z und c*
omitir a/c	etw. unterlassen, auslassen
la ese	das S *Buchstabe*
parecido/-a a/c, alg.	ähnlich
se dieron la mano	sie gaben sich die Hände
engendrar a/c	etw. hervorbringen
la identidad propia	die eigene Identität
de primer orden	allererster Güte
atraer a/c, a alg.	etw., jdn. zuziehen
de todas las latitudes	*etwa:* aus allen Regionen der Welt
prestigioso/-a	angesehen, wichtig
gozar de reconocimiento	Anerkennung genießen
el veraneo	die Sommerfrische
experimentar a/c	etw. erfahren
sin precedentes	*hier:* ohne Beispiel
el puerto libre	der Freihafen
el buceo	das Tauchen
la pesca de altura	Hochseefischerei
el yatismo	der Segelsport
la actividad náutica	der Wassersport
vinieron	sie kamen
el noroeste	Nordwest
la línea equinoccial	der Äquator
sobrepasar a/c	etw. übersteigen
el tesoro	der Schatz
hábil	geschickt
el artesano	*hier:* der Handwerker
el recurso	die Mittel, Ressourcen
el petróleo	das Erdöl
generar a/c	etw. erzeugen
el ingreso	das Einkommen
las divisas	Devisen
la urbe	die Großstadt
la cadena hotelera	die Hotelkette
la tecnología de vanguardia	modernste Technologie
ubicado/-a	lokalisiert
el noroccidente	Nordwest
cruzado/-a	überquert
el paralelo	der Breitengrad
la línea ecuatorial	der Äquator
único/-a	*hier:* einzigartig
convertir en a/c	in etw. verwandeln
el sentido de hospitalidad	Sinn f. Gastfreundschaft
el predominio	die Vorherrschaft
la moneda uso corriente	die gültige Währung
la unidad monetaria	die Währung

7

Las Américas	*die Länder Nord- und Südamerikas*	
precolombino/-a	präkolumbisch	
el / la azteca *s./adj.*	Azteke/-in, aztekisch	
el / la maya *s./adj.*	Maya, Maya…	
el / la inca *s./adj.*	Inka, Inka…	
fundar a/c	etw. gründen	En 1325 los aztecas ~[1] Tenochtitlán.
Tenochtitlán	*Hauptstadt der Azteken*	
agosto *m. sg.*	August	~ es el mes número 8 del año.
la carabela	Karavelle *Schiffstyp*	

7	el sur	der Süden	
	octubre *m. sg.*	Oktober	~ es el mes número 10 del año.
	la isla	die Insel	Mallorca es una ~.
	llamar a/c	*hier:* etw. benennen	En 1492 Colón ~[2] la isla «San Salvador».
	conquistar a/c, a alg.	etw., jdn. erobern	
	en busca de a/c	auf der Suche nach etw.	Colón llegó ~ oro.
	el oro	das Gold	
	la fama	der Ruhm, die Berühmtheit	*cf.* famoso/-a
	el héroe de la independencia	Unabhängigkeitsheld	
	unos + *número*	um die … *Zahlenangabe*	
	el dólar, los dólares *pl.*	der Dollar	Para comprar algo en Nueva York necesitas ~.
	la novela	der Roman	*El Quijote* es una ~ española.
	el siglo	das Jahrhundert	Un ~ son cien años.
	el Premio Nobel de Literatura	der Literaturnobelpreis	
	el Premio Nobel de la Paz	der Friedensnobelpreis	

7 A	junio *m. sg.*	Juni	~ es el mes número 6 del año.
	el proyecto	das Projekt	Los alumnos tienen un ~ para ayudar a Enma.
	la ayuda	die Hilfe	*cf.* ayudar
	el mes	der Monat	Agosto es un ~ del año.
	dejar a/c, a alg.	verlassen, etw. jdn. lassen	Paula ~[3] España para ir a Chile.
	hace + *tiempo*	vor *zeitlich*	Hablamos con Paula ~ una semana.
	encontrarse en (o → ue, yo me encuentro)	sich befinden in *Ort*	*cf.* encontrar, Paula ~[4] una ciudad de Chile.
	el invierno	der Winter	≠ el verano
	así	so	
	menos mal	zum Glück	
	el / la colega	der / die Kollege/-in	Mis ~[5] en el trabajo son muy majos.
	la clínica	die Klinik	*fran.:* la clinique, *ing.:* clinic
	contar a/c a alg. (o → ue, yo cuento)	jdm. etw. erzählen, zählen	Paula ~[6] su historia en Chile.
	lejos (de a/c)	weit weg (von), entfernt (von)	≠ cerca (de a/c)
	discapacitado/-a	behindert	
	pobre	arm	≠ rico, Los niños en la clínica son ~[7].
	el mundo	die Welt	
	dejar a alg. hacer a/c	jdn. etw. machen lassen	Mis padres no me ~[8] salir hoy.
	el susto	der Schreck	*cf.* el pánico, el horror
	de repente	plötzlich	
	concreto/-a	konkret, bestimmt	
	creer a/c	etw. glauben	Y tú, ¿qué ~[9]?
	normal	normal	
	la semana pasada	letzte Woche, vergangene Woche	
	ayer	gestern	Hoy es lunes, ~ fue domingo.
	llamar la atención a alg.	*hier:* jdm. auffallen	
	al principio	am Anfang	≠ al final
	el principio	der Anfang, *auch:* das Prinzip	
	mapuche	Mapuche *hier: Sprache*	
	¡qué fruta más rica!	Was für ein wohlschmeckendes Obst!	
	la fruta	das Obst, die Frucht	La chirimoya es una ~ muy rica.
	el clima	das Wetter, das Klima	*cf.* el tiempo
	raro/-a	seltsam	

7A

la primavera	der Frühling	*cf.* el verano
septiembre *m. sg.*	September	~ es el mes número 9 del año.
la Navidad	Weihnachten	
jugar (u → ue, yo juego)	spielen	Los chicos ~[10] fútbol en el estadio.
disfrutar de a/c	etw. genießen	*cf.* gustar
fácil	einfach	≠ difícil, ¡En Chile es muy ~ conocer gente!

7 B

el diario	das Tagebuch	*cf.* el libro
el norte	der Norden	*cf.* el sur
la mochila	der Rucksack	
enero *m. sg.*	Januar	~ es el primer mes del año.
acordarse de a/c (o → ue, yo me acuerdo)	sich an etw. erinnern	¡Tengo un examen y no ~[11] nada!
saber a/c	*hier:* etw. erfahren	Hace un mes nosotros ~[12] de los planes de Paula.
las vacaciones	die Ferien, der Urlaub	*cf.* tener libre, tiempo libre
cada uno/-a	jede(r)	
cada + *s.*	jede(r)	
despedir a alg.	jdn. verabschieden	*cf.* ¡Adiós!, ¡Hasta mañana!
pasar + *tiempo*	verbringen *zeitlich*	*cf.* llevar *(+ tiempo)*
cambiar a/c	etw. tauschen, wechseln, ändern	
gastar a/c	etw. ausgeben *Geld*	*cf.* comprar, ¡Tú ~[13] mucho dinero!
el bus de noche	der Nachtbus	
el final	das Ende	≠ el principio
el lago	der See	*cf.* el mar
mayo *m. sg.*	Mai	~ es el mes número 5 del año.
hacer frío	kalt sein *Wetter*	En invierno ~[14].
el frío	die Kälte	≠ el calor
llover (o → ue, llueve)	regnen	
la nieve	der Schnee	En invierno hace frío y a veces hay ~.
seco/-a	trocken	
hacer calor	heiß sein *Wetter*	≠ hacer frío, En verano ~[15].
la maravilla	das Wunder	
el mercado	der Markt	*cf.* la tienda
agradable	angenehm	*cf.* cómodo
como	*hier:* da, weil	
estar al sol	in der Sonne liegen	En la playa me gusta ~ todo el día.
el sol	die Sonne	
quemarse	sich verbrennen	¡Cuidado! El sol es muy fuerte y tú ~[16].
el cumpleaños	der Geburtstag	El día en que naciste es tu ~.
feliz	glücklich, froh	*cf.* contento/-a, Laura está muy ~.
desear a/c	sich etw. wünschen	*cf.* querer a/c, Nosotros te ~[17]: ¡Feliz cumpleaños!
la casa-museo	*Wohnhaus u. Museum*	
el restaurante	das Restaurant	*cf.* el bar *ing.:* restaurant
el lapislázuli	Lapislazuli *Schmuckstein*	
la cabaña	die Hütte	*cf.* la casa
el ruido, los ruidos	der Lärm	
alquilar a/c	etw. mieten	
la bici = *la bicicleta*	das Fahrrad	*cf.* la moto
al final	am Ende	≠ al principio
(estar) hecho/-a polvo	erschöpft sein *ugs.*	Marta ha trabajado mucho y ahora ~[18].
(estar) muerto/-a de hambre	vor Hunger sterben *ugs.*	*cf.* tener hambre, Juan no ha cenado y ahora ~[19].

7B

ESTAR

Ya **estamos** en Madrid. Madrid **está** justo en el centro de España.
¡**Estoy** harto de escuchar tu música.
¡**Estoy** hasta las narices de aprender cosas aburridas en el instituto!
Todas las chicas de mi clase **están** detrás de Ángel.
En verano vamos a la playa y **estamos** mucho tiempo al sol.
He trabajado todo el día y **estoy** hecho polvo.
Esta mañana no he desayunado y **estoy** muerto de hambre.

el camping	der Zeltplatz	
genial	genial	*cf.* estupendo, fenomenal
la lata	die Dose	
la salsa de tomate	Tomatensauce	La pizza tiene queso y ~.
el tomate	die Tomate	
el fuego	das Feuer	
olvidarse de a/c	etw. vergessen	≠ acordarse de a/c
explotar	explodieren	
por todas partes	überall	La lata explotó y tuvimos salsa ~.
reírse de a/c (e → í, yo me río)	lachen	No comimos, pero ~[20] mucho.
febrero *m. sg.*	Februar	El segundo mes del año es ~.
el altiplano	Altiplano *Hochland in den Anden*	
a más de + *número*	*hier:* höher als	
la altura	die Höhe	~ de La Torre Picasso es 154 metros.
volverse loco/-a (o → ue, yo me vuelvo)	verrückt werden	Paula siempre ~[21] con las alpacas y las llamas.
loco/-a	verrückt	
la alpaca	Alpaka *Tier*	
la llama	Lama *Tier*	
quedar	*hier:* übrigbleiben	

QUEDAR

A veces nos **quedamos** en la cafetería del instituto para comer.
Quedamos a las 8:00 para ir al cine, ¿vale?
Nos **queda** muy poco dinero para terminar el viaje.

7 C

chatear	chatten	*cf.* hablar en la red, el internet
el quechua	Quechua *hier: Sprache*	
saludar a alg.	jdn. grüßen	*cf.* ¡Hola!, ¿Qué tal?
orgulloso/-a	stolz	Los niños están ~[22] de su lengua.
regalar a/c	etw. schenken	*cf.* el regalo
aparecer (c → zc, yo aparezco)	erscheinen, auftauchen	*cf.* parecer
la iglesia	die Kirche	*cf.* la religión
la aduana	der Zoll	
el / la único/-a	der / die Einzige	Por el pueblo pasa ~[23] tren entre Chile y Bolivia.
conectar a/c	etw. verbinden	*ing.:* to connect
el nómada	Nomade	
el / la ex-alumno/-a	der / die Exschüler/in	
terrible	furchtbar	
por primera vez	zum ersten Mal	*cf.* al principio, empezar a/c
ponerse + adj.	*hier:* werden	*cf.* volverse (loco/-a)

PONER

Puedes **poner** los libros sobre la mesa. Allí están bien.
Tú preparas la cena y nosotros **ponemos** la mesa.
¿Puedes **ponerte** al teléfono? Maite quiere hablar contigo.
Voy a **ponerme** los vaqueros nuevos para la fiesta.
Mis primos de Argentina vinieron a visitarnos y nos **pusimos** muy contentos.

triste	traurig	≠ feliz, contento/-a, ¡Hoy estoy ~!
la mujer	die Frau	
rubio/-a	blond	Susanne es ~[24].
feo/-a	hässlich	≠ bonito/-a
descubrir a/c	etw. entdecken	Hace algunos años, los profesores ~[25] el quechua en este pueblo.
la sensación, las sensaciones *pl.*	die Sensation, *hier:* das Gefühl	
la belleza	die Schönheit	*cf.* bonito/-a
la alegría	das Glück, die Freude	*cf.* feliz, contento/-a

la alegría	≠	la suerte
das Glück		das Glück

la poesía	die Poesie, das Gedicht	
la obra de teatro	das Theaterstück	*cf.* el teatro, la película
enamorarse de alg.	sich in jdn. verlieben	*cf.* ligarse a alg.
la comparsa	Comparsa *Tanz*	
el baile	der Tanz	*cf.* bailar, el concierto
el / la descendiente	der Nachkomme	
la pachamama	Mutter Erde *indian. Bez.*	
la tierra	die Erde	*cf.* el mundo

1 fundaron 2 llamó 3 dejó 4 se encuentra en 5 colegas 6 cuenta 7 pobres 8 dejan 9 crees 10 juegan 11 me acuerdo de 12 supimos 13 gastas 14 hace frio 15 hace calor 16 te quemas 17 deseamos 18 está hecha polvo 19 está muerto de hambre 20 nos reímos 21 se vuelve loca 22 orgullosos 23 el único 24 rubia 25 descubrieron

Das Vokabular der **Opciones** ist fakultativ und enthält keine Kontextualisierungsbeispiele.

Opción 4

la composición	der Aufsatz
lo que	das, was
el / la vecino/-a	der / die Nachbar/in
el secreto	das Geheimnis
el premio	der Preis, die Belohnung
saquen	holt raus!
sacar a/c	etw. herausholen
listo/-a	fertig, bereit
anotar a/c	etw. notieren
es decir	*hier:* das heißt
… cosa que a ustedes se les ocurra …	Sachen, die Euch einfallen
el lápiz Bic	Kugelschreiber Marke Bic
serán	*hier:* sollten … sein
reclamar a/c a alg.	sich beklagen
correr	*hier:* sich beeilen zu sagen
que sean una o dos	es sollen eine oder zwei sein
meterse a/c entre los dientes	*hier:* etw. knabbern *ugs.*
el techo	das Dach
si por un agujero caía volando sobre ellos el pajarito de la inspiración	als ob durch ein Loch das Vögelchen der Inspiration hereingeflogen käme
contemplar a/c	etw. betrachten
la propia letra	die eigene Schrift
mojar la punta con saliva	die Spitze mit Spucke anfeuchten
suspirar hondo	tief einatmen
el / la siguiente	der / die folgende
la micro = la microbús, lat.am.	der Kleinbus
meter goles de cabecita	Kopfballtore machen
¡Venga!	Komm!

Opción 4

sentarse	sich setzen
el poroto, *lat.am.*	die Bohne
tragar a/c	*hier:* herunterbekommen
el sillón	der Sessel
el libin = el living, *lat.am*	das Wohnzimmer
el ajedrez	das Schach(spiel)
la tarea	die Aufgabe, Hausaufgabe
hacerles cosquillas a alg.	jdn. kitzeln
los pieses = *los pies*	die Füße *ugs.*
ojalá sea	hoffentlich ist es
la pelota de fútbol	der Fußball
el árbol	der Baum
robar a/c	etw. klauen
el basurero	die Müllabfuhr; der Müllmann
la mosca	die Fliege
tropezar	*hier:* krabbeln
el ojo	das Auge
casarse	heiraten
el pedazo de torta	das Stück Kuchen
llevarse preso a alg.	jdn. festnehmen
el cura	der Priester
decir misa	die Messe abhalten *Religion*
la goleada	der Torschuss
atravesado/-a	quer drüber
el gol de chilena	der Fallrückzieher
el gol de palomita	*hier:* das Kopfballtor
el precio	der Preis *Geld*
el helado	das Speiseeis
… que le diera un beso en la boca	… dass er ihr einen Kuss auf den Mund geben soll
¡Estai loca vo! *chile*	Du bist wohl blöd!
recayó	entfiel
daré	ich werde geben *Zukunftsform*
la notita = *la nota*	*hier:* die Notiz *Dim.*
el prócer	der Führer
la esquina	die Ecke
¡Te felicito!	Gratuliere!
la vista	der Blick
la cara	das Gesicht
la sonrisa radiante	das strahlende Lächeln
calcadito/-a	*hier:* ganz ähnlich
habrá que comprar un ajedrez	Wir sollten ein Schachspiel kaufen
por si las moscas	für alle Fälle

8

la hoja	das Blatt	Apunta tus respuestas en una ~.
tanto … como …	so … wie …	En Galicia llueve ~ en invierno ~ en verano.
por eso	deshalb	
llamarse	heißen	¡Hola!, soy Felipe, ¿y tú? ¿cómo ~[1]?

LLAMAR

Esta tarde te **llamo** por télefono y charlamos, ¿vale?
Los padres **llamaron** a su hija Merce.
Me **llamó** la atención como hablan los chicos aquí.
Yo me **llamo** Javi y ella se **llama** Vero.

el País Vasco	Baskenland	En ~ hablan vasco.
Cataluña	Katalonien	
el portugués	Portugiesisch *hier: Sprache*	
el catalán	Katalanisch *hier: Sprache*	En Cataluña hablan ~.
el guaraní	Guaraní *hier: Sprache*	
el camino	der Weg	
en vez de	anstelle von	En Cataluña hablan catalán ~ español.
el centro cultural	das Kulturzentrum	*cf.* el centro de arte
cultural	kulturell	*cf.* la cultura
musulmán/-ana	islamisch	
judío/-a	jüdisch	
cristiano/-a	christlich	
el río	der Fluss	*cf.* el mar, el lago
el / la conquistador/a	der / die Eroberer/in	*cf.* conquistar
esquiar	Ski laufen	*cf.* la nieve
el delta	das Delta	
el parque nacional	der Nationalpark	
presente	anwesend	
el azúcar *f.*	der Zucker	El chocolate tiene mucha ~.

el cero	Null	
árabe	arabisch	*cf.* musulmán
el / la escritor/a	der / die Schriftsteller/in	*cf.* escribir, la novela, el libro

8 A

el / la mensajero/-a	der / die Bote/-in	*cf.* el mensaje
salir	*hier:* erscheinen *Zeitung*	La revista Arrob@ ~[2] una vez cada mes.
el piropo	das Kompliment	
alegre	glücklich, froh	*cf.* feliz, contento/-a, la alegría
la Semana Santa	die Osterwoche	
la Feria de Abril	*Festwoche in Sevilla*	
abril *m. sg.*	April	~ es el mes número 4 del año.
el / la sevillano/-a	der / die Sevillaner/in	– ¿Dónde viven los ~[3]? – ¡En Sevilla!
la entrevista	das Interview	
mudarse	umziehen	~ es ir a vivir a otro sitio.
echar de menos a/c, a alg.	etw., jdn. vermissen	Tú no estás aquí y yo te ~[4].
el botellón	*Treffen von Jugendlichen am Wochenende zum Trinken u. a. auf der Straße*	
marcharse de a/c	weggehen, verlassen *Ort*	
aburrirse	sich langweilen	≠ animarse, *cf.* aburrido
abrir a/c	etw. öffnen	*cf.* abierto
la información	die Information	
el taller	die Werkstatt, *hier:* die Initiative	
la radio	das Radio	*cf.* la tele
útil	nützlich	*cf.* importante
imposible	unmöglich	
al otro lado de	auf der anderen Seite von	
el lado	die Seite	
agobiar a alg.	jdn. überlasten, bedrücken	*cf.* estar harto, estar hasta las narices
tanto/-a	so viel/e	*cf.* mucho/-a
el coche	der Wagen, das Auto	*cf.* el bus, la moto, la bici
o sea	ebenso	
el hombre	der Mann, der Mensch	≠ la mujer
¡Hombre!	Mann! *Ausruf*	*cf.* ¡tío!
la verdad	die Wahrheit	¡Mentiroso! Tú nunca dices ~.
repartir a/c	etw. verteilen	
la publicidad	die Werbung	*cf.* el spot publicitario
lavar a/c	etw. waschen	Quiero repartir publicidad o ~ coches.
lo que sea	egal was; was auch immer	
alucinante	faszinierend, toll	*cf.* guay, fenomenal
en medio de a/c	mittendrin	¡Me gusta vivir ~ todo!

EL AÑO

enero	abril	*julio*	octubre	la primavera	*el otoño*
febrero	mayo	agosto	*noviembre*	el verano	el invierno
marzo	junio	septiembre	*diciembre*		

la referencia	der Betreff	
la práctica	*hier:* das Praktikum	Hago una ~ de 3 meses en la empresa.
estimado/-a	sehr geehrte(r) *Anrede Brief*	
con la presente	*hier:* hiermit *Brief*	
confirmar a/c	etw. bestätigen *Brief*	
la estancia	der Aufenthalt	

8B

atentamente	mit freundlichen Grüßen *Brief*	
la fecha	das Datum	
ojalá	hoffentlich	
el cybercafé	das Internetcafé	*cf.* la red, el internet
el café = la cafetería	das Café	

la foto	=	la fotografía	la tele	=	la televisión
el / la profe	=	el / la profesor/a	las mates	=	las matemáticas
el bus	=	el autobús	la bici	=	la bicicleta
el cole	=	el colegio	el insti	=	el instituto
la moto	=	la motocicleta	el café	=	la cafetería

el tiempo libre	die Freizeit	*cf.* tener libre, el fin de semana
ni idea	keine Ahnung *ugs.*	*cf.* la idea
tomar el pelo a alg.	jdn. auf den Arm nehmen	Los chicos ~[5] por mi acento.
el acento	der Akzent	
pasar hambre	hungern	*cf.* llegar / estar muerto de hambre

PASAR

María **pasa** por casa de Lupe para charlar un rato.
¿Puedo **pasar**? Sí, claro. ¡**Pasa, pasa**!
Rándal quiere **pasar** un año en Madrid en casa de Roberto.
Esta tarde me ha **pasado** algo fatal, ¡he perdido mi móvil!
Estoy aburrido, no tengo ganas de nada … ¡yo **paso** de todo!
La fiesta está fenomenal. Estamos **pasándolo** muy bien.
Yo creo que los andaluces **pasan** hambre porque se comen las «s» cuando hablan.

en fin	*hier:* na gut, also	
el abrazo	die Umarmung	
PD (post data)	PS (Postskriptum) *Brief*	
dar un toque a alg.	jdm. Bescheid sagen	
el medio ambiente	die Umwelt	
convencer a alg. de a/c	jdn. von etw. überzeugen	
ahorrar a/c	etw. sparen	≠ gastar a/c
la planta de energía solar	*die Solaranlage*	
el sistema	das System	
antiguo/-a	alt, veraltet	Los Mayas fueron una civilización muy ~[6].
la distribución	die Verteilung	*cf.* repartir
el pasado	die Vergangenheit	≠ el futuro
inventar a/c	etw. erfinden	¡Hay que volver al pasado para ~ el futuro!
el pañuelo	das Tuch, das Handtuch	
¡El mundo es un pañuelo!	Die Welt ist klein!	
dar un paseo	einen Spaziergang machen	Ayer Toña y yo ~[7] por la ciudad.

DAR

¿Me **das** el libro de biología, por favor?
Me **da** pánico tener una mala nota en mates.
Le **das** un toque a Pati y le pides el número de Cecilia.
Quiero **dar** muchos paseos por Sevilla.

típico/-a (de)	typisch (für)	Visitamos las casas ~[8] de Andalucía.
el / la andaluz/a los andaluces *pl.*	Andalusier/in	– ¿Dónde viven los ~[9]? – ¡En Andalucía, claro!
cerrar a/c (e → ie, yo cierro)	etw. schließen	≠ abrir, ¿A qué hora ~[10] la tienda?

(por) fuera	(von) draußen	
(por) dentro	(von) drinnen	Las casa son cerradas por fuera, pero abiertas ~.
el patio	der Hof, Innenhof	
la flor	die Blume	En los patios hay muchas ~[11].
la tradición	die Tradition	
preparar a/c	*hier:* etw. zubereiten	– Quiero ~ una tortilla para la fiesta.
el gazpacho	*spanische kalte Gemüsesuppe*	
riquísimo/-a	*hier:* köstlich	¡El gazpacho y la tortilla están ~[12].
la mezquita	die Mezquita, Moschee	
querido/-a	liebe(r) *hier: Anrede Brief*	~[13] Pati: Te escribo esta carta …
la cuenta	die Rechnung	*cf.* pagar
el desastre	das Desaster	
bello/-a	schön	*cf.* la belleza
a lo mejor	vielleicht	*cf.* quizás
hacer puente	*e. Tag zw. zwei Feiertagen freinehmen*	
el puente	die Brücke	Encima del río hay un ~.
el besito, *el beso*	das Küsschen *Dim.*	

HACER

Hacemos los deberes de mates juntos.
¡**Haz** el favor de bajar la música! Está a tope.
Somos muy activos y siempre **hacemos** deporte.
En verano en Chile **hace** mucho calor.
En invierno hay nieve y **hace** mucho frío.
El jueves de la próxima semana podemos **hacer** puente.

el encuentro	das Zusammentreffen	*cf.* encontrarse con a/c, alg.
la parte	der Teil	
durar	dauern	El Al-Andalus ~[14] casi 800 años.
el reino	das Reich	El Al-Andalus fue un ~ muy fuerte.
el progreso	der Fortschritt	
la medicina	die Medizin	*cf.* la clínica
la arquitectura	die Architektur	
la filosofía	die Philosophie	
el califato	Kalifat	
la biblioteca	die Bibliothek	En una ~ hay muchos libros.
el manuscrito	das Manuskript	
la tolerancia	die Toleranz	
aunque	obwohl	Tuvimos bronca en mates ~ hicimos los deberes.
la reconquista	die Wiedereroberung	*cf.* conquistar, el conquistador
la guerra	der Krieg	La reconquista fue una ~ muy fuerte.
sangriento/-a	blutig	
morir (o → ue, yo muero)	sterben	En esta guerra ~[15] muchas personas.
avanzar	vordringen	Los cristianos ~[16] desde el norte hacia el sur.
el rey, la reina	der König, die Königin	*cf.* el reino
los Reyes Católicos	die Katholischen Könige	
emigrar	auswandern	*cf.* marcharse
sino	sondern	Los españoles emigraron no sólo a America, ~ a Francia y a Alemania.
a partir de	ab *zeitlich*	~ hoy voy a estudiar más.
hoy en día	heutzutage	
la comunidad autónoma	die Autonomieregion	España tiene 16 ~[17].
formar parte de a/c	zu etwas gehören	

8C	**la Unión Europea**	die Europäische Union	Muchos países de Europa son la ~.
	el continente	der Kontinent	América y Europa son dos ~[18].
	el / la extranjero/-a	der / die Ausländer/in	
	sin embargo	trotzdem	
	el / la inmigrante	der /die Immigrant/in	
	la dificultad	die Schwierigkeit	*cf.* difícil
	el diálogo	der Dialog	*cf.* hablar
	la expulsión	die Vertreibung	
	el descubrimiento	die Entdeckung	*cf.* descubrir
	publicar a/c	etw. veröffentlichen	
	la gramática	die Grammatik	

1 te llamas 2 sale 3 sevillanos 4 echo de menos 5 me toman el pelo 6 antigua 7 dimos un paseo 8 típicas 9 andaluces 10 cierra 11 flores 12 riquísimos 13 Querida 14 duró 15 murieron 16 avanzaron 17 comunidades autónomas 18 continentes

Opción 5 Das Vokabular der **Opciones** ist fakultativ und enthält keine Kontextualisierungsbeispiele.

la despedida	der Abschied
el segador	der Schnitter
segar a/c	*hier:* etw. ernten
el trigo	der Weizen
el marinero	der Matrose, Seemann
desenterrar a/c	etw. ausgraben
la marejada	der (hohe) Seegang
me tira del corazón	*hier:* zieht mir das Herz zusammen
Se lo quisiera llevar	Er würde es gern mitnehmen
acá	hier(hin)
no sirves para nada	*etwa:* Du bist ein Nichtsnutz
era	*hier:* war
estaba	*hier:* war
decía	*hier:* sagte
mover la cabeza	den Kopf schütteln
graznar	krächzen
la muerte	der Tod
cuando hubo pasado	*hier:* als er zu Ende war
odiar a/c, a alg.	etw., jdn. hassen
la ley	das Gesetz
perseguía	verfolgte
la cantilena	das Klagelied
caer	fallen, runterfallen
el peldaño	die (Treppen-)Stufe
limpio/-a	sauber
peinado/-a	gekämmt
el aceitunero	der Olivenpflücker
altivo/-a	stolz, hochmütig
***el alma** f.*	die Seele
levantar a/c	*hier:* einbringen *Ernte*
el olivo	die Olive *Frucht*
callado/-a	still, schweigend
el sudor	der Schweiß
unido/-a a/c	vereint mit etw.
la hermosura	die Schönheit
el tronco retorcido	der knorrige (Baum)stamm
cano	weiß, grau *Haare*
alzar a/c	etw. erheben
poderoso/-a	mächtig
el cimiento	das Fundament
amamantar a alg.	jdn. stillen, *hier:* (er)nähren
la sangre	das Blut
el explotador	der Ausbeuter
la herida	die Wunde
el terrateniente	der Großgrundbesitzer
sepultar a/c, a alg.	etw., jdn. beerdigen
pisotear a/c, a alg.	etw., jdn. treten
la frente	die Stirn
la cabeza	der Kopf
el árbol	der Baum
el afán	der Eifer
consagrar a/c	etw. weihen, widmen
eran	*hier:* waren
preso/-a	*hier:* gefesselt
pesar	*hier:* schwer liegen auf
el hueso	der Knochen
bravo/-a	mutig, tapfer
la piedra	der Stein
lunar	*hier:* rund
no vayas a ser esclava	Du sollst nicht Sklavin werden
el olivar	die Olivenpflanzung
la claridad	die Helligkeit
el aceite	das Öl
indicar a/c	etw. zeigen
la loma	der Hügel

acabar de hacer alg.	etw. gerade getan haben
prácticamente	praktisch *Adv.*
el / la mío/-a	meine/r, meins
el / la suyo/-a	seine/r, seins / ihre/r, ihrs
el / la hispanohablante	der / die Spanischsprechende
la población	die Bevölkerung
probablemente	möglicherweise
tradicionalmente	traditionellerweise
el / la puertorriqueño/-a	der / die Puertorikaner/in
el / la mexicano/-a	der / die Mexikaner/in
el / la cubano/-a	der / die Kubaner/in
ahí	dort
el spanglish	*Mischung v. Englisch und Spanisch*
el / la hispano/-a	*Bezeichnung für in den USA lebende Lateinamerikaner*
de alguna manera	irgendwie
al fin y al cabo	schließlich
lo que	das, was
la mezcla	die Mischung
usar a/c	etw. benutzen
el centro comercial	das Einkaufszentrum
comunicar a/c	etw. mitteilen
a través de a/c	durch
el / la americano/-a	der / die Amerikaner/in
el origen, los orígenes *pl.*	die Herkunft
reflejar a/c	etw. widerspiegeln
la sociedad	die Gesellschaft
considerar a/c	etw. betrachten

9 B

cantar a/c	etw. singen
el secreto	das Geheimnis
requete + *adj. lat.am.*	so + *Adj.*
¡no seas exagerado!	Übertreib nicht!
el / la enano/-a	der Zwerg, *hier:* der / die Kleine
quitar a/c	etw. wegnehmen
maldito/-a	verdammt
el piojo	die Laus
el / la conserje	der /die Hausmeister/in *Schule*
pinche *lat.am.*	*hier:* verdammt
el / la chamaco/-a *lat.am.*	der Junge / das Mädchen
¡lárguense! *lat.am.*	Haut ab!
largarse	abhauen, weggehen *Ort*
no te preocupes	Mach Dir keine Sorgen!
preocuparse por a/c, alg.	sich um etw., jdn Sorgen machen
Hasta sé más.	Ich weiß sogar mehr.
el / la mesero/-a *lat.am.*	der / die Kellner/in
si	wenn
chiflar	pfeifen
para que le paren	damit ihr aufhört
juntar a/c	etw. sammeln
el bolsillo	die Hosentasche
la semana que entra *lat.am.*	die kommende Woche
aguantar a/c, a alg.	etw., jdn. ertragen
el globo	der Luftballon
el peso	der Peso *Währung*
el / la vendedor/a	der / die Verkäufer/in
¡ándenles! *lat.am.*	*hier:* Geht rein!
andar	gehen, laufen
el helado	das Speiseeis
¡no exageres!	Übertreibe nicht!
exagerar a/c	etw. übertreiben
Se me hizo un poco tarde.	Ich habe mich etw. verspätet.
robar a/c	etw. klauen
Es que no entiendo quién nos habrá podido agarrar dinero.	Ich verstehe nicht, wer uns hätte Geld wegnehmen können.
nomás *lat.am.*	*hier:* nur
quedarse con a/c	etw. behalten
cometer a/c	etw. begehen
recuperar a/c	etw. zurückbekommen
traicionar a alg.	jdn. betrügen
¡no te vayas!	Geh nicht!
Se me olvidaba que ya habíamos terminado.	Ich vergaß, dass wir schon Schluss gemacht hatten.
Volverás	Du wirst zurückkommen.

ahorita = ahora	bald *Dim.*
si	ob
la visión general	der Überblick
el detalle	das Detail
darle un beso a alg.	jdn. küssen
darle la mano a alg.	jdm. die Hand geben
sonreírle a alg.	jdn. anlächeln
el supermercado	der Supermarkt
coquetear con alg.	mit jdm. flirten
la mirada	der Blick
deberse a a/c	sich ergeben aus etw.
dividir a/c	etw. trennen
el Océano Atlántico	der Atlantik
la sociedad	die Gesellschaft
sorprender a alg.	jdn. überraschen
incluso	*hier:* sogar

9C

extraño/-a	seltsam
estrecharle la mano a alg.	jdm. die Hand reichen
forjarse una personalidad de hierro	*hier:* sich e. dickes Fell zulegen
el trato	der Umgang
el / la empleado/-a	der / die Angestellte
de mala gana	ungern, widerwillig
empujar a/c, a alg.	etw., jdn. stoßen
el / la cajero/-a	der / die Kassierer/in
recoger a/c	etw. abholen, wegräumen
la bolsa de plástico	die Plastiktüte
guardar a/c	etw. wegpacken, einpacken
el / la periodista	der / die Journalist/in
puntual	pünktlich
el reloj	die Uhr
enojarse (con alg.)	sich ärgern (über jdn.)
el retraso	die Verspätung
tolerar a/c	etw. aushalten, dulden
la reunión, las reuniones pl.	die Besprechung
la cita	der Termin
las unas a las otras	gegenseitig
tocarse	sich anfassen
la salud	die Gesundheit
estornudar	niesen
cruzar a/c	etw. überqueren
tener miedo a a/c, a alg.	Angst vor etw., jdm. haben
el auto lat.am.	das Auto
caminar	laufen
el temor	die Furcht
la inseguridad	die Unsicherheit

PALABRAS

LISTA ALFABÉTICA

* verweist auf unregelmäßige Verben, Gruppenverben und auf Verben, bei denen auf orthografische Besonderheiten zu achten ist, siehe Los Verbos, S. 153 ff.

Grundschrift = obligatorischer Wortschatz *kursiv* = fakultativer Wortschatz

A

a nach, zu 2
a eso de … gegen … Uhr, ungefähr um … *Uhrzeit* 3B
a las …um … Uhr, *Uhrzeit* 3B
a lo mejor vielleicht 8B
a más de + *número hier:* höher als 7B
a partir de ab *zeitlich* 8C
a pie zu Fuß 5A
a tiempo rechtzeitig 4C
a tope *hier:* sehr laut 4A
a través (de a/c) durch 9A
a veces manchmal 1C
a ver Mal sehen! 1B
abierto/-a offen 6C
el / la **abogado/-a** der / die Rechtsanwalt/-wältin 6A
el **abrazo** die Umarmung 8B
abril *m. sg.* April 8A
abrir a/c etw. öffnen 8A
el / la **abuelo/-a** der Großvater, die Großmutter 2
los **abuelos** die Großeltern 2
aburrido/-a langweilig 2B
aburrirse sich langweilen 8A
acá hier (hin) Op5
acabar de hacer alg. etw. gerade getan haben 9A
el ***aceite*** das Öl Op5
el ***aceitunero*** der Olivenpflücker Op5
el **acento** der Akzent 8B
acordarse* de a/c sich an etw. erinnern 7B
la **actividad** die Aktivität 4C
la ***actividad náutica*** der Wassersport Op3
activo/-a aktiv 4
actual aktuell 4B
además außerdem 3C
¡Adiós! Auf Wiedersehen! 0
¿adónde? wohin? 3C
la **aduana** der Zoll 7C
el **aeropuerto** der Flughafen 2
el ***afán*** der Eifer Op5
agobiar a alg. jdn. überlasten, bedrücken 8A
agosto *m. sg.* August 7
agradable angenehm 7B
el **agua** *f.* das Wasser 5A
el ***aguacate*** die Avocado Op1
aguantar a/c, a alg etw., jdn. ertragen 9B
ahí dort Op1/9A
ahora jetzt 1C
ahorita = ahora bald *Dim.* 9C
ahorrar a/c etw. sparen 8B
el ***aimara*** Aymara *Sprache* Op1
el **aire** die Luft 5A
el ***ajedrez*** das Schach(spiel) Op4
al *a + el* 2B
al fin y al cabo schließlich 9A
al lado (de a/c) *adv./prep.* neben 2B
al otro lado de auf der anderen Seite von 8A
el **albergue juvenil** die Jugendherberge 5C
alegre glücklich, froh 8A
la **alegría** das Glück, die Freude 7C
el **alemán** Deutsch *hier: Sprache* 1A
Alemania *f.* Deutschland 1A
algo etwas 1A
alguien jemand 3C
alguno/-a irgendeine/r *Plural:* einige 6C
alquilar a/c etw. mieten 7B
allí dort 2A
el ***alma*** *f.* die Seele Op5
la ***alpaca*** Alpaka *Tier* 7B
el **altiplano** Altiplano *Hochland in den Anden* 7B
altivo/-a hochmütig Op5
alto/-a hoch, laut 4A
la **altura** die Höhe Op1/7B
alucinante faszinierend, toll 8A
el / la **alumno/-a** der / die Schüler/in 6C
alzar a/c etw. erheben Op5
amamantar a alg. jdn. stillen, *hier:* (er)nähren Op5
amarillo/-a gelb 4B
el **ambiente** die Umgebung 4C
América Latina Lateinamerika 1C
el / la ***americano/-a*** der / die Amerikaner/in 9A
las ***Américas*** *die Länder Nord- und Südamerikas* 7
el / la **amigo/-a** der / die Freund/in 1A
el **amor** die Liebe 4
andaluz andalusisch Op2
el / la **andaluz/-a** Andalusier/in 8B
andar gehen, laufen Op2/9B
andino/-a aus den Anden Op1
animarse sich motivieren 6B
el **año** das Jahr 2A
anotar a/c etw. notieren Op4
antiguo/-a alt, veraltet 8B
aparecer* erscheinen, auftauchen 7C
el **apellido** der Nachname 3A
aprender a/c etw. lernen 1C
aprobar* a/c etw. bestehen *Prüfung* 6A
apuntar a/c etw. aufschreiben 3
aquel/aquella jene/r 4C
aquí hier 1A
árabe arabisch 8
el ***árbol*** der Baum Op4/ Op5
arduamente schwer *Adv.* Op3
el **armario** der Schrank 2B
la **arquitectura** die Architektur 8C
el ***arrabal*** *lat. am.* die Vorstadt Op2
el **arte** die Kunst 5A
el / la ***artesano/-a*** *hier:* der Handwerker Op3
así so 7A
así que sodass 5C
la **asignatura** das Schulfach 6B
atentamente *mit freundlichen Grüßen Brief* 8B

atraer a/c, a alg. etw., jdn. zuziehen Op3
atravesado/-a querdrüber Op4
aún no noch nicht 5C
aunque obwohl 8C
el *auto lat.am.* das Auto 9C
avanzar vordringen 8C
el **avión** das Flugzeug 4
ayer gestern 7A
la **ayuda** die Hilfe 7A
ayudar a alg. jdm. helfen 6C
el **ayuntamiento** das Rathaus 5A
azteca Azteke/-in, aztekisch 7
el **azúcar** *f.* der Zucker Op1/8
azul blau 4B

B

el **bachillerato** das Abitur 6
bailar tanzen 1B
el **baile** der Tanz 7C
bajar *hier:* etw. leiser stellen 4A
bajar(se) aussteigen 5B
el *bandoneón* das Bandoneon *Musikinstrument* Op2
el **baño** das Badezimmer 2B
el **bar** die Kneipe 5
barato/-a billig 5A
el **barrio** das Stadtviertel 2A
bastante *adv.* ziemlich viel 1B
el *basurero* die Müllabfuhr, der Müllmann Op4
la **bebida** das Getränk 5A
la **belleza** die Schönheit 7C
bello/-a schön 8B
el **besito** das Küsschen *Dim.* 8B
la **biblioteca** die Bibliothek 8C
la **bici** *fam.* das Fahrrad 7B
bien *adv.* gut 0
la **biología** die Biologie 6A
el / la **biólogo/-a** der / die Biologe/-in 6A
blanco/-a weiß 4B
el **bocadillo** das belegte Brötchen 4C
el **bolígrafo** der Kugelschreiber 6C
la *bolsa de plástico* die Plastiktüte 9C
el *bolsillo* die Hosentasche 9B
bonito/-a schön, hübsch 2A
borrar wegwischen, radieren 6C
la *botella* die Flasche 4C
el **botellón** *Treffen von Jugendlichen am Wochenende zum Trinken u. a. auf der Straße* 8A
bravo/-a mutig, tapfer Op5
el *brazo* der Arm Op2
la **bronca** der Ärger, der Krach 6B
el **buceo** das Tauchen Op3
buen tiempo schönes Wetter 4C
bueno/-a gut 4B
¡Buenos días! guten Morgen!, guten Tag! 0
el **bus** der Bus 5C, **(de noche)** der Nachtbus 7B
buscar a/c etw. suchen 3
buscarse la vida etwa: sich durchschlagen 5

C

la **cabaña** die Hütte 7B
la *cabeza* der Kopf Op5
cada + *s.* jede/r 7B
cada uno/-a jede/r 7B
cada vez jedes Mal 4C
cada vez hay más immer mehr 4C
la *cadena hotelera* die Hotelkette Op3
*caer** fallen, runterfallen Op5
el **café** = la **cafetería** das Café 8B
la **cafetería** das Café 3B
el / la *cajero/-a* der / die Kassierer/in 9C
el **calamar** Tintenfisch 5A
calcadito/-a fam. ganz ähnlich Op4
el *califato* Kalifat 8C
callado/-a schweigend Op5
la **calle** die Straße 2C
el **calor** die Hitze 5
la **cama** das Bett 2B
el / la **camarero/-a** der / die Kellner/in 5A
cambiar a/c etw. tauschen, wechseln, ändern 7B
cambiar de *hier:* umsteigen 5B
caminar laufen 9C
el **camino** der Weg 8
la **camisa** das Hemd 4B
la **camiseta** das T-Shirt 4B
el **camping** der Zeltplatz 7B
el **campo** das Feld, das Land 4
la **canción** das Lied 4A
cano grau, weiß *Haare* Op5
la *canoa* Kanu Op1
cansado/-a müde 5C
cantar a/c etw. singen Op2/9B
el *cante* der Gesang *Flamenco* Op2
la *cantilena* das Klagelied Op5
la **capital** die Hauptstadt 5
la *cara* das Gesicht Op4
la *carabela* Karavelle *Schiff* 7
caribeño/-a karibisch Op1
caro/-a teuer 2A
el / la **carpintero/-a** der Tischler 6
la **carta** der Brief 1C
la **casa** das Haus, die Wohnung 2A
a casa nach Hause 2C
la **casa rural** ländliches Anwesen 4C
casarse heiraten Op4
casi fast Op1/4C
el **catalán** Katalanisch *hier: Sprache* 8
Cataluña Katalonien 8
el **cd** die CD 2B
el *ceceo ibérico die in Spanien übliche Aussprache von z und c.* Op3
celebrar a/c etw. feiern 4C
cenar a/c etw. zu Abend essen 3B
céntrico/-a zentral 5A
el **centro** das Zentrum 3C, **(de arte)** die Kunstsammlung 5A, **(cultural)** das Kulturzentrum 8, *(comercial)* das Einkaufszentrum 9A
cerca (de a/c) *adv./prep. hier:* in der Nähe von 1C
el **cero** Null 8
cerrar* a/c etw. schließen 8B
el / la *chamaco/-a lat.am.* der Junge / das Mädchen 9B
el **chándal** der Jogginganzug 2B
chao Tschüss 3C
la **chaqueta** die Jacke 4B
el *charango lat.am. Musikinstrument* Op1
charlar plaudern 1A
chatear chatten 7C
el / la **chico / chica** der Junge / das Mädchen 0
chiflar pfeifen 9B
el **chocolate** die Schokolade 5A
el **chorizo** *spanische Paprikawurst* 5A

el **churro** *in Fett ausgebackener Teig* 5A
el ***cimiento*** das Fundament Op5
el **cine** das Kino 3A, ***(al aire libre)*** das Freiluftkino 5A
la **cita** der Termin 9C
la **ciudad** die Stadt 2A
la ***claridad*** die Helligkeit Op5
claro klar 2
la **clase** die Klasse, der Unterricht 2C
clásico/-a klassisch 4
el **cliente** der Kunde 3B
el **clima** das Wetter, Klima 7A
la **clínica** die Klinik 7A
cobrar a/c etw. kassieren 5A
el **coche** der Wagen, das Auto 8A
la **cocina** die Küche 2B
coger* a/c etw. nehmen 5B
el **cole** = el **colegio** die Schule 6
el / la **colega** der / die Kollege/-in 7A
el **color** die Farbe 4B
la **combinación** die Kombination 4B
combinar a/c etw. kombinieren 4B
la **comedia** die Komödie 4
comer a/c etw. essen 3B
cometer a/c etw. begehen 9B
el **cómic** der Comic 1B
la **comida** das Essen 5A
como *adv.* wie 1B, *conj.* da, weil 7B
¿cómo? wie? 0
cómodo/-a bequem 4B
el / la **compañero/-a** Mitschüler/in, Kollege/-in 3C
la ***comparsa*** Comparsa *Tanz* 7C
el ***compás*** der Takt *Musik* Op3
completo/-a *hier:* ausgebucht 5C
la ***composición*** der Aufsatz Op4
la **compra** der Kauf, der Einkauf 2C
comprar a/c etw. kaufen 4B
comprender a/c etw. verstehen 1B
comunicar a/c etw. mitteilen 9A
la **comunidad autónoma** die Autonomieregion 8C
con mit 1B
con la presente *hier:* hiermit *Brief* 8B
con todo el mundo mit allen 1B
el / la ***conserje*** Hausmeister/in *Schule* 9B
el **concierto** das Konzert 1B
concreto/-a konkret, bestimmt 7A
conectar a/c etw. verbinden 7C
confirmar a/c etw. bestätigen *Brief* 8B
conmigo mit mir 6B
conocer* a/c etw. kennen, kennen lernen 5B
el / la **conquistador/a** der / die Eroberer/in 8
conquistar a/c, a alg. etw., jdn. erobern 7
consagrar a/c etw. weihen, widmen Op5
considerar a/c etw. betrachten 9A
contar* a/c a alg. jdm. etw. erzählen, zählen 7A
contemplar a/c etw. betrachten Op4
contento/-a glücklich, froh, zufrieden 4C
contestar a/c etw. antworten 5C
contigo mit Dir 6B
el **continente** der Kontinent 8C
convencer a alg de a/c jdn. von etw. überzeugen 8B
convertir en a/c in etw. verwandeln Op3
coquetear con alg. mit jdm. flirten 9C
correr *hier:* sich beeilen zu sagen Op4
la **cosa** die Sache 4
creciente wachsend Op3
creer a/c etw. glauben 7A
cristiano/-a christlich 8
la ***croqueta sorda*** *Schüler/in, der / die überhaupt nichts versteht ugs.* 6B
cruzar a/c etw. überqueren Op3/9C
el **cuaderno** das Heft 5C
¿cuál?, ¿cuáles? *pl.* welche/r? 4C
cuando wenn, als 5B
¿cuándo? wann? 3B
cuanto antes sofort, baldmöglichst 6C
¿cuánto/-a? wie viel/e? 2A
el **cuarto** Viertel 3A
el / la ***cubano/-a*** der / die Kubaner/in 9A
la **cuenta** die Rechnung 8B
¡Cuidado! Vorsicht! 6A
la **cultura** die Kultur 5A
la ***cultura clásica*** alte Geschichte *Schulfach* 6A
cultural kulturell 8
el **cumpleaños** der Geburtstag 7B
el ***cura*** der Priester Op4
curioso/-a *hier:* neugierig 2A
cursi kitschig 4B
el **curso** der Kurs 3
el **cybercafé** das Internetcafé 8B

D

dar* a/c a alg. jdm. etw. geben, **(pánico a alg.)** jdm. Angst machen 6B, **(un paseo)** e. Spaziergang machen, **(un toque a alg.** *fam.***)** jdm. Bescheid sagen 8B, **(la mano a alg.)** jdm. die Hand geben, **(un beso a alg.)** jdn. küssen 9C
darse* cuenta de a/c etw. merken 6B
de von, aus 0
de … a … *hier:* von …bis … *Uhrzeit* 3A
de alguna manera irgendwie 9A
¿de dónde? woher? 1C
de mala gana ungern, widerwillig 9C
¿De parte de quién? Wer spricht dort, bitte? *Telefon* 3C
de primer orden allererster Güte Op3
de repente plötzlich 7A
de todas las latitudes *etwa:* aus allen Regionen der Welt Op3
de todo alles Mögliche 4B
de una vez endlich mal 4A
debajo (de a/c) *adv./prep.* darunter, unter 2B
los **deberes** die Hausaufgaben 2B

deberse a a/c sich ergeben aus etw., wegen etw. 9C
decir* (a/c a alg.) jdm. etw. sagen 5B, ***(misa)*** die Messe abhalten *Religion* Op4
dejar a alg. hacer a/c jdn. etw. machen lassen 7A
dejar a/c, a alg. etw. jdn. lassen, verlassen 7A
del *de + el* 2B
delante (de a/c) *adv./prep.* davor, vor *örtlich* 2C
el *delta* das Delta 8
los/las **demás** die anderen 4A
demasiado zu viel, zu + *Adj.* 4A
el **deporte** der Sport 4
a la **derecha (de a/c)** *adv./prep.* rechts (von) 2C
el **desastre** das Desaster 8B
desayunar a/c etw. frühstücken 3B
descansar sich ausruhen 3B
el / la **descendiente** der Nachkomme 7C
el **descubrimiento** die Entdeckung 8C
descubrir a/c etw. entdecken 7C
desde *hier:* von *Uhrzeit* 3A
desde (hace) seit Op1/6
desear a/c sich etw. wünschen 7B
desenterrar a/c* etw. ausgraben Op5
despacio *adv.* langsam 3A
la *despedida* der Abschied Op5
despedir* a alg. jdn. verabschieden 7B
después (de a/c) *adv./prep.* nach, danach *zeitlich* 1B/2C
el *detalle* das Detail 9C
detrás (de a/c) *adv./prep.* hinter 2C
el **día** der Tag 3B
día de la no-violencia Tag der Gewaltlosigkeit 6B
el *día de puertas abiertas* Tag der offenen Tür 6C
el **diálogo** der Dialog 8C
el **diario** das Tagebuch 7B
dicho y hecho gesagt, getan 5C
diferente unterschiedlich 4B
difícil schwer, schwierig 1C
la **dificultad** die Schwierigkeit 8C
¡Diga! Ja, bitte! *Telefon* 3C
el **dinero** das Geld 4B
la **dirección** die Adresse, *auch:* die Richtung 3/5B
el / la **director/a** der / die Direktor/in 6C
discapacitado/-a behindert 7A
la **discoteca** die Diskothek 5
el / la **diseñador/a** der / die Designer/in 6A
disfrutar de a/c etw. genießen 7A
la **distribución** die Verteilung 8B
divertido/-a lustig, unterhaltsam 2C
dividir a/c etw. trennen 9C
las *divisas* Devisen Op3
el **dólar** der Dollar 7
el **domingo** der Sonntag 3A
los **domingos** *hier:* sonntags *Adv.* 3A
¿dónde? wo? 1C
dormir* schlafen 6A
los/las **dos** die beiden, beide 2
ducharse sich duschen 3B
durante während 5A
durar dauern 8C
duro/-a hart 4A

E

e *„y" vor „i" oder „hi"* 6A
echar de menos a/c, a alg. etw., jdn. vermissen 8A
el **edificio** das Gebäude 5
la **educación física** Sportunterricht 6A
la *educación primaria Grundschule* 6
el **ejemplo** das Beispiel 4
el der *best. Art. M. Sg.* 1A
elegante elegant 4B
el **e-mail** die E-mail 2A
emigrar auswandern 8C
empezar* a/c etw. anfangen 2C
el / la *empleado/-a* der / die Angestellte 9C
la **empresa** die Firma 2
empujar a/c, a alg. etw., jdn. stoßen 9C
en in, auf, an 1A
en alemán auf Deutsch 1B
en busca de a/c auf der Suche nach etw. 7
en casa zu Hause 1C, **en nuestra casa** bei uns (zu Hause) 2A
en fin na gut, also 8B
en general normalerweise 4B
en medio de a/c mittendrin 8A
en vez de anstelle von 8
en vivo live 5A
enamorarse de alg. sich in jdn. verlieben 7C
el / la *enano/-a* der Zwerg, *hier:* der / die Kleine 9B
encantar a alg. sehr gut gefallen, bezaubern 4A
encima (de a/c) *adv./ prep.* darauf, auf 2B
encontrar* a/c etw. finden 5C
encontrarse* en sich befinden in *Ort* 7A
el **encuentro** das Zusammentreffen 8C
enero *m. sg.* Januar 7B
enfrente (de a/c) *adv./prep.* gegenüber 2C
engendrar a/c etw. hervorbringen Op3
enojarse (con alg.) sich ärgern (über jdn.) 9C
enseñar a/c etw. zeigen 6B
entender* a/c etw. verstehen 2A
entonces dann, also 1A
la **entrada** der Eingang, die Eintrittskarte 5A
entrañable innig Op3
entrar eintreten, **(en la universidad)** zur Uni gehen, ein Studium beginnen 6
entre zwischen 2C
la **entrevista** das Interview 8A
es decir das heißt Op4
es que … da, weil … 3C
escribir a/c etw. schreiben 1C
el / la **escritor/a** der / die Schriftsteller/in 8
el **escritorio** der Schreibtisch 2B
escuchar a/c etw. hören 1C
la **escuela (de idiomas)** die Schule, Sprachschule 3A
ese/-a diese/r dort 4C
eso das 4
ESO ***Educación Secundaria Obligatoria*** *vierjährige Mittelstufe, Schule* 6
España *f.* Spanien 0

el **español** Spanisch *hier:* Sprache 1A
esperar a/c, a alg. warten auf, *auch:* erwarten, hoffen 3C
esquiar Ski laufen 8
la ***esquina*** die Ecke Op4
la **estación** der Bahnhof 3
el **estadio** das Stadion 2C
la **estancia** der Aufenthalt 8B
la **estantería** das Regal 2B
estar* sein 2B, **(harto/-a de a/c)** etw. satthaben 4A, **(detrás de alg.)** hinter jdm. her sein 6B, **(hasta las narices de a/c** *fam.***)** etw. satthaben 6B, **(al sol)** in der Sonne liegen 7B
este/-a diese/r 4C
el **estilo** der Stil 4B
estimado/-a sehr geehrte/r *Anrede Brief* 8B
esto dieses hier, das hier 1B
estornudar niesen 9C
estrecharle la mano a alg. jdm. die Hand reichen 9C
el / la **estudiante** der / die Student/in, der / die ältere Schüler/in 2C
estudiar a/c etw. studieren, lernen 2
estupendo/-a hervorragend 1B E/5B
el **euro** der Euro 4C
Europa Europa 2A
el / la **europeo/-a** der / die Europäer/in 5C
exagerar a/c etw. übertreiben 9B
el / la **ex-alumno/-a** der / die Exschüler/in 7C
el **examen** die Prüfung 4A
la **excursión** der Ausflug 3A
el ***éxito*** der Erfolg Op2
experimentar a/c etw. erfahren Op3
explicar a/c a alg jdm. etw. erklären 5B
el ***explotador*** der Ausbeuter Op5
explotar explodieren 7B
la **expulsión** die Vertreibung 8C
el / la **extranjero/-a** der / die Ausländer/in 8C
extraño/-a seltsam 9C

F

fácil einfach 7A
la **facultad** die Fakultät 3C
la **falda** der Rock 4B
la **fama** der Ruhm Op2/7
la **familia** die Familie 2
famoso/-a berühmt Op1/5
fatal furchtbar, fatal 1B E/5C
el **favor** der Gefallen 2B
favorito/-a Lieblings- 2A
febrero *m. sg.* Februar 7B
la **fecha** das Datum 8B
feliz glücklich, froh 7B
¡Fenomenal! Fabelhaft!, Super! 1B
feo/-a hässlich 7C
la **fiesta** das Fest, die Party 0 E/1A, **(de barrio)** das Straßenfest 5A
la **filosofía** die Philosophie 8C
el **fin** das Ende, **(de semana)** das Wochenende 3C, **(de curso)** der Kursabschluss 4C
el **final** das Ende, **(al)** am Ende 7B, ***a finales del siglo XIX*** Ende des 19. Jhs. Op2
la **física** die Physik 6A
el **flamenco** der Flamenco 4
la **flor** die Blume 8B
formar parte de a/c zu etwas gehören 8C
la **foto** das Foto 2B
FP ***Formación Profesional*** Berufsausbildung, Fachschulausbildung 6
el **francés** Französisch *hier: Sprache* 1A/6A
la ***frente*** die Stirn Op5
el **frío** die Kälte 7B
la **fruta** das Obst, die Frucht 7A
el **fuego** das Feuer 7B
fuerte stark 4A
funcionar funktionieren 6A
fundar a/c etw. gründen 7
el **fútbol** der Fußball 4
el **futuro** die Zukunft 6A

G

el **gallego** Galicisch *hier: Sprache* 1C
ganar a/c etw. verdienen, *auch:* gewinnen 4B
gastar a/c ausgeben 7B
el ***gazpacho*** *spanische kalte Gemüsesuppe* 8B
generar a/c etw. erzeugen Op3
genial genial 7B
la **gente** *sg.* die Leute *pl.* 2C
la **geografía** die Geographie 6A
la **geología** die Geologie 6A
gitano/-a Zigeuner... Op2
el ***globo*** der Luftballon 9B
el ***gol (de chilena)*** der Fallrückzieher, ***(de palomita)*** das Kopfballtor Op4
la **goma de borrar** der Radiergummi 6C
gozar de reconocimiento Anerkennung genießen Op3
gracias a a/c, alg. dank 6C
¡Gracias! Danke! 2B
la **gramática** die Grammatik 8C
grande, gran groß 2A/4B
gratis kostenlos, umsonst 5A
graznar a/c krächzen Op5
el **grupo** die Gruppe 3C
guapo/-a hübsch, gut aussehend 3C
el **guaraní** Guaraní *Sprache* Op1/8
guardar a/c etw. wegpacken, einpacken 9C
la **guardería** der Kindergarten 6
guay *fam.* toll, super 2C
la **guerra** der Krieg 8C
el / la **guía** der / die Reiseführer/in 5B
gustar a alg. etw. jdm. gefallen 4
el **gusto** der Geschmack 4B

H

haber* haben *Hilfsverb* 5C
hábil geschickt Op3
la **habitación** das Zimmer 2B, **(doble)** das Doppelzimmer 5C
el / la **habitante** der Einwohner 5
hablar sprechen 1A
hace + *Zeitangabe* vor 7A
hacer* a/c etw. machen, tun 2A, **(un favor)** e. Gefallen tun 2B, **(la compra)** einkaufen gehen 2C, ***(cosquillas a alg.)*** jdn. kitzeln Op4, **(calor / frío)** heiß / kalt sein *Wetter* 7B, **(puente)** *e. Tag zw. zwei Feiertagen freinehmen* 8B, ***(gestiones)*** verhandeln
el **hambre** *f.* der Hunger 6A
la **hamburguesa** der Hamburger *Essen* 6B

hasta bis 0
hay es gibt, es ist 1A
hay que + *inf.* man muss 6A
hecho/-a polvo *fam.* erschöpft 7B
el *helado* das Speiseeis Op4/9B
la *herida* die Wunde Op5
el / la hermano/-a der Bruder / die Schwester 1A
los hermanos *m. pl.* die Brüder, Geschwister 1A
la *hermosura* die Schönheit Op5
el / la hijo/-a der Sohn, die Tochter 2
los hijos die Söhne, *auch:* die Kinder 2
el / la *hispano/-a Bezeichnung für in den USA lebende Lateinamerikaner.* 9A
el / la *hispanohablante* Spanischsprechende/r Op2/9A
la historia die Geschichte 5B
la hoja das Blatt 8
¡Hola! Hallo! 0
el hombre der Mann, der Mensch 8A
la hora die Stunde 3B
el horario der Stundenplan, der Zeitplan 6A
el horror der Horror, der Schrecken 4
el hostal einfaches Hotel, Pension 5C
el hotel das Hotel 2C
hoy heute 1C
hoy en día heutzutage 8C
el *hueso* der Knochen Op5

I

la idea die Idee 4B
ideal ideal 4C
el idioma die Sprache 3A
la iglesia die Kirche 7C
imaginarse a/c sich etw. vorstellen 5C
importante wichtig 2C
importar a alg. jdm. wichtig sein 4A
imposible unmöglich 8A
impresionante beeindruckend 2C
el / la inca *s., adj.* Inka, Inka… Op1/7
incluso hier: sogar 9C
indicar a/c etw. zeigen Op5
indígena hier: indianisch Op1
la información die Information 8A
la informática die Informatik 6A
el inglés Englisch *hier:* Sprache 1A/6A
el *ingreso* das Einkommen Op3
el / la inmigrante der / die Immigrant/in 8C
la *inseguridad* die Unsicherheit 9C
el instituto das (staatliche) Gymnasium 1A/6C
inteligente intelligent 5B
interesante interessant 1C
interesar a alg. jdn. interessieren 4B
interesarse por a/c sich für etw. interessieren 3C
internacional international 2C
el internet das Internet 4
inventar a/c etw. erfinden 8B
el invierno der Winter 7A
el / la invitado/-a Gast 2B
invitar a alg. jdn. einladen 5B
ir* (a) gehen (zu, in) 3B, (a tomar algo) etw. trinken gehen 4, (bien con a/c) gut passen zu 4B
irse* gehen, weggehen 3B, (a la cama) schlafen gehen 4A
la isla die Insel 7
el *italiano* Italienisch *hier: Sprache* 1A
a la izquierda (de a/c) *adv./prep.* links (von) 2C

J

el jamón der Schinken 4C
el jefe der Chef 3B
el jersey der Pullover 4B
jocoso/-a lustig Op3
el / la joven der / die Jugendliche 4A
judío/-a jüdisch Op2/8
el jueves der Donnerstag 3A
jugar* spielen 7A
junio *m. sg.* Juni 7A
juntar a/c etw. sammeln 9B
juntos zusammen 6
justo *hier:* genau 5

K

el kilo das Kilo 4C
el kilómetro der Kilometer 5

L

la die *best. Art. F. Sg.* 1A
el lado die Seite 8A
el lago der See 7B
la lámpara die Lampe 2B
el *lapislázuli* Lapislazuli 7B
el lápiz der Bleistift 6C
largarse abhauen 9B
largo/-a lang 5
las unas a las otras gegenseitig 9C
la lata die Dose 7B
lavar a/c etw. waschen 8A
leer a/c etw. lesen 1B
lejos (de a/c) weit weg von, entfernt von 7A
la lengua die Sprache Op1/6A
la letra Buchstabe, Text *Lied* 4A
levantar a/c hier: einbringen *Ernte* Op5
levantarse aufstehen 3B
la *ley* das Gesetz Op5
libre frei 3A
el libro das Buch 2B
ligarse a alg. mit jdm. flirten 5C
limpio/-a sauber Op5
la línea die Linie *hier:* die U-Bahn 5B
la *línea ecuatorial / equinoccial* der Äquator Op3
la lista die Liste 4C
la lista de la compra der Einkaufszettel 4C
listo/-a fertig Op4
la literatura die Literatur 5
la *llama* das Lama *Tier* 7B
llamar (a alg.) (an)rufen, telefonieren 3B, (a/c) etw. benennen 7, (la atención a alg.) jdm. auffallen 7A
llamarse heißen 8
llegar (an)kommen 1A
lleno/-a voll 5C
llevar a/c etw. tragen *Kleidung* 4B, *(+ Zeitangabe)* sich aufhalten, sein 3C, (a/c a alg.) (hin-)bringen, mitnehmen 6B
llevarse preso a alg. jdn. festnehmen Op4
llover* regnen 7B
lo mismo dasselbe 4B
lo que das, was Op4/9A
lo que sea egal was 8A
¡Lo siento! Es tut mir leid! 5C

loco/-a verrückt 7B
el **logo** das Logo 4B
la ***loma*** der Hügel Op5
Londres London 6A
los / las die *best. Art., Pl.* 1A
luego nachher, später 0
lunar *hier:* rund Op5
el **lunes** der Montag 3A

M

la **madre** die Mutter 2
el / la ***madridista*** *fam. Anhänger von Real Madrid* 5C
majo/-a nett 6A
mal *adv.* schlecht 1B/4A
maldito/-a verdammt 9B
malo/-a schlecht 4B
la **mamá** die Mama 3B
la **mañana** der Vormittag 3A
mañana *adv.* morgen 0
mandar a/c etw. senden, verschicken 2C
la **mano** *f.* die Hand Op2/6C
el ***manuscrito*** das Manuskript 8C
el **mapuche** Mapuche *hier: Sprache* 7A
el **mar** das Meer 2C
la **maravilla** das Wunder 7B
la **marca** die Marke 4B
la **marcha** *fam.* Spaß, Stimmung, Atmosphäre 3C
marcharse weggehen, verlassen *Ort* 8A
marchoso/-a stimmungsvoll, spaßig 4A
la ***marejada*** der (hohe) Seegang Op5
el ***marinero*** Seemann Op5
marino/-a Meeres… 6A
marrón braun 4B
el **martes** der Dienstag 3A
más mehr 3A
más de … mehr als + *Zahlen* 5
más o menos mehr oder weniger 6C
más … que … *Komparativ* 5A
matar a alg. jdn. töten 5
las **matemáticas** Mathematik 6A
mates *fam.* Mathe *ugs.* 6B
el / la **maya** Maya, Maya… 7
mayo *m. sg.* Mai 7B
mayor größer, älter 2A
la **mayoría** die Mehrheit 6
me mir, *auch:* mich 4
me gustaría + *inf.* Ich würde gern 6A
la **medicina** die Medizin 8C
el **medio ambiente** die Umwelt 8B
medio/-a halb 3A
el / la **mejor** der / die beste 5
mejor besser, lieber 5A/6A
menor *hier:* jünger 6C
menos weniger, *hier:* außer 6B
menos mal zum Glück 7A
el **mensaje** die Nachricht, die Botschaft 1B
el / la **mensajero/-a** der / die Bote/-in 8A
el / la **mentiroso/-a** der / die Lügner/in 6B
el **mercado** der Markt 7B
el ***merengue*** Merengue *lat.am. Musik* Op2
el **mes** der Monat 7A
la **mesa** der Tisch 3B
el / la ***mesero/-a*** *lat.am.* der / die Kellner/in 9B
meter goles de cabecita Kopfballtore machen Op4
meterse sich begeben *Ort* 5C
meterse a/c entre los dientes *hier:* etw. knabbern *ugs.* Op4
el **metro** die U-Bahn, *auch:* der Meter 2C
el / la ***mexicano/-a*** der / die Mexikaner/in 9A
la **mezcla** die Mischung 9A
la **mezquita** die Mezquita, Moschee 8B
mi, mis *pl.* mein, meine 2
el ***micro*** *lat.am.* Kleinbus Op4
el **microondas** die Mikrowelle 3B
mientras während 6B
el **miércoles** der Mittwoch 3A
mil tausend 5
el **millón** die Million 5
el **minuto** die Minute 5B
el / la ***mío/-a*** meins, meine/r 9A
¡Mira! Schau mal!, Sieh mal! 1B
la ***mirada*** der Blick 9C
mirar a/c etw. (an)schauen, (an)sehen 1B
la ***mitad*** die Hälfte Op1
la **mochila** der Rucksack 7B
la **moda** die Mode 4
el / la **modelo** das Model 6A
moderno/-a modern 2A
el **momento** der Moment 3C
la ***moneda uso corriente*** *die gültige Währung* Op3
la **montaña** der Berg, *auch:* die Berge 4C
el **montón (de)** der Haufen, die Menge 5A
morir* sterben 8C
la ***mosca*** die Fliege Op4
la **moto** *fam.* das Motorrad 4C
mover* a/c etw. bewegen Op3
el **móvil** das Mobiltelefon 1B
muchas veces oft 5A
mucho *adv.* viel 3C
mucho/-a viel/e Op1/3C
mudarse umziehen 8A
la ***muerte*** der Tod Op5
muerto/-a de hambre *fam.* vor Hunger sterben 7B
la **mujer** die Frau 7C
el **mundo** die Welt Op1/7A
el **museo** das Museum 5
la **música** die Musik 1C
musulmán/-ana islamisch 8
muy *adv.* sehr 1A

N

nacer* geboren werden Op2/6A
nada nichts 4A/6B
nada de nada ganz und gar nicht/s 6B
nada especial nichts Besonderes 3C
nadie niemand 6B
náhuatl Nahuatl *Sprache* Op1
naranja *adj. + s. f.* orange, die Orange 4B
la **nariz** die Nase 6B
navegar (en) *hier:* surfen *Internet* 4
la **Navidad** Weihnachten 7A
necesitar a/c, a alg. etw., jdn. brauchen 4B
negro/-a schwarz 4B
¡Ni fu ni fa! *fam.* so lala 1B
ni idea keine Ahnung *ugs.* 8B
la **nieve** der Schnee 7B
ningún + *s. m. sg.* kein 6C
ninguno/-a keine/r 6C
el / la **niño/-a** das Kind 6A
no nein, nicht 1B/1C
no … ni weder … noch 6C
¡No sé! Ich weiß nicht! 1B

no sólo nicht nur 1C
la **noche** die Nacht 3A
el ***nómada*** Nomade 7C
nomás *lat.am. hier:* nur 9B
el **nombre** der (Vor-)Name Op2/6B
normal normal 7A
el ***noroccidente*** Nordwest Op3
el ***noroeste*** Nordwest Op3
el **norte** der Norden 7B
la **nota** die Note, die Zensur 6B
notable gut *Schulnote* 6B
la ***notita*** die Notiz, *Dim.* Op4
la **novela** der Roman 7
el / la **novio/-a** der / die (feste) Freund/in, der / die Verlobte 6
Nueva York New York 5A
nuevo/-a neu 2C
el **número** die Nummer, die Zahl 3
nunca nie, niemals 6B

O

o oder 2A
o sea ebenso 8A
la **obra** das Werk 5
la **obra de teatro** das Theaterstück 7C
el ***Océano Atlántico*** der Atlantik 9C
octubre *m. sg.* Oktober 7
odiar a/c, a alg. etw., jdn. hassen Op5
la **oficina** das Büro 6A, ***(de turismo)*** das Fremdenverkehrsamt 5C
ofrecer* a/c etw. anbieten 4C
ojalá hoffentlich 8B
el ***ojo*** das Auge Op2/Op4
el ***olivar*** die Olivenpflanzung Op5
el ***olivo*** die Olive Op5
olvidarse de a/c etw. vergessen 7B
omitir a/c etw. unterlassen, auslassen Op3
la **opinión** die Meinung 4B
la ***oposición*** *staatl. Prüfung f. best. Berufe* 6A
la ***optativa*** das Wahlfach 6A
el **ordenador** der Computer 2B
organizar a/c etw. organisieren 5A
orgulloso/-a stolz 7C
el ***origen*** die Herkunft Op1/9A
el **oro** das Gold 7

otra vez noch einmal 3A
otro/-a ein/e andere/r, noch eine/r 3A
¡Oye! Hör mal! *Imp.* 1A

P

la ***pachamama*** Mutter Erde *indian. Bez.* 7C
el **padre** der Vater 2
los **padres** die Eltern 2
la **paga** die Bezahlung, *hier:* Taschengeld 6C
pagar a/c etw. bezahlen 6B
la **página (web)** die Seite, Webseite 4B/6A
el **país** das Land Op1/5
el **País Vasco** Baskenland 8
la **palabra** das Wort 1B
el **pan** das Brot 5A
el **pánico** *hier:* die Angst 6B
el **pantalón** die Hose 4B
el **pañuelo** das Taschentuch 8B
para + *inf.* um zu … + *Inf.* 2A
para + *s.* für + *S.* 2A
para mí/para ti für mich/dich 2B
¿para qué? wozu? 6B
el ***paralelo*** der Breitengrad Op3
parecer* a alg. scheinen, finden *Meinung* 4A
parecido/-a ähnlich 4A
París Paris 6A
el **parque** der Park 2C
el ***parque nacional*** der Nationalpark 8
la **parte** das Teil 8C
el **partido de fútbol** das Fußballspiel 5C
el **pasado** die Vergangenheit 8B
pasar vergehen, verbringen *Zeit* 2A, hereinkommen 3A, **(de a/c)** jdm. etw. egal oder lästig sein 2B, **(por)** vorbeikommen 3A, **(a/c a alg.)** jdm. etw. passieren 5C, **(hambre)** hungern 8B
pasarse *hier:* zu weit gehen 4A
el **paso** der Schritt 6A; **paso a paso** Schritt für Schritt 6A
la **patata** die Kartoffel 6B
las **patatas fritas** die Pommes frites 6B
el **patio** der Hof, Innenhof 8B

PD (post data) PS (Postskriptum) *Brief* 8B
el ***pedazo de torta*** das Stück Kuchen Op4
pedir* a/c etw. bestellen, um etw. bitten 5A
peinado/-a gekämmt Op5
el ***peldaño*** die (Treppen-) Stufe Op5
la **película (de amor)** der Film, Liebesfilm 3C/4
peligroso/-a gefährlich 6A
la ***pelota de fútbol*** der Fußball Op4
pensar* en a/c, alg denken (an) 4A
el / la **peor** der / die schlimmste 5
pequeño/-a klein 2A
perder* a/c etw. verlieren 5C
perderse* sich verlaufen 5C
perdonar a alg. jdn. entschuldigen, jdm. verzeihen 4A
el / la ***periodista*** der / die Journalist/in 9C
pero aber 1C
perseguía *hier:* verfolgte Op5
pesar *hier:* schwer liegen auf Op5
la ***pesca de altura*** Hochseefischerei Op3
el **pesimismo** der Pessimismus 6B
el ***peso*** der Peso *Währung* 9B
el ***petróleo*** das Erdöl Op3
el ***pie*** der Fuß 5A
la ***piedra*** der Stein Op5
la ***pierna*** das Bein Op2
pinche *lat.am. hier:* verdammt 9B
el ***piojo*** die Laus 9B
el ***piropo*** das Kompliment 8A
el **piso** die Wohnung, *auch:* das Stockwerk 2B
pisotear a/c, a alg. etw., jdn. treten Op5
la **pizarra** die Tafel 6C
la ***pizza*** die Pizza 3B
el **plan** der Plan 3C
el **plano** der Stadtplan 5A
el **plano del metro** der U-Bahn-Plan 5C
la ***planta de energía solar*** die Solaranlage 8B
plástica y visual Kunstunterricht 6A

la **playa** der Strand 0/6A
la **plaza** der Platz 1A
la ***población*** die Bevölkerung Op1/9A
pobre arm Op2/7A
poco *adv.* etwas, ein wenig 1A
poco/-a wenig/e 3C
poder* a/c etw. können, dürfen 3A
poderoso/-a mächtig Op5
la **poesía** die Poesie, das Gedicht 7C
el ***polaco*** Polnisch *hier: Sprache* 1A
poner* a/c etw. stellen, setzen, legen, **(la mesa)** den Tisch decken 3B
ponerse* (al teléfono) ans Telefon kommen 3C, **(a/c)** etw. anziehen 4B, *(+ adj.)* werden 7C
popular populär 5
por *hier:* durch 1C
por aquí cerca hier in der Nähe 2C
por cierto übrigens 6B
por dentro (von) drinnen 8B
por ejemplo zum Beispiel 4
por eso deshalb 8
por favor bitte 3A
por fin endlich 3B
por fuera (von) draußen 8B
por la mañana *adv.* morgens 3A
por lo menos mindestens 3B
por primera vez zum ersten Mal 7C
¿por qué? warum? 3C
por si las moscas *fam.* für alle Fälle Op4
por todas partes überall 7B
el ***poroto*** *lat.am.* die Bohne Op4
porque weil 3C
el **portugués** Portugiesisch *hier: Sprache* 1A/8
la **postal** die Postkarte 5C
la **práctica** *hier:* das Praktikum 8B
prácticamente praktisch *Adv.* 9A
practicar deporte Sport treiben 4
practicar a/c trainieren, etw. üben 4
el ***precio*** der Preis *Geld* Op4
precioso/-a wunderschön 4C
precolombino/-a präkolumbisch 7
el ***predominio*** die Vorherrschaft Op3
preferir* a/c etw. bevorzugen 6
la **pregunta** die Frage 5B
preguntar a/c etw. fragen 1C, **(por alg.)** nach jdm. fragen 6B
el ***premio*** der Preis, die Belohnung Op4
el ***Premio Nobel de la Paz*** der Friedensnobelpreis 7
el ***Premio Nobel de Literatura*** der Literaturnobelpreis 7
preocuparse por a/c, alg. sich um etw., jdn Sorgen machen 9B
preparar a/c etw. vorbereiten, zubereiten 2A/8B
presente anwesend 8
preso/-a *hier:* gefesselt Op5
prestigioso/-a angesehen, wichtig Op3
la **primavera** der Frühling Op1/7A
primero *hier:* zuerst 2A
el / la **primero/-a** der / die erste Op1/5B
el / la **primo/-a** der / die Cousin/e 2
el **principio** der Anfang 7A, **al principio** am Anfang Op2/7A
probablemente möglicherweise 9A
el **problema** das Problem 3B
el ***prócer*** der Führer Op4
el / la **profesor/a** Lehrer/in 1A
la **profesora de alemán** die Deutschlehrerin 1A
el **programa** das Programm 3A
el **progreso** der Fortschritt Op3/8C
pronto bald 3
la ***propia letra*** die eigene Schrift Op4
el / la **próximo/-a** der / die nächste 6B
el **proyecto** das Projekt 7A
publicar a/c etw. veröffentlichen 8C
la **publicidad** die Werbung 8A
el **pueblo** das Dorf, das Volk 1C
el **puente** die Brücke 8B
la **puerta** die Tür 6C
el ***puerto libre*** der Freihafen Op3
el / la ***puertorriqueño/-a*** der / die Puertorikaner/in 9A
pues *interj.* na, also 1B
los **puntitos** *fam.* Umlaut 3A
puntual pünktlich 9C

Q

qué + *s.* was für ein/e …, wie … *Ausruf* 1C
¡Qué ilusión! Wie schön! 6
¡Qué palo! Wie hart! 6
¡Qué pena! Wie schade! 1C
que sean una o dos es sollen eine oder zwei sein Op4
¿Qué tal? Wie geht's? 0
¡Qué va! Ganz und gar nicht! 1C
¿qué? was? 1B
el **quechua** Quechua *hier: Sprache* Op1/7C
quedar sich treffen, sich verabreden, übrigbleiben 3C/7B
quedarse bleiben 3B, ***(con a/c)*** etw. behalten 9B
quemarse sich verbrennen 7B
querer* a/c etw. wollen, *auch:* etw./jdn. lieben 2A
querido/-a liebe/r *hier: Anrede Brief* 8B
el **queso** der Käse 4C
¿quién? ¿quiénes? *pl.* wer? 1A/1C
la **química** die Chemie 6A
quitar a/c etw. wegnehmen 9B
quizás vielleicht 5B

R

la **radio** das Radio 8A
rápido/-a schnell 3A
raro/-a seltsam 7A
el **rato** die Weile 1B
la **realidad** die Wirklichkeit 5
realmente *adv.* wirklich 4A
el / la **recepcionista** der / die Angestellte an der Rezeption 5C
recibir a/c etw. bekommen, empfangen 6C
reclamar a/c a alg. sich beklagen Op4
recoger* a/c etw. abholen, wegräumen 9C
la **reconquista** die Wiedereroberung 8C

el **recreo** die Pause 6A
recto/-a gerade 5B
recuperar a/c etw. zurückbekommen 9B
el ***recurso*** die Mittel Op3
la **red** das Netz, Internet 1C
la **referencia** der Betreff *Brief* 8B
reflejar a/c etw. widerspiegeln 9A
regalar a/c etw. schenken 7C
el **regalo** das Geschenk 2B
la **región** die Region 6C
¡Regular! *hier:* es geht 1B
el **reino** das Reich 8C
reírse* de a/c lachen 7B
la **religión** die Religion 6A
el ***reloj*** die Uhr 9C
repartir a/c etw. verteilen 8A
el ***repertorio*** das Repertoire Op3
requete + *adj. lat.am.* so + *Adj.* 9B
la **reserva** die Reservierung 5C
reservar a/c etw. reservieren 5C
la **respuesta** die Antwort 5B
el **restaurante** das Restaurant 7B
el **resto** der Rest 5A
el ***retraso*** die Verspätung 9C
la ***reunión*** die Besprechung 9C
la **revista** die Zeitschrift 4B
el **rey**, la **reina** der / die König/in 8C
los **Reyes Católicos** die Katholischen Könige 8C
rico/-a reich, schmackhaft 5A
el **rincón** die Ecke *Zimmer* 2B
el **río** der Fluss 8
riquísimo *hier:* köstlich 8B
el **ritmo** der Rhythmus 4A
robar a/c etw. klauen Op4/9B
el **rock** der Rock *Musik* 4
rojo/-a rot 4B
el **rollo** *fam.* die Schwierigkeit 3B
la **ropa** die Kleidung 4B
rosa *hier:* pink *Farbe* 4B
rubio/-a blond 7C
el **ruido** der Lärm 7B
rural ländlich 4C
el ***ruso*** Russisch *hier: Sprache* 1A

S

el **sábado** der Samstag 3A
saber* a/c etw. wissen, etw. erfahren 2A/7B
sacar a/c etw. herausholen Op4
salir* ausgehen, weggehen, erscheinen *Zeitung* 2C/8A
el **salón** das Wohnzimmer 2B
la ***Salsa*** Salsa *lat.am. Musik* Op2/Op3
la **salsa de tomate** Tomatensauce 7B
la ***salud*** die Gesundheit 9C
saludar a alg jdn. grüßen 7C
salvar a/c, a alg. etw., jdn. retten 6A
el / la ***salvavidas*** der / die Lebensretter/in 6A
la ***sangre*** das Blut Op5
sangriento/-a blutig 8C
seco/-a trocken 7B
el ***secreto*** das Geheimnis Op4/9B
la **sed** der Durst 6A
el ***segador*** der Schnitter Op5
segar a/c *hier:* etw. ernten Op5
seguir* a/c weitermachen 5C
el / la **segundo/-a** der / die zweite 5B
seguro que ... sicherlich ... 5C
la ***selectividad*** *Zulassungsprüfung z. Studium* 6
la **semana** die Woche 3A, **(pasada)** letzte Woche, vergangene Woche 7A
la **Semana Santa** die Osterwoche 8A
sencillo/-a einfach 4B
el **señor**, la **señora** der Herr, die Dame 5
la **sensación** die Sensation, *hier:* das Gefühl 7C
sentarse* sich setzen Op4
el ***sentido de hospitalidad*** Sinn f. Gastfreundschaft Op3
sentirse* sich fühlen 6B
septiembre *m. sg.* September 7A
sepultar a/c, a alg. etw., jdn. beerdigen Op5
ser* sein 1C, **(un rollo)** lästig, unangenehm sein 2B
serio/-a ernst Op2/5B
el / la **sevillano/-a** der / die Sevillaner/in 8A
si wenn 9B, ob 9C
sí ja 1A
siempre immer 1B
el **siglo** das Jahrhundert Op2/7
el / la ***siguiente*** der / die folgende Op4
la **silla** der Stuhl 2B
el ***sillón*** der Sessel Op4
simpático/-a sympathisch 2A
sin ohne 3B
sin embargo trotzdem 8C
sin precedentes *hier:* ohne Beispiel Op3
sino sondern 8C
el **sistema** das System 8B
el **sitio** der Ort, der Platz 5A
sobre über, gegen *zeitlich* 4B/5B
sobre todo *hier:* vor allem 1C
sobrepasar a/c etw. übersteigen Op3
sobresaliente sehr gut *Schulnote* 6B
la ***sociedad*** die Gesellschaft 9A/9C
el **sol** die Sonne 7B
solamente *adv.* nur 6C
la **solidaridad** die Solidarität 6C
sólo *adv.* nur 1B
solo/-a allein 3B
el ***son*** Son *lat.am. Musik.* Op2/Op3
soñar* con a/c, alg. von etw., jdm. träumen 4/6
sonreírle* a alg. jdn. anlächeln 9C
la ***sonrisa radiante*** das strahlende Lächeln Op4
sorprender a alg. jdn. überraschen 9C
la **sorpresa** die Überraschung 5C
el ***spanglish*** *Mischung v. Englisch und Spanisch* 9A
el ***spot publicitario*** der Werbespot 6A
su sein/e, ihr/e 2A
subir(se) hochkommen, hochgehen, einsteigen 5B
la **sudadera** das Sweatshirt, der Pullover 4B
el ***sudor*** der Schweiß Op5
el **sueño** der Traum 6
la **suerte** das Glück 3C
el ***supermercado*** der Supermarkt 9C
el **sur** der Süden 7
el **suspenso** *ungenügend, nicht bestanden Schulnote* 6B

suspirar hondo tief einatmen Op4
el **susto** der Schreck 7A
el / la ***suyo/-a*** seins, seine/r, ihrs, ihre/r 9A

T

el **taller** die Werkstatt, Arbeitsgruppe 6A/8A
también auch 1C
tampoco auch nicht 3B
tan + *adj.* so + *Adj.* 6B
tan … como … genauso … wie… 5A
tanto/-a so viel/e 8A
tanto … como … so … wie … 8
la ***tapa*** *hier:* Vorspeise, kl. Portion 5
la **tarde** der Nachmittag, der frühe Abend 3A
tarde *adv.* spät 1A
la ***tarea*** die Aufgabe Op4
la **tarjeta** die Karte 6B
el **teatro** das Theater 3C
el ***techo*** das Dach Op4
el ***técnico superior*** *Abschluss e. Fachschul-, Berufsausbildung* 6
la **tecnología** die Technologie 6A
la ***tecnología de vanguardia*** modernste Technologie Op3
la **tele** *fam.* das Fernsehen 1B
el ***teleférico*** die Seilbahn 5A
el **teléfono** das Telefon 3
el **tema** das Thema 4A
el ***temor*** die Furcht 9C
temprano früh 3B
tener* a/c etw. haben, **(años)** … Jahre alt sein 2A, **(cuidado con a/c)** aufpassen mit 2B, **(de todo)** alles haben 2C, **(libre)** frei haben, **(clase)** Unterricht haben 3A, **(que +** *inf.***)** müssen 3B, **(buen gusto)** e. guten Geschmack haben 4B, **(ganas de)** Lust haben auf, **(hambre / sed)** Hunger / Durst haben 6A, **(que ver con a/c)** mit etw. zu tun haben 6B, ***(miedo a a/c, alg.)*** Angst vor etw., jdm. haben 9C
el / la **tercero/-a** der / die dritte 6C
terminar a/c etw. beenden 3B
el ***terrateniente*** der Großgrundbesitzer Op5
la **terraza** die Terrasse 2C
terrible furchtbar 7C
el ***tesoro*** der Schatz Op3
el **tiempo** die Zeit, *auch:* das Wetter 2A
el **tiempo libre** die Freizeit 8B
la **tienda** der Laden 4C
la **tierra** die Erde 7C
¡tío! Mensch! *Ausruf* 2B
el **tío, la tía** der Onkel, die Tante 2
típico/-a (de) typisch (für) 8B
el tipo *hier:* die Art 4C
¡Tirando! *hier:* es geht, (so) einigermaßen 1B E
el **título** der Titel 6
la **tiza** die Kreide 6C
tocarse sich anfassen 9C
todavía noch, immer noch 1C
todavía no noch nicht 3B
todo alles 2A, **todo/-a** ganz, alle 6A, **todos/-as** alle 2C
todo el día den ganzen Tag lang 6A
todo el mundo jedermann, alle 1B
todo recto geradeaus 5B
la **tolerancia** die Toleranz 8C
tolerar a/c etw. aushalten, dulden 9C
tomar a/c etw. nehmen, trinken 1A, **(el pelo a alg.)** jdn. auf den Arm nehmen 8B
el **tomate** die Tomate 7B
la **torre** der Turm 5
la **tortilla** *spanisches Omelett mit Kartoffeln* 5A
trabajar arbeiten 1A, **(de)** als etw. arbeiten 6
el **trabajo** die Arbeit 2C
la **tradición** die Tradition 8B
tradicional traditionell 2C
tradicionalmente traditionellerweise 9A
traer* a/c a alg.(mit-, her-)bringen 6B
tragar a/c *hier:* herunterbekommen Op4
traicionar a alg. jdn. betrügen 9B
tranquilo/-a ruhig 2A
el ***trato*** der Umgang 9C
el **tren** der Zug 3
tres cuartos drei Viertel 4C
el ***trigo*** der Weizen Op5
el **trimestre** das Trimester 6B
triste traurig 7C
el ***tronco retorcido*** der knorrige (Baum)stamm Op5
tropezarse con a/c über etw. stolpern Op4
tu, tus *pl.* dein/e 2A
el ***turco*** Türkisch *hier: Sprache* 1A
el **turismo** der Tourismus 4C
el / la **turista** der / die Tourist/in 5B
la ***tutoría*** Tutorium 6A

U

ubicado/-a lokalisiert Op3
el / la **último/-a** der / die Letzte 5C
el / la **único/-a** *s., adj.* der / die Einzige, einzigartig Op3/7C
la ***unidad monetaria*** die Währung Op3
unido/-a a a/c mit etw. vereint Op5
la **Unión Europea** die Europäische Union 8C
la **universidad** die Universität 2C
uno/-a ein/e *unbest. Art. Sg.* 1A
uno/-a eine/r 2C
unos + *número* um die … *Zahlenangabe* 7
unos días después ein paar Tage später 5B
la ***urbe*** die Großstadt Op3
usar a/c etw. benutzen 9A
usted, ustedes *pl.* Sie *Anrede* 3A
útil nützlich 8A

V

las **vacaciones** die Ferien, der Urlaub 7B
vale einverstanden 1A
los **vaqueros** *pl.* die Jeans 4B
variado/-a gemischt 5A
varios/-as einige, verschiedene 6C
el **vasco** Baskisch *hier: Sprache* 1C
el **vaso** das Glas 6B
el / la ***vecino/-a*** der / die Nachbar/in Op4
el / la ***vendedor/a*** der / die Verkäufer/in 9B
vender a/c etw. verkaufen 6C

venir* kommen 6B
ver a/c etw. sehen 1B
el *veraneo* die Sommerfrische Op3
el **verano** der Sommer 5
la **verdad** die Wahrheit 8A
¿Verdad? *hier:* Stimmt's? 1C
verde grün 4B
el **vestido** das Kleid 4B
la **vez** das Mal 3A
viajar reisen 4
el **viaje** die Reise 2B
la **vida** das Leben 2C
el **viento** der Wind 4
el **viernes** der Freitag 3A
la **violencia** die Gewalt 6B
violeta violett 4B
la ***visión general*** der Überblick 9C
la **visita** der Besuch 5A
visitar a/c, a alg. etw. besichtigen, jdn. besuchen 5A
la ***vista*** der Blick Op4
vivir leben, wohnen 1C
volver* zurückkommen 3B
volverse* loco/-a verrückt werden 7B
la **vuelta** *hier:* die Rundreise 8

Y

y und 0
ya schon 1B
ya no (jetzt) nicht mehr 6A
el ***yatismo*** der Segelsport Op3

Z

las **zapatillas de deporte** die Sportschuhe 4B
el **zapato** der Schuh 4B
el **zumo** der Saft 4C

DEUTSCH-SPANISCHES WÖRTERBUCH

* verweist auf unregelmäßige Verben, Gruppenverben und auf Verben,
bei denen auf orthografische Besonderheiten zu achten ist, siehe Los Verbos, S. 149 ff.

Grundschrift = obligatorischer Wortschatz
kursiv = fakultativer Wortschatz

A

ab a partir de *zeitlich* 8C
aber pero 1C
abhauen *largarse* 9B
abholen (etw.) *recoger* a/c* 9C
Abitur el bachillerato 6
Adresse la dirección 3
ähnlich parecido/-a 4A
keine Ahnung *ugs.* ni idea 8B
aktiv activo/-a 4
Aktivität la actividad 4C
aktuell actual 4B
Akzent el acento 8B
alle todo el mundo 1B, todos/-as 2C, todo/-a *el / la (+ s.)* 6A
allein solo/-a 3B
alles todo 2A
alles haben tener* de todo 2C
alles Mögliche de todo 4B
Alpaka *la alpaca Tier* 7B
also entonces 1A
alt, veraltet antiguo/-a 8B
Altiplano *Hochland in den Anden* el altiplano 7B
Amerikaner/in el / la americano/-a 9A
an en 1A
(an)kommen llegar 1A
(an)sehen (etw.) mirar a/c 1B
anbieten (etw.) ofrecer* a/c 4C
Andalusier/in el / la andaluz/-a 8B
andere/r, noch eine/r otro/-a 3A
anderen (die) los / las demás 4A
ändern cambiar a/c 7B
Anfang el principio, **(am)** al principio 7A
anfangen (etw.) empezar* a/c 2C
anfassen (sich) *tocarse* 9C
angenehm agradable 7B
Angestellte/r *el / la empleado/-a* 9C, **(an der Rezeption)** el / la recepcionista 5C
Angst el pánico 6B
Angst machen (jdm.) dar* pánico a alg. 6B
Angst vor etw., jdm. haben *tener* miedo a a/c, a alg.* 9C
anlächeln (jdn.) *sonreírle* a alg.* 9C
anrufen llamar a alg. 3B
anstelle von en vez de 8
Antwort la respuesta 5B
antworten (etw.) contestar a/c 5C
anwesend presente 8
anziehen (etw.) ponerse* a/c 4B
April abril *m. sg.* 8A
arabisch árabe 8
Arbeit el trabajo 2C
arbeiten trabajar 1A, **(als etw.)** trabajar de 6
Architektur la arquitectura 8C
Ärger la bronca 6B
ärgern (sich, über jdn.) *enojarse (con alg.)* 9C
arm pobre 7A
Art el tipo 4C
Atlantischer Ozean *el Océano Atlántico* 9C
auch también 1C
auch nicht tampoco 3B
auf en 1A, encima (de a/c) 2B
auf Deutsch en alemán 1B
Auf Wiedersehen! ¡Adiós!, ¡Hasta luego! 0
Aufenthalt la estancia 8B
auffallen (jdm.) llamar la atención a alg. 7A
aufhalten (sich) llevar + *Zeitangabe* 3C
aufmerksam machen auf (jdn.) llamar la atención a alg. 7A
aufpassen mit tener* cuidado (con a/c) 2B
aufschreiben (etw.) apuntar a/c 3
aufstehen levantarse 3B
August agosto *m. sg.* 7
Ausflug la excursión 3A
ausgeben gastar a/c 7B
ausgebucht completo/-a 5C
ausgehen salir* 2C
aushalten (etw.) *tolerar a/c* 9C
Ausländer/in el / la extranjero/-a 8C
ausruhen (sich) descansar 3B
außer menos 6B
außerdem además 3C
aussteigen bajar(se) 5B
auswandern emigrar 8C
Auto el coche 8A, *el auto lat.am.* 9C
Autonomieregion la comunidad autónoma 8C
Azteke/-in, aztekisch azteca 7

B

Badezimmer el baño 2B
Bahnhof la estación 3
bald pronto 3, *ahorita Dim.* 9C
Baskenland el País Vasco 8
Baskisch el vasco *Sprache* 1C
beeindruckend impresionante 2C
beenden (etw.) terminar a/c 3B
befinden (sich) encontrarse* en *Ort* 7A
begeben (sich) meterse *Ort* 5C
begehen (etw.) *cometer a/c* 9B
behalten (etw.) *quedarse con a/c* 9B
behindert *discapacitado/-a* 7A
bei uns (zu Hause) en nuestra casa 2A
beide los / las dos 2
Beispiel el ejemplo, **(zum)** por ejemplo 4
bekommen (etw.) recibir a/c 6C, **(zurück)** *recuperar a/c* 9B
benennen (etw.) llamar a/c 7
benutzen (etw.) *usar a/c* 9A
bequem cómodo/-a 4B
Berg la montaña 4C
Bescheid sagen (jdm.) dar* un toque a alg. *ugs.* 8B
besichtigen (etw.) visitar a/c 5A
Besprechung *la reunión* 9C
bestätigen *confirmar a/c Brief* 8B
beste (der/die) el / la mejor 5
bestehen aprobar* a/c *Prüfung* 6A
bestellen (etw.) pedir* **a/c** 5A
bestimmt concreto/-a 7A
Besuch la visita 5A
besuchen (jdn.) visitar a alg. 5A
betrachten (etw.) *considerar a/c* 9A

Betreff la referencia *Brief* 8B
betrügen *traicionar a alg.* 9B
Bett la cama 2B
Bevölkerung *la población* 9A
bevorzugen preferir* a/c 6
bezahlen (etw.) pagar a/c 6B
Bezahlung la paga 6C
Bibliothek la biblioteca 8C
billig barato/-a 5A
Biologe/-in el / la biólogo/-a 6A
Biologie la biología 6A
bis hasta 0
Bis morgen! ¡Hasta mañana! 0
Bis nachher! ¡Hasta luego! 0
bitte por favor 3A
bitten (um etw.) pedir* a/c 5A
Blatt la hoja 8
blau azul 4B
bleiben quedarse 3B
Bleistift el lápiz 6C
Blick *la mirada* 9C
blond rubio/-a 7C
Blume la flor 8B
blutig sangriento/-a 8C
Bote/-in el / la mensajero/-a 8A
brauchen (etw./jdn.) necesitar a/c, a alg. 4B
Brot el pan 5A
braun marrón 4B
Brief la carta 1C
bringen (mit-, her-) traer* 6B, **(hin-)** llevar 6B
belegtes Brötchen el bocadillo 4C
Brücke el puente 8B
Bruder el hermano 1A
Buch el libro 2B
Buchstabe, Text *Lied* la letra 4A
Büro la oficina 6A
Bus el bus 5C

C

Café el café 8B, **la cafetería** 3B
CD el cd 2B
chatten chatear 7C
Chef el jefe 3B
Chemie la química 6A
christlich cristiano/-a 8
Comic el cómic 1B
Computer el ordenador 2B
Cousin/e el primo, la prima 2

D

da, weil ... es que ... 3C, como *conj.* 7B
Dame *la señora* 5
dank gracias a a/c, alg. 6C
Danke! ¡Gracias! 2B
dann entonces 1A
das eso 4
das, was *lo que* 9A
dasselbe lo mismo 4B
Datum la fecha 8B
dauern durar 8C
dein/e tu 2A
Delta *el delta* 8
denken (an) pensar* en a/c, alg. 4A
Desaster el desastre 8B
deshalb por eso 8
Designer/in el / la diseñador/a 6A
Detail *el detalle* 9C
Deutsch el alemán *Sprache* 1A
Deutschland Alemania *f.* 1A
Deutschlehrerin la profesora de alemán 1A
Dialog el diálogo 8C
Dienstag el martes 3A
diese/r este/-a 4C
diese/r dort ese/-a 4C
diese/r ist, das ist éste/-a es 2
dieses hier, das hier esto 1B
Direktor/in el / la director/a 6C
Diskothek la discoteca 5
Dollar el dólar 7
Donnerstag el jueves 3A
Doppelzimmer la habitación doble 5C
Dorf el pueblo 1C
dort allí 2A, *ahí* 9A
Dose la lata 7B
draußen (von) por fuera 8B
drinnen (von) por dentro 8B
dritte (der/die) el / la tercero/-a 6C
dulden (etw.) *tolerar a/c* 9C
durch *a través de a/c* 9A
durch por 1C
durchschlagen (sich) buscarse la vida 5
dürfen (etw.) poder* a/c 3A
Durst la sed, **(haben)** tener* sed 6A
duschen (sich) ducharse 3B

E

ebenso o sea 8A
Ecke el rincón *Zimmer* 2B
egal, lästig sein (jdm.) pasar de a/c 2B
eine/r uno/-a 2C
einfach sencillo/-a 4B, fácil 7A
Eingang la entrada 5A
einige varios/-as 6C
einkaufen gehen hacer* la compra 2C
Einkaufszentrum *el centro comercial* 9A
Einkaufszettel la lista de la compra 4C
einladen (jdn.) invitar a alg. 5B
einsteigen subir(se) 5B
eintreten entrar 6
Eintrittskarte la entrada 5A
einverstanden vale 1A
Einwohner el / la habitante 5
Einzige (der/die), einzigartig el / la único/-a s., *adj.* 7C
elegant elegante 4B
Eltern los padres 2
E-mail el e-mail 2A
empfangen (etw.) recibir a/c 6C
Ende (das) el fin 3C, el final, **(am)** al final 7B
endlich por fin 3B, **(mal)** de una vez 4A
Englisch el inglés *Sprache* 1A/6A
entdecken descubrir a/c 7C
Entdeckung el descubrimiento 8C
entschuldigen (jdn.) *perdonar a alg.* 4A
Erde la tierra 7C
erfinden (etw.) inventar a/c 8B
ergeben (sich) aus etw., wegen etw. *deberse a a/c* 9C
erinnern (sich) *acordarse* de a/c* 7B
erklären (jdm. etw.) explicar a/c a alg 5B
ernst serio/-a 5B
Eroberer/in el / la conquistador/a 8
erobern (etw., jdn.) conquistar a/c, a alg. 7
erscheinen aparecer* 7C, salir* *Zeitung* 8A
erschöpft sein estar hecho/-a polvo *ugs.* 7B
erste (der/die) *el / la primero/-a* 5B
ertragen (etw., jdn.) *aguantar a/c, a alg* 9B
erzählen (etw.) contar* a/c a alg. 7A
es geht ¡regular!, *¡Tirando!* 1B
es gibt, es ist hay 1A
Es tut mir leid! ¡Lo siento! 5C
essen comer a/c 3B, **(zu Abend)** cenar a/c 3B
Essen la comida 5A
etwas algo, poco *adv.* 1A
Euro el euro 4C

Europa Europa 2A
Europäer/in el / la europeo/-a 5C
Europäische Union la Unión Europea 8C
explodieren explotar 7B
Exschüler/in el / la ex-alumno/-a 7C

F

Fabelhaft!, Super! ¡Fenomenal! 1B
Fahrrad la bici *ugs.* 7B
Fakultät la facultad 3C
Familie la familia 2
Farbe el color 4B
fast casi 4C
faszinierend alucinante 8A
fatal fatal 1B/5C
Februar febrero *m. sg.* 7B
feiern celebrar a/c 4C
Feld el campo 4
Ferien las vacaciones 7B
Fernsehen la tele *ugs.* 1B
Fest la fiesta 0/1A
Feuer el fuego 7B
Film, Liebesfilm la película (de amor) 3C/4
finden (etw.) encontrar* a/c 5C
Firma la empresa 2
Flamenco el flamenco *Musik* 4
Flasche *la botella* 4C
flirten (mit jdm.) ligarse a alg. 5C, *coquetear con alg.* 9C
Flughafen el aeropuerto 2
Flugzeug el avión 4
Fluss el río 8
Folge *como consecuencia* 9C
Fortschritt el progreso 8C
Foto la foto 2B
Frage la pregunta 5B
fragen (etw.) preguntar a/c 1C, **(nach jdm.)** preguntar por alg. 6B
Französisch el francés *Sprache* 1A/6A
Frau la mujer 7C
frei libre 3A
frei haben tener* libre 3A
Freiluftkino *el cine al aire libre* 5A
Freitag el viernes 3A
Freizeit el tiempo libre 8B
Fremdenverkehrsamt *oficina de turismo* 5C
Freude alegría 7C
Freund/in el / la amigo/-a 1A, **(feste), Verlobte** el / la novio/-a 6
Friedensnobelpreis *el Premio Nobel de la Paz* 7
froh alegre 8A
früh temprano 3B
Frühling la primavera 7A
frühstücken desayunar a/c 3B
fühlen (sich) sentirse* 6B
funktionieren funcionar 6A
für + *S.* para + *s.* 2A
für dich para ti 2B
für mich para mí 2B
Furcht *el temor* 9C
furchtbar terrible 7C
Fuß el pie, **(zu)** a pie 5A
Fußball el fútbol 4
Fußballspiel el partido de fútbol 5C

G

Galicisch el gallego *Sprache* 5
ganz todo/-a 6A
ganz und gar nicht/s nada de nada 6B
Gast el / la invitado/-a 2B
Gebäude el edificio 5
geben (jdm. etw.) dar* a/c a alg. 6B
geboren werden nacer* 6A
Geburtstag el cumpleaños 7B
Gedicht la poesía 7C
gefährlich peligroso/-a 6A
Gefallen el favor 2B; **jdm. einen Gefallen tun** hacer* el favor 2B
gefallen (jdm.) gustar a alg. 4, **(sehr gut …)** encantar a alg. 4A
gegen … Uhr a eso de … 3B
gegenüber enfrente (de a/c) *adv./prep.* 2C
Geheimnis *el secreto* 9B
gehen (zu, in, ...) ir* (a) 3B
gehen, laufen *andar* 9B
gehen (zur Uni), Studium beginnen entrar en la universidad 6
gehen, weggehen irse* 3B
gehören (zu etw.) formar parte de a/c 8C
gelb amarillo/-a 4B
Geld el dinero 4B
gemischt variado/-a 5A
genau justo 5
genauso … wie … tan … como … 5A
genial genial 7B
genießen (etw.) disfrutar de a/c 7A
Geographie la geografía 6A
Geologie la geología 6A
gerade recto/-a 5B
gerade getan haben (etw.) *acabar de hacer alg.* 9A
geradeaus todo recto 5B
gesagt, getan dicho y hecho 5C
Geschenk el regalo 2B
Geschichte la historia 5B
Geschmack el gusto 4B
Geschmack haben (einen guten) tener* buen gusto 4B
Geschwister los hermanos *m. pl.* 1A
Gesellschaft *la sociedad* 9A/9C
gestern ayer 7A
Gesundheit *la salud* 9C
Getränk la bebida 5A
Gewalt la violencia 6B
gewinnen ganar a/c 4B
Glas el vaso 6B
glauben (etw.) creer a/c 7A
Glück la suerte 3C
Glück (zum) menos mal 7A
glücklich contento/-a 4C, feliz 7B, alegre 8A
Gold el oro 7
Grammatik la gramática 8C
groß grande, gran 2A/4B
groß, älter *(Geschw.)* mayor 2A
Großeltern los abuelos 2
Großmutter la abuela 2
Großvater el abuelo 2
grün verde 4B
gründen (etw.) *fundar a/c* 7
Gruppe el grupo 3C
grüßen (jdn.) saludar a alg 7C
Grüßen (mit freundlichen) *atentamente Brief* 8B
Guaraní el guaraní *Sprache* 8
gut bien *adv.* 0, bueno/-a 4B, notable *Schulnote* 6B
Guten Morgen! ¡Buenos días! 0
Guten Tag! ¡Buenos días! 0
Gymnasium (staatlich) el instituto 1A/6C

H

haben (etw.) tener* a/c 2A
haben haber* *Hilfsverb* 5C
halb medio/-a 3A
Hallo! ¡Hola! 0
Hamburger la hamburguesa *Essen* 6B
Hand la mano *f.* 6C, **Hand geben (jdm. die)** *darle* la mano a alg.* 9C
hart duro/-a 4A
hässlich feo/-a 7C
Haufen el montón (de) 5A
Hauptstadt la capital 5

Haus la casa 2A
Hausaufgaben los deberes 2B
Hause (zu) en casa 1C
Hausmeister/in *el / la conserje Schule* 9B
Heft el cuaderno 5C
heiß sein hacer* calor *Wetter* 7B
heißen llamarse 8
helfen (jdm.) ayudar a alg. 6C
Hemd la camisa 4B
Herkunft *el origen* 9A
Herr el señor 5
hervorragend estupendo/-a 1B/5B
heute hoy 1C
heutzutage hoy en día 8C
hier aquí 1A, **(in der Nähe)** por aquí cerca 2C
hiermit *con la presente Brief* 8B
Hilfe la ayuda 7A
hinter detrás (de a/c) *adv./prep.* 2C
hinter jdm. her sein estar* detrás de alg. 6B
Hitze el calor 5
hoch alto/-a 4A
hochgehen subir 5B
hochkommen subir 5B
Hof, Innenhof el patio 8B
hoffentlich ojalá 8B
Höhe la altura 7B
höher als *a más de* + número 7B
Hör mal! ¡Oye! 1A
hören (etw.) escuchar a/c 1C
Horror el horror 4
Hose el pantalón 4B
Hosentasche *el bolsillo* 9B
Hotel el hotel 2C, el hostal 5C
hübsch, gut aussehend guapo/-a 3C
Hunger el hambre *f.*, **(haben)** tener* hambre 6A, **(sterben vor)** estar muerto/-a de hambre *ugs.* 7B
hungern pasar hambre 8B
Hütte la cabaña 7B

I

Ich würde gern me gustaría + *inf.* 6A
ideal ideal 4C
die Idee la idea 4B
immer siempre 1B
immer mehr cada vez hay más 4C
Immigrant/in el / la inmigrante 8C
in en 1A
Informatik la informática 6A
Information la información 8A
Inka el / la inca *s., adj.* 7
Insel la isla 7
intelligent inteligente 5B
interessant interesante 1C
interessieren (jdn.) interesar a alg. 4B, **(sich für etw.)** interesarse por a/c 3C
international internacional 6
Internet el internet 4
Internetcafé el cybercafé 8B
Interview la entrevista 8A
irgendeine/r, einige alguno/-a 6C
irgendwie *de alguna manera* 9A
islamisch musulmán/-ana 8
Italienisch *el italiano Sprache* 1A

J

ja sí 1A
Ja, bitte! ¡Diga! *Telefon, Anrede* 3C
Jacke la chaqueta 4B
Jahr el año 2A
Jahrhundert el siglo 7
Januar enero *m. sg.* 7B
Jeans los vaqueros 4B
jede/r cada + *s.*, cada uno/-a 7B
jedes Mal cada vez 4C
jedermann todo el mundo 1B
jemand alguien 3C
jene/r aquel/aquella 4C
jetzt ahora 1C
(jetzt) nicht mehr ya no 6A
Jogginganzug el chándal 2B
Journalist/in el / la periodista 9C
jüdisch judío/-a 8
Jugendherberge el albergue juvenil 5C
Jugendliche/r el / la joven 4A
Junge el chico 0, *el chamaco lat.am.* 9B
jünger menor 6C
Juni junio *m. sg.* 7A

K

Kalifat *el califato* 8C
kalt sein hacer* frío *Wetter* 7B
Kälte el frío 7B
Karavelle *la carabela* 7
Karte la tarjeta 6B
Kartoffel la patata 6B
Käse el queso 4C
kassieren cobrar a/c 5A
Kassierer/in *el / la cajero/-a* 9C
Katalanisch el catalán *Sprache* 8
Katalonien Cataluña 8
Katholischen Könige (die) los Reyes Católicos 8C
Kauf, Einkauf la compra 2C
kaufen (etw.) comprar a/c 4B
kein ningún + *s. m. sg.* 6C
keine/r ninguno/-a 6C
Kellner/in el / la camarero/-a 5A, *el / la mesero/-a lat.am.* 9B
kennen, kennen lernen (etw.) conocer* a/c 5B
Kilo el kilo 4C
Kilometer el kilómetro 5
Kind el / la niño/-a 6A
Kindergarten la guardería 6
Kino el cine 3A
Kirche la iglesia 7C
kitschig cursi 4B
klar *claro* 2
Klasse la clase 2C
klassisch clásico/-a 4
klauen (etw.) *robar a/c* 9B
Kleid el vestido 4B
Kleidung la ropa 4B
klein pequeño/-a 2A
Klinik la clínica 7A
Kneipe el bar 5
Kollege/-in el / la colega7A
Kombination la combinación 4B
kombinieren combinar a/c 4B
kommen llegar 1A, venir* 6B
Komödie la comedia 5
Kompliment el piropo 8A
König/in el rey, la reina 8C
können (etw.) poder* a/c 3A
Kontinent el continente 8C
Konzert el concierto 1B
kostenlos gratis 5A
köstlich riquísimo 8B
Krach la bronca 6B
Kreide la tiza 6C
Krieg *la guerra* 8C
Kubaner/in *el / la cubano/-a* 9A
Küche la cocina 2B
Kugelschreiber el bolígrafo 6C
Kultur la cultura 5A
kulturell cultural 8
Kulturzentrum el centro cultural 8
Kunde el cliente 3B
Kunst el arte 5A
Kunstsammlung el centro de arte 5A
Kurs el curso 3
Kursabschluss el fin de curso 4C
Küsschen el besito *Dim.* 8B
küssen (jdn.) *dar* un beso a alg.* 9C

L

lachen reírse* de a/c 7B
Laden la tienda 4C
Lama *la llama Tier* 7B
Lampe la lámpara 2B
Land el campo 4, el país 5
ländlich rural 4C
ländliches Anwesen la casa rural 4C
lang largo/-a 5
langsam despacio *adv.* 3A
langweilen (sich) aburrirse 8A
langweilig aburrido/-a 2B
Lapislazuli *el lapislázuli* 7B
Lärm el ruido 7B
lassen, verlassen (etw. jdn.) dejar a/c, a alg. 7A
lästig sein ser* un rollo 2B
Lateinamerika América Latina 1C
laufen *caminar* 9C
Laus *el piojo* 9B
laut alto/-a 4A
Leben la vida 2C
leben vivir 1C
Lebensretter/in *el / la salvavidas* 6A
legen (etw.) poner* a/c 3B
Lehrer/in el / la profesor/-a 1A/4B
leiser stellen bajar 4A
lernen (etw.) aprender a/c 1C, estudiar a/c 2
lesen (etw.) leer a/c 1B
Letzte (der/die) el / la último/-a 5C
Leute *pl.* la gente *s.* 2C
Liebe el amor 4
lieben (etw., jdn.) querer* a/c, a alg. 2A
liebe/r *querido/-a Anrede Brief* 8B
lieber mejor *adv.* 6A
Lieblings- favorito/-a 2A
Lied la canción 4A
Linie la línea 5B
links (von) a la izquierda (de a/c) *adv./prep.* 2C
Liste la lista 4C
Literatur la literatura 5
Literaturnobelpreis *el Premio Nobel de Literatura* 7
live en vivo 5A
Logo el logo 4B
London Londres 6A
Luft el aire 5A
Luftballon *el globo* 9B
Lügner/in el / la mentiroso/-a 6B
Lust haben auf tener* ganas de 6A
lustig, unterhaltsam divertido/-a 2C

M

machen hacer* a/c 2A
machen lassen (jdn. etw.) dejar a alg. hacer a/c 7A
Mädchen la chica 0
Mai mayo *m. sg.* 7B
Mal la vez 3A, **(zum ersten)** por primera vez 7C
mal sehen a ver 1B
Mama la mamá 3B
man muss hay que + *inf.* 6A
manchmal a veces 1C
Mann, Mensch el hombre 8A
Manuskript *el manuscrito* 8C
Mapuche el mapuche *Sprache* 7A
Marke la marca 4B
Markt *el mercado* 7B
Mathematik las matemáticas 6A
Maya el / la maya *s., adj.* 7
Medizin la medicina 8C
Meer el mar 2C
Meeres… *marino/-a* 6A
mehr más 3A
mehr als + *Zahlen* más de… 5
mehr oder weniger más o menos 6C
Mehrheit la mayoría 6
mein/e mi, mis 2
meins, meine/r *el / la mío/-a* 9A
Meinung la opinión 4B
Menge el montón (de) 5A
Mensch! ¡tío! *Ausruf* 2B
merken (etw.) darse* cuenta de a/c 6B
Mexikaner/in *el / la mexicano/-a* 9A
Mezquita *la mezquita* 8B
mieten (etw.) alquilar a/c 7B
Mikrowelle el microondas 3B
Million el millón 5
mindestens por lo menos 3B
Minute el minuto 5B
Mischung *la mezcla* 9A
mit con 1B
mit allen con todo el mundo 1B
mit Dir contigo 6B
mit mir conmigo 6B
mitbringen llevar a/c a alg. 6B
Mitschüler/in compañero/-a 3C
mitteilen (etw.) *comunicar a/c* 9A
mittendrin en medio de a/c 8A
Mittwoch el miércoles 3A
Mobiltelefon, Handy el móvil 1B
Mode la moda 4
Model el / la modelo 6A
modern moderno/-a 2A
möglicherweise *probablemente* 9A
Moment el momento 3C
Monat el mes 7A
Montag el lunes 3A
morgen mañana *adv.* 0
morgens por la mañana *adv.* 3A
Moschee la mezquita 8B
motivieren (sich) animarse 6B
Motorrad la moto = *la motocicleta* 4C
müde cansado/-a 5C
Museum el museo 5
Musik la música 1C
müssen tener* que (+ *inf.*) 3B
Mutter la madre 2

N

na, also pues *interj.* 1B
nach Hause a casa 2C
nach, danach *zeitlich* después (de a/c) *adv./prep.* 1B/2C
nach, zu a *Ort* 2
nachher, später luego 0
Nachkomme el / la descendiente 7C
Nachmittag, früher Abend la tarde 3A
Nachname el apellido 3A
Nachricht el mensaje 1B
nächste (der/die) el próximo/-a 6B
Nacht la noche 3A
Nachtbus el bus de noche 7B
Nähe (in der … von) cerca (de a/c) *adv/prep.* 1C
Name el nombre 6B
Nase la nariz 6B
Nationalpark *el parque nacional* 8
neben al lado (de a/c) *adv./prep.* 2C
nehmen (etw.) tomar a/c 1A, coger* a/c 5B, **(mit-)** llevar 6B, **(auf den Arm)** tomar el pelo 8B
nein, nicht no 1B/1C
nett majo/-a 6A
Netz la red 1C
neu nuevo/-a 2C
neugierig curioso/-a 2A
New York Nueva York 5A
nicht nur no sólo 1C
nichts nada 6B
nichts Besonderes nada especial 3C
nie, niemals nunca 6B
niemand nadie 6B
niesen *estornudar* 9C
noch einmal otra vez 3A
noch nicht todavía no 3B, aún no 5C
noch, immer noch todavía 1C
Nomade *el nómada* 7C

Norden el norte 7B
normal normal 7A
normalerweise en general 4B
Note, Zensur la nota 6B
Null el cero 8
Nummer el número 3
nur sólo *adv.* 1B, solamente *adv.* 6C, *nomás lat.am.* 9B
nützlich útil 8A

O

ob *si* 9C
Obst, Frucht la fruta 7A
obwohl aunque 8C
oder o 2A
offen abierto/-a 6C
öffnen (etw.) abrir a/c 8A
oft muchas veces 5A
ohne sin 3B
Oktober octubre *m. sg.* 7
Onkel el tío 2
orange naranja *adj.* + *s. f.* 4B
organisieren organizar a/c 5A
Ort el sitio 5A

P

Paris París 6A
Park el parque 2C
Party la fiesta 0/1A
passen zu ir* bien con a/c 4B
passieren (jdm. etw.) pasar a/c a alg. 5C
Pause el recreo 6A
Pessimismus *el pesimismo* 6B
pfeifen *chiflar* 9B
Philosophie la filosofía 8C
Physik la física 6A
pink rosa 4B
Pizza *la pizza* 3B
Plan el plan 3C
Plastiktüte *la bolsa de plástico* 9C
Platz la plaza 1A, el sitio 5A
plaudern charlar 1A
plötzlich de repente 7A
Poesie la poesía 7C
Polnisch *el polaco Sprache* 1A
Pommes frites las patatas fritas 6B
populär popular 5
Portugiesisch el portugués *Sprache* 1A/8
Postkarte la postal 5C
präkolumbisch *precolombino/-a* 7
Praktikum la práctica 8B
praktisch *Adv. prácticamente* 9A
Problem el problema 3B
Programm el programa 3A
Projekt el proyecto 7A
Prüfung el examen 4A
PS (Postskriptum) PD (post data) *Brief* 8B
Puertorikaner/in *el / la puertorriqueño/-a* 9A
Pullover el jersey 4B
pünktlich *puntual* 9C

Q

Quechua el quechua *Sprache* 7C

R

radieren borrar 6C
Radiergummi la goma de borrar 6C
Radio la radio 8A
Rathaus el ayuntamiento 5A
Rechnung la cuenta 8B
rechts (von) a la derecha (de a/c) *adv./prep.* 2C
Rechtsanwalt/-wältin el / la abogado/-a 6A
rechtzeitig a tiempo 4C
Regal la estantería 2B
Region la región 6C
regnen llover* 7B
Reich el reino 8C
reich rico/-a 5A
Reise el viaje 2B
Reiseführer/in el / la guía 5B
reisen viajar 4
Religion la religión 6A
reservieren (etw.) reservar a/c 5C
Reservierung la reserva 5C
Rest el resto 5A
Restaurant el restaurante 7B
retten (etw., jdn.) salvar a/c, a alg. 6A
Rhythmus el ritmo 4A
Richtung la dirección 5B
Rock la falda 4B
Roman la novela 7
rot rojo/-a 4B
Rucksack la mochila 7B
rufen, anrufen llamar a alg. 3B
ruhig tranquilo/-a 2A
Ruhm la fama 7
Rundreise la vuelta 8
Russisch *el ruso Sprache* 1A

S

Sache la cosa 4
Saft el zumo 4C
sagen (jdm. etw.) decir* a/c a alg. 5B
sammeln (etw.) *juntar a/c* 9B
Samstag el sábado 3A
satthaben (etw.) estar* harto/-a 4A, estar* hasta las narices de a/c *ugs.* 6B
scheinen, finden *Meinung* parecer* a alg. 4A
schenken (etw.) regalar a/c 7C
Schinken el jamón 4C
schlafen dormir* 6A, **(gehen)** irse* a la cama 4A
schlecht mal *adv.* 4A, malo/-a 4B
schließen (etw.) cerrar* a/c 8B
schließlich *al fin y al cabo* 9A
schlimmste (der/die) el / la peor 5
schmackhaft rico/-a 5A
Schnee la nieve 7B
schnell rápido/-a 3A
Schokolade el chocolate 5A
schon ya 1B
schön bonito/-a 2A, bello/-a 8B
Schönheit la belleza 7C
Schrank el armario 2B
Schreck el susto 7A
Schrecken el horror 4
schreiben (etw.) escribir a/c 1C
Schreibtisch el escritorio 2B
Schriftsteller/in el / la escritor/a 8
Schritt el paso 6A
Schritt für Schritt paso a paso 6A
Schuh el zapato 4B
Schule la escuela 3A, el colegio 6
Schüler/in el / la alumno/-a 6C
Schulfach la asignatura 6B
schwarz negro/-a 4B
schwer, schwierig difícil 1C
Schwester la hermana 1A
Schwierigkeit el rollo *ugs.* 3B, la dificultad 8C
See el lago 7B
sehen (etw.) ver a/c 1B
sehr muy *adv.* 1A
sehr geehrte/r estimado/-a *Anrede Brief* 8B
sehr gut *Schulnote* sobresaliente 6B
Seilbahn *el teleférico* 5A
sein ser* 1C, estar* 2B
sein/e, ihr/e su 2A
seit desde hace 6
Seite, Webseite la página (web) 4B/6A, el lado 8A, **(auf der anderen)** al otro lado de 8A
seltsam raro/-a 7A, *extraño/-a* 9C
senden (etw.) mandar a/c 2C

Sensation la sensación 7C
September *septiembre m. sg.* 7A
setzen (etw.) poner* *a/c* 3B
Sevillaner/in el / la sevillano/-a 8A
sicherlich … seguro que … 5C
Sie *Anrede* usted, ustedes *pl.* 3A
singen (etw.) *cantar a/c* 9B
Ski laufen esquiar 8
so así 7A, **so +** *Adj.* tan + *adj.* 6B
so … wie … tanto … como … 8
sodass así que 5C
so viel/e tanto/-a 8A
sofort, baldmöglichst cuanto antes 6C
sogar *incluso* 9C
Sohn el hijo 2
Solaranlage *la planta de energía solar* 8B
Solidarität la solidaridad 6C
Sommer el verano 5
sondern sino 8C
Sonne el sol 7B, **(in der … liegen)** estar* al sol 7B
Sonntag el domingo 3A
sonntags *Adv.* los domingos 3A
Sorgen machen (um etw., jdn) *preocuparse por a/c, alg.* 9B
Spanien España *f.* 0
Spanisch el español *Sprache* 1A
Spanischsprechende/r *el / la hispanohablante* 9A
sparen (etw.) ahorrar a/c 8B
Spaß, Stimmung la marcha 3C
spät, zu spät tarde *adv.* 1A
Spaziergang machen dar* un paseo 8B
Speiseeis *el helado* 9B
spielen jugar* 7A
Sport el deporte 4, **(treiben)** practicar deporte 4
Sportschuhe las zapatillas de deporte 4B
Sprache el idioma 3A, la lengua 6A
sprechen hablar 1A
Stadion el estadio 2C
Stadt la ciudad 2A
Stadtplan el plano 5A
Stadtviertel el barrio 2A
stark fuerte 4A
stellen (etw.) poner* a/c 3B
sterben morir 8C
Stil el estilo 4B
Stimmt's? ¿Verdad? 1C
stolz orgulloso/-a 7C
stoßen (etw., jdn.) *empujar a/c, a alg.* 9C
Strand la playa 0/6A
Straße la calle 2C
Straßenfest la fiesta de barrio 5A
Student/in, ältere/r Schüler/in el / la estudiante 2C
studieren (etw.) estudiar a/c 2
Stuhl la silla 2B
Stunde la hora 3B
Stundenplan el horario 6A
Suche (auf der … nach etw.) en busca de a/c 7
suchen (etw.) buscar a/c 3
Süden el sur 7
Supermarkt *el supermercado* 9C
surfen navegar (en) *Internet* 4
Sweatshirt la sudadera 4B
sympathisch *simpático/-a* 2A
System el sistema 8B

T

Tafel la pizarra 6C
Tag el día 3B, **(den ganzen … lang)** todo el día 6A
Tagebuch el diario 7B
Tante la tía 2
Tanz el baile 7C
tanzen bailar 1B
Taschengeld la paga 6C
Taschentuch el pañuelo 8B
tauschen cambiar a/c 7B
tausend mil 5
Technologie la tecnología 6A
Teil la parte 8C
Telefon el teléfono 3, **(ans … kommen)** ponerse* (al teléfono) 3C
Termin *la cita* 9C
Terrasse la terraza 2C
teuer caro/-a 2A
Theater el teatro 3C
Theaterstück la obra de teatro 7C
Thema el tema 4A
Tintenfisch el calamar 5A
Tisch la mesa 3B, **(decken)** poner* la mesa 3B
Tischler/in el / la carpintero/-a 6
Titel el título 6
Tochter la hija 2
Toleranz la tolerancia 8C
toll guay *ugs.* 2C
Tomate el tomate 7B
Tomatensauce la salsa de tomate 7B
töten (jdn.) matar a alg. 5
Tourismus el turismo 4C
Tourist/in el / la turista 5B
Tradition la tradición 8B
traditionell tradicional 2C
traditionellerweise *tradicionalmente* 9A
tragen llevar a/c *Kleidung* 4B
trainieren practicar a/c 4
Traum el sueño 6
träumen (von etw., jdm.) soñar* con a/c, alg. 4/6
traurig triste 7C
treffen (sich) quedar 3C/7B
trennen (etw.) *dividir a/c* 9C
Trimester el trimestre 6B
trinken (etw.) tomar a/c 1A, **(gehen)** ir* a tomar algo 4
trocken seco/-a 7B
Tschüss ¡Adiós! 0, chao 3C
T-Shirt la camiseta 4B
tun (etw.) hacer* a/c 2A, **(mit etw. zu … haben)** tener* que ver con a/c 6B
Tür la puerta 6C
Türkisch *el turco Sprache* 1A
Turm la torre 5
typisch típico/-a 8B

U

U-Bahn el metro 2C
U-Bahn-Plan el plano del metro 5C
über, gegen sobre *zeitlich* 4B/5B
überall por todas partes 7B
Überblick *la visión general* 9C
überlasten (jdn.), bedrücken agobiar a alg. 8A
überqueren (etw.) *cruzar a/c* 9C
überraschen (jdn.) *sorprender a alg.* 9C
Überraschung la sorpresa 5C
übertreiben *exagerar a/c* 9B
überzeugen (jdn. von etw.) convencer a alg de a/c 8B
übrigbleiben quedar 3C/7B
übrigens por cierto 6B
Uhr *el reloj* 9C
um … Uhr, a las… *Uhrzeit* 3B
um die … unos + *número Zahlenangabe* 7
um zu … + *Inf.* para + *inf* 2A
Umarmung el abrazo 8B
Umgang *el trato* 9C
Umgebung el ambiente 4C
Umlaut los puntitos *ugs.* 3A
umsonst gratis 5A
umsteigen cambiar de 5B

Umwelt el medio ambiente 8B
umziehen mudarse 8A
und y 0, e 6A
Universität la universidad 2C
unmöglich imposible 8A
Unsicherheit *la inseguridad* 9C
unter debajo (de a/c) 2B
Unterricht *la clase* 2C, **(haben)** tener* clase 3A
unterschiedlich diferente 4B
Urlaub las vacaciones 7B

V

Vater el padre 2
verabreden (sich) quedar 3C/7B
verabschieden (jdn.) despedir* a alg. 7B
verbinden (etw.) conectar a/c 7C
verbrennen (sich) quemarse 7B
verbringen pasar *Zeit* 2A
verdammt *maldito/-a* 9B, *pinche adj. lat.am.* 9B
verdienen (etw.) ganar a/c 4B
Vergangenheit el pasado 8B
vergehen pasar *Zeit* 2A
vergessen olvidarse de a/c 7B
verkaufen (etw.) vender a/c 6C
Verkäufer/in *el / la vendedor/-a* 9B
verlassen marcharse de a/c *Ort* 8A
verlaufen (sich) perderse* 5C
verlieben (sich in jdn.) enamorarse de alg 7C
verlieren (etw.) perder* a/c 5C
vermissen (etw., jdn.) echar de menos a/c, a alg. 8A
veröffentlichen publicar a/c 8C
verrückt loco/-a, **(werden)** volverse* loco/-a 7B
verschicken (etw.) mandar a/c 2C
verschiedene varios/-as 6C
Verspätung *el retraso* 9C
verstehen (etw.) comprender a/c 1B, entender* a/c 2A
verteilen (etw.) repartir a/c 8A
Verteilung la distribución 8B
Vertreibung la expulsión 8C
verzeihen (jdm.) perdonar a alg. 4A
viel mucho *adv.* 3C
viel (zu) + *Adj.* demasiado 4A
viel/e mucho/-a 3C
vielleicht quizás 5B, a lo mejor 8B
Viertel el cuarto 3A
violett violeta 4B
Volk el pueblo 1C
voll lleno/-a 5C
von, aus de 0
von desde *Uhrzeit* 3A
von … bis … de … a … *Uhrzeit* 3A
vor allem sobre todo 1C
vor delante (de a/c) *adv./prep. Ort* 2C, hace + *Zeitangabe* 7A
vorbeikommen pasar por a/c 3A
vorbereiten (etw.) preparar a/c 2A
vordringen avanzar 8C
Vormittag la mañana 3A
Vorsicht! ¡Cuidado! 6A
vorstellen (sich etw.) imaginarse a/c 5C

W

während durante 5A, mientras 6B
Wahrheit la verdad 8A
wann? ¿cuándo? 3B
warten auf esperar a/c, a alg. 3C
warum? ¿por qué? 3C
was? ¿Qué? 1B
waschen (etw.) lavar a/c 8A
Wasser el agua *f.* 5A
wechseln (etw.) cambiar a/c 7B
weder … noch no … ni 6C
Weg el camino 8
weggehen salir* 2C, marcharse de a/c 8A, *largarse lat.am.* 9B
wegnehmen (etw.) *quitar a/c* 9B
wegpacken (etw.), einpacken *guardar a/c* 9C
wegräumen *recoger* a/c* 9C
Weihnachten la Navidad 7A
weil porque 3C
Weile el rato 1B
weiß blanco/-a 4B
weit (zu) gehen pasarse 4A
weit lejos (de a/c) 7A
weitermachen seguir* a/c 5C
welche/r? ¿cuál?, ¿cuáles? *pl.* 4C
Welt el mundo 7A
wenig/e poco/-a 3C
weniger menos 6B
wenn *si* 9B
wenn, als cuando 5B
wer? ¿quién? ¿quiénes? *pl.* 1A/1C
Werbespot *el spot publicitario* 6A
Werbung la publicidad 8A
werden ponerse* + *adj.* 7C
Werk la obra 5
Werkstatt el taller 6A
Wetter el tiempo 2A, **(schönes)** buen tiempo 4C
Wetter, Klima el clima 7A
wichtig importante 2C
wichtig sein (jdm.) importar a alg. 4A
widerspiegeln (etw.) *reflejar a/c* 9A
wie como *adv.* 1B
Wie hart! ¡Qué palo! 6
Wie schade! ¡Qué pena! 1C
Wie schön! ¡Qué ilusión! 6
wie? ¿cómo? 0
Wiedereroberung la reconquista 8C
wie viel/e? ¿cuánto/-a? 2A
Wind el viento 4
Winter el invierno 7A
wirklich realmente *adv.* 4A
Wirklichkeit la realidad 5
wegwischen (etw.) borrar 6C
wissen (etw.) saber* a/c 2A/7B
wo? ¿dónde? 1C
Woche la semana 3A, **(letzte, vergangene)** la semana pasada 7A
Wochenende el fin de semana 3C
woher? ¿de dónde? 1C
wohin? ¿adónde? 3C
wohnen vivir 1C
Wohnung la casa 2A, el piso 2B
Wohnzimmer el salón 2B
wollen (etw.) querer* a/c 2A
Wort la palabra 1B
wozu? ¿para qué? 6B
Wunder *la maravilla* 7B
wunderschön precioso/-a 4C
wünschen (sich etw.) desear a/c 7B

Z

zählen (etw.) contar* a/c 7A
zeigen (etw.) enseñar a/c 6B
Zeit el tiempo 2A
Zeitplan el horario 6A
Zeitschrift la revista 4B
Zeltplatz el camping 7B
zentral céntrico/-a 5A
Zentrum el centro 3C
ziemlich viel bastante, *adv.* 1B
Zimmer la habitación 2B
Zoll la aduana 7C
zubereiten preparar a/c 8B
Zucker el azúcar 8
zuerst primero 2A
zufrieden contento/-a 4C
Zug el tren 3
Zukunft el futuro 6A
zurückkommen volver* 3B
zusammen juntos 6
Zusammentreffen el encuentro 8C
zweite el / la segundo/-a 5B
Zwerg *el / la enano/-a* 9B
zwischen entre 2C

PLANO DEL METRO DE MADRID

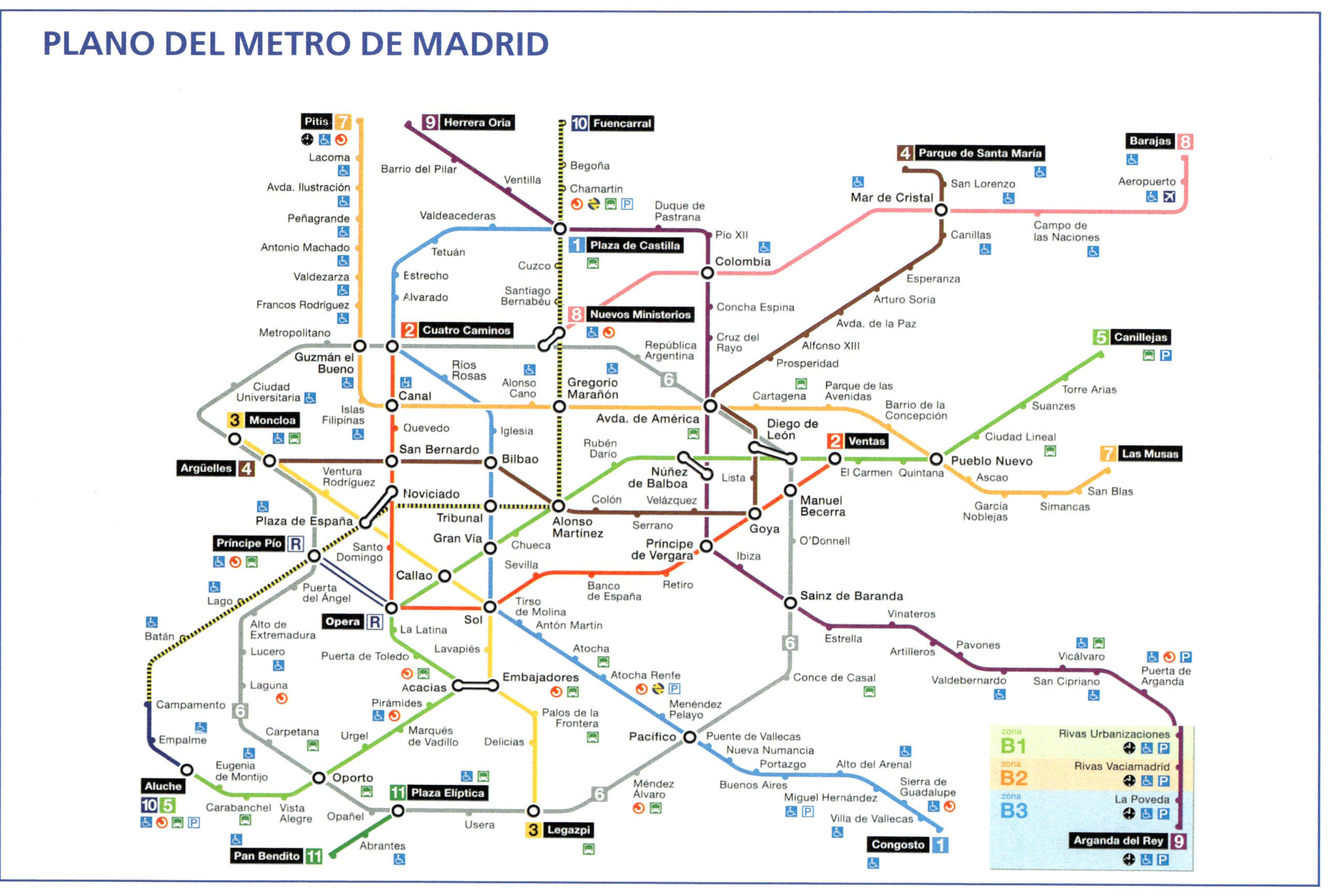

MADRID
Plano del centro de la ciudad
Argüelles
Parque de la Montaña
Templo de Debod
Plaza de España
Estación Príncipe Pío
Palacio Real
Campo del Moro
Plaza Mayor
Puerta del Sol
Plaza de Santa Ana
Museo del Prado
Real Jardín Botánico
Centro de Arte Reina Sofía
Estación de Atocha
Puerta de Alcalá
Parque del Retiro
Estanque
Plaza de Cibeles
Plaza de la Independencia
Plaza del Callao
Plaza de Oriente
Plaza del Emperador Carlos V
Plaza de Marqués de Salamanca
Gran Vía
Paseo del Prado
Paseo de Recoletos
Paseo de la Castellana
Calle de Alcalá
Calle de Alfonso XII
Calle de Serrano
Calle de Velázquez
Calle de Goya
Calle de Bailén
Calle de Segovia
Calle de Toledo
Calle de Atocha
Calle de Fuencarral
Calle de San Bernardo
Calle de la Princesa
Calle de Génova
Calle de Sagasta
Calle de Alberto Aguilera
Calle del Marqués Urquijo
Ronda de Segovia
Ronda de Toledo
Ronda de Valencia
Ronda de Atocha
Paseo de la Virgen del Puerto
Avenida de Menéndez y Pelayo
Calle de O'Donnell
Calle del Príncipe de Vergara
Príncipe Pío
Ópera
Santo Domingo
Plaza de España
Ventura Rodríguez
Noviciado
San Bernardo
Callao
Sol
Gran Vía
Tribunal
Bilbao
Puerta de Toledo
La Latina
Tirso de Molina
Lavapiés
Antón Martín
Sevilla
Chueca
Alonso Martínez
Banco de España
Colón
Atocha
Atocha Renfe
Retiro
Serrano
Velázquez
Príncipe de Vergara
Ibiza
Goya
Lista